ABSCHIEDSKONZERT

Gerald Moore

Abschieds-
konzert

Weitere Erinnerungen

Mit 13 Abbildungen

AUS DEM ENGLISCHEN

VON KARL BERISCH

ERSCHIENEN IM

RAINER WUNDERLICH VERLAG

HERMANN LEINS

TÜBINGEN

ISBN 3 8052 0303 9

Erste deutsche Ausgabe 1978
 Printed in Germany. Satz und Druck von Offizin Scheufele, Stuttgart.

Für Enid

Inhalt

Worte des Dankes

Ich möchte einigen Freunden danken:

Martin Cooper und Philip Hope-Wallace für ihre Beiträge zum Kapitel *Music Magazine;* Winifred Radford für die Erlaubnis, aus ihrer Übersetzung von Pierre Bernacs *Interpretation of French Song* (Cassel & Co. Ltd.) zu zitieren; Edward Greenfield für die freundliche Genehmigung, seinen Artikel auf der Hülle meiner Geburtstagsplatte auszugsweise wiederzugeben; David Cairns für seine Gedanken zum *Rubato* in der *Sunday Times;* Geoffrey Parsons für das »lachende« Photo vom Playback des Katzenduetts; Madeleine Uggla für ihren Bericht aus Stockholm.

Auch wenn ich den verstorbenen Richard Capell hier nicht zitiert habe, hat mir sein Buch *Schubert's Songs* (Ernest Benn Ltd.) über viele Jahre wertvolle Anregungen gegeben.

Meinen englischen Verlegern, Hamish Hamilton, Roger Machell und Julia MacRae (Hamish Hamilton Ltd.), und meinen deutschen Verlegern, dem verstorbenen Prof. Dr. h. c. Hermann Leins und Isabel Leins (Rainer Wunderlich Verlag), danke ich zutiefst für ihre beständige Anteilnahme und Ermutigung.

Abschiedskonzert

»Wie können wir es anstellen, daß Gerald Sonderapplaus erhält, wenn er aufs Podium kommt?«

Diese Frage richtete Walter Legge an seine Frau Elisabeth Schwarzkopf, an Victoria de los Angeles und an Dietrich Fischer-Dieskau. Wir hatten uns zur letzten Probe vor meinem Abschiedskonzert in der Londoner Royal Festival Hall eingefunden. Es wäre blanke Ziererei, wenn ich dieses Konzert mit Stillschweigen überginge, denn es war eines der ganz großen Ereignisse meines Lebens.

Ein Abschiedskonzert dieser Größenordnung war für einen Begleiter mindestens eine Seltenheit, vielleicht sogar etwas noch nie Dagewesenes, und es ist sicher verständlich, daß ich mich geschmeichelt fühlte. Geschmeichelt, nicht übermütig; andere vor mir wären mehr als würdig gewesen, auf ähnliche Weise geehrt zu werden – Hamilton Harty oder Harold Craxton zum Beispiel –, doch sie hatten in ihrer Glanzzeit keinen Walter Legge in ihrer Umgebung. Die Feststellung, daß ich die Hauptperson in diesem Konzert am 20. Februar 1967 war, wirkt nicht gerade sehr bescheiden, und ich weiß wohl, daß die Anwesenheit dieser drei illustren Sänger genügt hätte, den großen Konzertsaal zehnmal zu füllen – ich gebe mich also keinen Illusionen hin. Ich empfinde nur Dankbarkeit für meine lieben Freunde, die aus der Schweiz, aus Spanien und Deutschland gekommen waren, um mich zu ehren, und für Walter Legge, dessen Kopf die Idee entsprungen war.

Im Sommer 1965 sagte ich nach einem Liederabend Fischer-Dieskaus im Mozarteum zu einigen Freunden im Künstlerzimmer, dies sei mein letztes Auftreten bei den Salzburger Festspielen gewesen. Ich sagte das – oder vielmehr: ich hörte mich so sprechen – ohne vorherige Überlegung. Und ich hielt Wort. Fischer-Dieskau und Elisabeth Schwarzkopf, die ich bei so vielen Konzerten im Mozarteum begleitet hatte, wollten es zuerst nicht glauben; und als sie merkten, daß ich es ernst meinte, waren sie ziemlich bestürzt. Es wäre besser gewesen, ich hätte sie vorher ins Vertrauen gezogen – doch meine Entschuldigung ist, daß ich eine ganz spontane Entscheidung traf. Enid, meine Frau, war ebenso überrascht wie meine Freunde.

In den darauffolgenden Monaten hatte Walter Legge, Gründer des Philharmonia Orchestra London und langjähriger Aufnahmeleiter der EMI, den Einfall, ein Abschiedskonzert für Gerald Moore in London zu veranstalten. Er nahm die Sache selbst in die Hand, mietete den Saal, wählte einen Termin, an dem alle drei Künstler in London sein konnten, setzte die Eintrittspreise fest und entschied über Schallplattenaufnahme und Rundfunkübertragung. (Die BBC wollte das Konzert im Fernsehen bringen, aber Legge fand es, nachdem wir darüber gesprochen hatten, zu Recht unfair, ein Publikum, das sich teure Eintrittskarten gekauft hatte, dem grellen Scheinwerferlicht auszusetzen.)

Dann war das Programm zu besprechen. Die Duette und Terzette wurden mit Sorgfalt und Phantasie von Walter ausgewählt. Nur Rossinis Katzenduett war ihm seltsamerweise unbekannt, und ich muß gleich hinzufügen, daß Elisabeth und Victoria an jenem Abend gerade mit diesem Duett einen sensationellen Erfolg hatten.

Die Sologruppe Elisabeths bereitete keine Schwierigkeiten – sie sang natürlich Lieder von Hugo Wolf. Hier ist sie allen Sängerinnen überlegen. Seit langem hatte sich ihr Mann für diese Lieder eingesetzt, sie sind die große Liebe seines Lebens. Ich frage mich, ob man den wahren Wert Hugo Wolfs bei all seiner Genialität ohne Legges kenntnisreichen und hingebungsvollen Enthusiasmus heute so zu schätzen wüßte. Legge hat in der ganzen Welt für Wolf geworben; die Platteneinspielungen bei der EMI, die Legge produzierte und überwachte und für die er die besten Sänger und Begleiter engagierte, inspirierten ihn zur Gründung der Hugo-Wolf-Gesellschaft.

Dietrich Fischer-Dieskau sollte, auf meine Bitte, Schubert singen. Das paßte sehr gut, denn gerade damals waren wir mit der großen Aufgabe beschäftigt, alle Schubert-Lieder auf Platten einzuspielen. Dieter war sofort bereit dazu. Jahrelang hatten wir zusammen an Schubert-Liedern gearbeitet und sie in Konzerten aufgeführt; es war beglückend, diesen Sänger die unvergleichlichen Lieder singen zu hören und dabei sein Partner zu sein.

Nun standen wir einem Problem gegenüber – der Frage nämlich, wie wir Einzelheiten über Victoria de los Angeles' Soloprogramm erfahren sollten. Doch dies verdient einen besonderen Abschnitt!

Ich schätzte Victoria schon seit vielen Jahren und hatte sie oft begleitet. Aber es gab da eine Schwierigkeit: Ihr Manager ist ihr Ehemann Enrique Magriña (dessen Devise *mañana* lautet), und Enrique hatte eine Sekretärin, die dafür bezahlt wurde, daß sie alle eingehenden Briefe ungeöffnet vernichtete. Ich kenne keinen Menschen, der je einen Brief von Enrique erhalten hat! In der ganzen Zeit, in der ich Victoria begleitete, ist es mir immer erst wenige Tage vor einem Konzert, für das ich üben wollte, gelungen, Details über das Programm zu erfahren. Was also sollte Walter Legge in unserem besonderen Fall tun? Zuerst schrieb er in aller Unschuld viele Briefe – mit dem üblichen Ergebnis, nämlich ohne Antwort zu erhalten. Schließlich löste er das Problem in einer für ihn typischen Weise. Er reiste nach Barcelona. Das nahm ein oder zwei Tage in Anspruch, machte Mühe und kostete einiges, aber er erfuhr Victorias Programm. Es bestand aus einer Reihe von Brahms-Liedern. Insgeheim hatte ich gewünscht, es wären spanische Lieder gewesen, die ihr besonders liegen und die das Publikum und ich am liebsten von ihr hören, aber ich war zu verblüfft und erleichtert, daß die Frage ihres Programms entschieden war, um Einwendungen dagegen zu machen!

Vielleicht sollte ich jetzt meinen Lesern erklären, daß mein letztes Auftreten kein Benefizkonzert zugunsten des Begleiters war. Es wurde als *Hommage to Gerald Moore* angekündigt; und ich zweifle nicht daran, daß meine Freunde mir gern die gesamten Einnahmen in den Schoß geschüttet hätten. Aber davon wollte ich nichts wissen. Wir teilten die Einkünfte aus den Plattenaufnahmen und Radiosendungen gerecht; doch ich bestand darauf, daß diese Künstler, mit denen ich ausgedehnte Tourneen unternommen und so viele hinreißende Stunden verbracht hatte, ihre vollen Gagen erhielten.

Einen Monat vor dem Konzert rief mich John Denison, damals Direktor der Royal Festival Hall, an und sagte: »Vielleicht interessiert es Sie, daß wir mit dem Vorverkauf für Ihr Konzert vor einer Stunde begonnen haben, daß es bereits ausverkauft ist und daß die Leute immer noch um den ganzen Block herum anstehen.«

Doch zurück zur Frage, die am Beginn dieses kleinen Berichtes stand. Zuerst schlug man vor, daß ich mit den beiden Damen, in ihrer Mitte, das Podium betreten sollte – gefolgt von Dieter. Aber Elisabeth schüttelte den Kopf und sagte: »Wenn ihr wirklich wollt, daß Gerald seinen eigenen Applaus hat, müssen wir es so machen: Wir drei gehen hinaus, und wenn die Leute aufhören zu klatschen, kommt Gerald allein.«

Das war das Ei des Kolumbus. Ich stand hinter dem Vorhang und wartete wie ein alter Komödiant, bis der Beifall abebbte, mit dem meine Freunde begrüßt wurden. Und erst als es ganz still war, trat ich aufs Podium. Das also war der Augenblick, für den ich mich wochenlang gerüstet hatte! Angenommen, ich wäre so gerührt, daß ich mich nicht beherrschen könnte? Ich dachte schaudernd an einen Bekannten, der seinen siebzigsten Geburtstag mit einer Dinnerparty für zwanzig Gäste feierte. Er hatte eine kleine Rede vorbereitet; doch als es soweit war, fing er an zu weinen, so daß seine Frau für ihn sprechen mußte. Bestürzt und verlegen nahmen wir seine zuckenden Schultern wahr. Wie wäre es dem Ärmsten erst ergangen, wenn er nicht zwanzig, sondern viele hundert Menschen vor sich gehabt hätte?

Ich war fest entschlossen, mich im kritischen Augenblick zusammenzunehmen; doch auf das, was mich erwartete, war ich nicht gefaßt. Ich ging langsam, mit gesenktem Blick hinaus, so daß ich gerade noch Elisabeth, Victoria und Dieter sehen konnte, die den Beifall anführten. Als ich in der Mitte des Podiums angelangt war, schaute ich ins Publikum und sah zu meiner Verblüffung, daß alle aufgestanden waren. So etwas konnten Toscanini, Paderewski, Klemperer und Janet Baker mit Fassung entgegennehmen; aber in England ist eine solche Ovation selten und für einen Liedbegleiter so unerhört, daß ich zutiefst bewegt war, obwohl ich es nach außen nicht zeigte. Ich drehte mich schnell um, umarmte jeden meiner drei Lieblinge und wankte zu meinem Klavierstuhl.

Wie erschüttert ich war, zeigt die Aufnahme der Mozart-Terzette, die am Anfang des Programms standen: das Klavier klang viel zu leise. An meiner Zurückhaltung war jedoch nicht nur meine Rührung schuld, aber natürlich war das gestörte Gleichgewicht mein Fehler. Die Ursache ist wohl darin zu sehen, daß wir diese Stücke bisher nur im abgeschlossenen Studio geprobt hatten. Später erzählte mir der Aufnahmeleiter der EMI, Suvi Raj Grubb, daß Daniel Barenboim, der im Aufnahmeraum zugehört hatte, nach dem ersten Terzett herausplatzte: »Ich dachte, Gerald will sich *nach* dem Konzert zurückziehen – er muß sich aber schon jetzt zur Ruhe gesetzt haben, denn ich kann ihn nicht hören.«

Das Programm war vortrefflich zusammengestellt: zwei Gruppen mit Terzetten von Mozart und Haydn, zwei Gruppen mit Duetten, wobei Dieter mit Elisabeth Kompositionen von Schumann und mit Victoria Werke von Mendelssohn sang, und, wie ich schon gesagt habe, je eine Sologruppe.

Besonderen Beifall fanden die drei von den beiden Damen gesungenen Duette von Rossini. Das erste – *La regata veneziana* – schildert die Aufregung zweier Mädchen, die ihren Liebhabern beim Ruderrennen der Gondolieri auf dem Canal Grande zuschauen. »Los, los!« ruft die eine, und »Mein Beppe schwitzt und ist müde!« die andere. Ich fürchte, meine rauschenden Arpeggien im Diskant und der Schwung meines rechten Arms (ein wenig stärker als unbedingt nötig), um in großem Bogen auf einer sehr tiefen Baßnote zu landen, verursachten einige Heiterkeit, besonders da meine Miene ernst und konzentriert war – aus Angst, daß der arme Beppe mit dem Ruder im Wasser steckenbleiben und ich den richtigen Ton verfehlen könnte.

Aber so amüsant das auch war, es war nichts im Vergleich zu Rossinis Katzenduett, das bekanntlich keine Worte hat. Das Maunzen der Katzen, dazu der Gesichtsausdruck der Sängerinnen – beide vortreffliche Schauspielerinnen –, als sie in den verschiedenen Höhenlagen und Intensitätsgraden miauten, riß die Zuhörer fast von den Stühlen. Was hatte das Programmheft darüber zu sagen? Dort hieß es:

»Der Text dieses musikalischen Meisterwerkes ist so subtil und voller Anspielungen, daß keine Übersetzung der Vielfalt des Vokabulars gerecht werden würde. Die Künstlerinnen des heutigen Abends haben versprochen, jede Silbe deutlich und verständlich wiederzugeben.«

Dieses Glanzstück ist unsigniert, stammt aber unzweifelhaft von Walter Legge.

Es ist schwer zu sagen, welcher Teil des reichhaltigen und erlesenen Programms mir selbst die größte Freude machte. Vielleicht die Sololieder von Schubert, Brahms und Wolf – sie waren mir sehr vertraut, ich hatte sie unzählige Male begleitet. Victoria war etwas benachteiligt, denn ihre Brahms-Lieder kamen unmittelbar nach dem Katzenspektakel, so daß sie keine Zeit hatte, sich auszuruhen und ihrer

Stimme Erholung zu gönnen. Sie nahm es mit professionellem Gleichmut oder, wie wir Engländer sagen, »like a sport«.

Elisabeth war glänzend in Form, aber da sie wußte, daß die Aufführung mitgeschnitten wurde, neigte sie wie stets dazu, unzufrieden mit sich zu sein. Das ist typisch für sie. Bei einer Platteneinspielung – wo es ganz anders zugeht als bei einem öffentlichen Konzert – fand sie die erste Aufnahme nie gut, gleichgültig, wie herrlich sie gesungen hatte – nach dem Prinzip, daß die Qualität einer Interpretation mit der Zahl der Wiederholungen wächst. Dabei klingt es beim ersten Mal oft am besten, weil die Stimme frisch ist; aber Elisabeth schloß diese Möglichkeit trotz meines und Walters Zureden aus. Als wir uns nach dem Konzert die Aufnahme ihrer Wolf-Lieder vorspielen ließen, war sie ganz unglücklich, obwohl Dieter sagte, er könne sich keine prachtvollere Interpretation vorstellen. Große Künstler sind selten mit sich zufrieden. Fischer-Dieskau, Meister auch hier, nimmt die Dinge philosophisch; oft hat er über das Ergebnis seiner Arbeit gesagt: »Es ist nicht gut, aber es ist das Beste, was ich geben kann.«

John Denison hatte Sorge, daß die Leute nach dem Konzert das Künstlerzimmer belagern würden. Als ich mich an die Zuhörer wandte, um ihnen zu danken, daß sie fast ein halbes Jahrhundert lang freundlich zu mir gewesen waren (zunächst mit den Worten »Pray be seated«*, denn sie waren wiederum aufgestanden), fügte ich auf Johns Bitte hinzu: »Es ist möglich, daß viele von Ihnen hinter die Bühne kommen möchten, um Elisabeth Schwarzkopf, Victoria de los Angeles und Dietrich Fischer-Dieskau zu begrüßen. Einige mögen sogar den Wunsch hegen, mich zum letzten Mal zu sehen, aber die Direktion sagt, daß das Haus, wenn Sie diesem Impuls folgen würden, nicht vor den frühen Morgenstunden geschlossen werden könnte und daß dann diese wundervollen Künstler ihre letzten Busse nach Hause verpassen würden. Lassen Sie

* Bitte nehmen Sie Platz. – Diese Formulierung gebraucht die Königin.

mich also Lebewohl sagen und meinen Dank mit der Hilfe Franz Schuberts zum Ausdruck bringen.«

Ich spielte die erste Strophe von *An die Musik*.

Das Konzert war vorbei, und ich ging vom Podium, für immer und ohne Herzweh.

Miau, miau ...

Die Schallplatte, die von Elisabeth Schwarzkopf und Victoria de los Angeles mit dem Katzenduett (zusammen mit *La regata veneziana*) aufgenommen wurde, war ein Welterfolg. Ich habe nach der Aufführung so viele Briefe erhalten, in denen man mich um Auskunft über dieses Meisterwerk bat, daß ich dieser Bitte gern nachkomme. Der vollständige und majestätische Titel lautet *Duetto buffo di due gatti,* der Komponist ist Gioacchino Rossini, und der Verlag heißt Peters.

Es gibt eine ganze Menge Musikwerke, die von Katzen angeregt worden sind: Scarlatti wurde zu seiner Katzenfuge inspiriert, als sein Kätzchen auf den Tasten seines Cembalos spazierenging; Strawinsky schrieb *Drei Katzenwiegenlieder,* und in Ravels *L'enfant et les sortilèges* findet sich ebenfalls ein Duett für Katzen; Tschaikowskys *Dornröschen* enthält einen *Pas de deux* für Katzen.

Was nun unser Duett betrifft (bestimmt nicht nur *für,* sondern auch *von* Katzen komponiert, wenn auch Rossini zugeschrieben), so scheint es erst in neuerer Zeit an das Ohr der Öffentlichkeit gedrungen zu sein. Ich lernte es durch Elisabeth Söderström und Kerstin Meyer in Aldeburgh kennen, wo es geradezu einen Tumult erregte. Auch mit Christa Ludwig und Walter Berry gibt es eine Plattenaufnahme.

Elisabeths und Victorias Charakterisierungskunst, der listige Gesichtsausdruck, das düster drohende Miau, das sich zu einem herzerschütternden Kreischen steigerte, verblüfften mich. Auf den Proben war von solchem Komödiantentum nichts zu merken gewesen, und so geriet mein pianistisches Gleichgewicht beträchtlich ins Wanken.

In einer Fußnote zur Partitur erzählt Robin de Smet, daß Rossini jeden Morgen um drei vor dem Haus seiner Geliebten das Geschrei einer Katze nachahmen mußte, damit sie wußte, daß er da war und ihn einließ.

So also ist das Meisterwerk entstanden. De Smet schließt mit der Ermunterung: »Möge der beste Darsteller den Sieg davontragen!«

Die Kunst des Abschiednehmens

Obwohl ich in London schon Lebewohl gesagt hatte, lag noch eine weitere Verpflichtung vor mir; denn zwölf Monate zuvor hatte ich Fischer-Dieskau versprochen, noch in der gleichen Saison mit ihm für zwei Liederabende in New York und Washington nach Amerika zu fahren. Ich freute mich besonders, der Carnegie Hall einen letzten Besuch abzustatten, denn ich hatte sie immer als angenehm und freundlich empfunden. Die vielen Künstler, die sie lieben, schulden Isaac Stern Dank, weil es im wesentlichen sein Verdienst ist, daß sie nicht abgerissen wurde.

Dieter hatte (ich bin versucht zu sagen, »wie gewöhnlich«) einen triumphalen Erfolg; doch mit der Selbstlosigkeit wahrer Größe ließ er mich auf das Podium vorangehen, wo er mir einen Blumenstrauß überreichte.

Aber nach dem Nachmittagskonzert in Washington war *er* es, der *mir* voranging; belustigt stellte ich fest, daß er wie der Blitz verschwand, sobald er entwischen konnte. »Ich muß die nächste Maschine nach New York kriegen«, sagte er, »um heute abend Ella Fitzgerald und Duke Ellington zu hören – vielleicht werde ich nie wieder die Chance haben, die beiden zusammen zu hören.« Ich erwähne dies als ein Beispiel für Fischer-Dieskaus unersättlichen Musikhunger und seine Empfänglichkeit für Musik jeglicher Stilart.

Und nun könnte man mich fragen: »Wie oft wollen Sie sich eigentlich verabschieden?« So oder ähnlich lautete nämlich die Frage, die man an John McCormack richtete, als er

1938 anläßlich seines letzten Auftretens in der Royal Albert Hall einen Presseempfang gab.

Ich war dabei, obwohl ich ganz überflüssig war; aber ich hegte wohl die heimliche Hoffnung, erwähnt zu werden: »Unter den Anwesenden befand sich der bekannte ...«. Doch kein Mensch bemerkte mich. Die Reporter taten sich an der Cocktailbar hervor – und auch ich zeichnete mich aus –, bis der Held des Tages eintrat und an einem langen Tisch Platz nahm, der mit grünem Tuch bespannt war wie eine Billardtafel. Im Nu war er von seinen Gästen umringt, die ihre Notizblocks zückten und mich bedenkenlos beiseiteschoben. (Um den Vergleich mit dem Billard weiterzuführen: ich wurde »ins Loch getrieben« oder bestenfalls »ins Quartier gedrängt«.) Die Fragen regneten nur so auf McCormack nieder, der sie mühelos abtat. Ich dachte schon daran, mich davonzuschleichen, als ich – in dem Frage- und Antwortspiel war gerade ein *diminuendo e rallentando* eingetreten – eine Stimme hörte, die laut und deutlich fragte: »Mr. McCormack, welches von den Liedern, die Sie am Sonntag singen werden, mögen Sie am liebsten?« Die Antwort kam ohne Zögern: »Zweifellos Hugo Wolfs *Herr, was trägt der Boden hier.*« »Und was heißt das auf englisch?« Nun trat ein unerwartetes und peinlich langes Schweigen ein, bis ich ein angstvolles »Jurrl, Jurrl« hörte – so sprach John meinen Vornamen aus. Einen flüchtigen Augenblick war die Aufmerksamkeit auf mich gerichtet, als ich die Übersetzung lieferte, wobei ich mir natürlich im klaren war, daß ich als Lückenbüßer diente. Johns Lapsus wurde später nie zwischen uns erwähnt, und auch die Reporter vergaßen ihn schnell, als sie mit ihren Fragen fortfuhren: »Wie oft beabsichtigen Sie, Abschiedskonzerte zu geben?«

Ja, wie viele Abschiedskonzerte?

Daran mußte ich nach meinem Konzert denken, das ich im ersten Kapitel beschrieben habe; denn es dauerte nicht lange, da wurden wir schon aufgefordert, das Konzert mit dem gleichen Programm und denselben Künstlern in Paris, Berlin, München, New York und Los Angeles zu wiederholen. Doch für mich gab es keinen Zweifel, daß mein Abschied endgültig war. Bei einem nochmaligen Auftreten wäre ich mir wie ein alter Zirkusgaul vorgekommen, der sich von den Sägespänen unter seinen Hufen und dem Applaus für seine abgedroschenen Kunststücke nicht trennen kann. Es ist unglaublich, wie viele Angebote ich erhielt, nachdem es bekannt geworden war, daß ich nicht mehr auftreten wollte; und ich bin überzeugt, man sah mein Abschiedskonzert als einen Bluff an und glaubte, mein endgültiges Abtreten würde in mehreren Stufen erfolgen. Nach dem offiziellen »Abschiedskonzert« (für das alle Freunde gutgläubig Karten gekauft haben) kommt nach einer geschickten Pause das »letzte Auftreten« und dann das »endgültig letzte«, bis die treuen Anhänger schließlich merken, daß man sie übers Ohr gehauen hat.

Nein – Schluß mit den Konzertreisen; und mein vierter Finger soll mir keine schlaflosen Nächte mehr bereiten.

Eugène Goossens sagte: »Beim Dirigieren gibt es eigentlich nur zwei Schwierigkeiten – das Orchester beginnen und es wieder aufhören zu lassen.« Es ist für den einzelnen Künstler nicht leicht, genau zu wissen, wann er aufhören soll. Meine liebe Elena Gerhardt wußte es. Sie hat zwar ein wenig länger öffentlich gesungen, als es gut war, doch man konnte immer etwas von ihr lernen. Wir hatten beide ein Engagement in Liverpool. Ein paar Tage vorher rief sie mich an: »Ich möchte ausdrücklich, daß Sie Enid mitbringen.« In Euston sahen wir zu unserer Freude, daß Dr. Fritz Kohl, Elenas Mann, mit von der Partie war, und ich fragte Elena: »Warum Enid und Fritz?« – »Weil dies mein letzter Liederabend sein wird, mein lieber Jerry.« Da gab es keine Ankündigungen vorher und keine tränenreichen Umarmungen im Künstlerzimmer; wir gingen alle vier ins Adelphi zu einem fröhlichen Champagner-Souper.

Der König der Pianisten, Artur Rubinstein – von allen Musikern verehrt, mit einem Maestoso, das ich bei keinem

Pianisten sonst gehört habe –, ist eine Spur zu lange geblieben. Die Vitalität eines Achtzigjährigen, der nach zwei Klavierkonzerten als Zugabe Chopins As-dur-Polonaise hinlegte (das unglaubliche Wunder der donnernden Oktaven im Baß!), war großartig. Aber insgeheim hoffte ich, er möge nicht – noch einmal – unseren Beifall mit derselben Polonaise erwidern, als ich ihn das nächste Mal hörte. Doch er tat es; und das war ein wenig zuviel, nicht für ihn, aber für mich. Man kann sich nicht immer wieder zerschmettern lassen.

Doch auch als Rubinstein seinen Höhepunkt überschritten hatte, bot er, wie Elena Gerhardt, noch so manches, das man sich zu Herzen nehmen konnte: die cis-moll-Etüde von Chopin (op. 10 Nr. 4), wo man zwar die kristallklaren Sechzehntelläufe der rechten Hand erwartete, nicht aber die staunenswerte Selbstverständlichkeit der Begleitung in der linken Hand, die fast unverschämte Mühelosigkeit. Faszinierend! Und, wieder in cis-moll, den Walzer op. 64 Nr. 2: das fragende Zögern der ersten zweitaktigen Phrase, die von der delikaten Rubato-Antwort der nächsten zwei Takte zum Schweigen gebracht wird. »Auch kleine Dinge können uns entzücken«; und diese kleinen Dinge, an die man sich mit so viel Vergnügen erinnert, sind es, für die ich Rubinstein mehr als für seine Bravour dankbar bin.

Ich habe Maria Callas zum erstenmal in Bellinis *Nachtwandlerin* bei den Edinburgher Festspielen gehört. Innerhalb von zwei Minuten war ich von ihrem Gesang tief bewegt. Mehr noch als die Schönheit ihrer Stimme rührten mich die Nuancen der Phrasierung zu Tränen – schon im Rezitativ, lange vor dem Beginn der Arie. Es waren unvergeßliche Augenblicke. Ihre unendlich sensitive Phrasierungskunst erinnerte mich immer an das Spiel Fritz Kreislers. Jahr für Jahr bezauberten uns ihre unvergleichlichen Koloraturen – in *Norma, Lucia di Lammermoor* und all den anderen Partien! In einer Oper hörte ich sie zum letztenmal als *Tosca* im Covent Garden. Sie war die größte singende Schauspielerin ihrer Zeit, und obwohl ihre Stimme nicht mehr ganz auf der Höhe war, sprechen noch alle, die den zweiten Akt gehört haben, von dieser Aufführung. Wir sahen gebannt, wie sie allmählich und angstvoll die Möglichkeit einer Befreiung ahnte, wie ihr Blick auf das Tranchiermesser auf dem Tisch fiel – den verstohlenen Zugriff – Scarpias Annäherung – und wie sie sich dann plötzlich umdrehte und zustieß. (So heftig, daß sie nachher, als die Kerzen zu Häupten und Füßen des Leichnams aufgestellt wurden, dem Scarpia Tito Gobbi zuflüsterte: »Hoffentlich habe ich dir nicht weh getan!«)

Warum verfiel Maria Callas nach ihren schon historisch gewordenen Operntriumphen und einer Pause von mehreren Jahren auf die Idee eines Comeback – einer Welttournee von Konzerten mit Klavierbegleitung? Das war nicht ihr Fach. Sie erschien in königlicher Haltung und in einem königlichen Gewand auf dem Podium der Royal Festival Hall; eskortiert von Giuseppe di Stefano machte sie die Runde und genoß den hingerissenen Beifall ihrer Verehrer, und man mußte zugeben, daß sie noch immer eine Aura besaß, die ein Publikum in Raserei versetzen konnte. Mich erinnerte es an das Wiederauftreten Paderewskis nach dem Ersten Weltkrieg, nachdem er 1919 Ministerpräsident von Polen gewesen war, oder an die Rückkehr des legendären Cellisten Pablo Casals im Jahre 1945. Wahrscheinlich hätte ich diesen Eindruck nicht gehabt, wenn ich selber im Konzert gewesen wäre – die Begeisterung hätte mich vermutlich angesteckt –, aber ich habe das Konzert der Callas nur im Fernsehen miterlebt, und als es beginnen sollte, wurde ich zum Telefon gerufen. Als ich zurückkam, um der Musik meine volle Aufmerksamkeit zu schenken, war noch kein Ton erklungen, und zu meinem Erstaunen drehten und verbeugten sich die Künstler noch immer in alle Himmelsrichtungen, wie in einer endlosen majestätischen Pavane. Paderewski und Casals hätten die Sache mit einer Geste beendet – bei dem wiederholten Drehen und Verbeugen wäre ihnen schwindlig geworden. Dann wurde mir klar, daß dieser ganze Wirbel dazu gehörte, daß es ein Teil der Show war. Was mochte sich Ivor

Newton gedacht haben, der vor seinem Flügel saß und wartete, bis der Tumult nachließ? Er hatte die undankbare Aufgabe, Opernarien und -duette mit dem üblichen Humtata zu begleiten, wenn und sofern sich die Diva entschlossen haben würde, mit dem Singen zu beginnen. Endlich ging es los – sie war nur noch ein Schatten ihrer selbst. Es tat einem leid, daß sie sich zu einer solchen Bloßstellung hatte überreden lassen. Der ruhende Pol des Abends war Ivor, der unerschütterlich begleitete.

Man muß »Genug!« sagen können und es dabei belassen.

Elisabeth Schwarzkopf, noch immer schöner, als es einer Sängerin erlaubt sein dürfte, hat einmal in einem Interview eine Antwort gegeben, die sich jeder Künstler zu Herzen nehmen sollte: »Wie kann ich ein Abschiedskonzert anzeigen, wenn schon mein nächstes Konzert mein letztes sein kann?«

Wohin?

Mein Entschluß, nicht mehr öffentlich aufzutreten, löste eine unwillige Reaktion bei vielen Musikern aus. Der große Casals fragte aufgebracht, was ich mir eigentlich dächte; und sein Altersgenosse, gleichfalls ein jugendlicher Neunziger und ein guter Freund, der Bratschist Lionel Tertis, schüttelte traurig den Kopf über meine Torheit, wie er es nannte. Seltsam: Künstler, mit denen ich nie gearbeitet hatte, baten mich auf einmal, sie zu begleiten – Gregor Piatigorsky mit den Cellosonaten von Beethoven in London und Paris, Grace Bumbry auf einer Lieder- und Arien-Tournee, der Tenor Peter Schreier und andere.

Vielleicht schien es unvernünftig, daß ich im verhältnismäßig frühen Alter von siebenundsechzig dem Podium entsagen sollte; aber ich war mehr als fünfzig Jahre Konzertbegleiter von Beruf gewesen und fühlte, daß mir ein Wechsel guttun würde. Außerdem hatte ich insgeheim andere Ideen. War etwa nervöse Überanstrengung die Ursache meines Wunsches nach Veränderung? Keineswegs. Natürlich war ich vor und während eines Konzertes nervös, nicht weniger oder mehr als die meisten Künstler, die ich kenne; doch ich hatte nie das Gefühl, die Anspannung sei unerträglich oder die Verantwortung zu schwer.

Verantwortung! Die ganze Anspannung ist in diesem Wort zusammengefaßt. Hier befinden sich der Solist und der Begleiter in unterschiedlichen Situationen, denn der Solist ist nur sich selbst verantwortlich. Paderewski wurde nach einem Konzert einmal gefragt, ob er auch falsche Noten gespielt hätte. »Auch?« war die Antwort. »Ich habe so viele falsche Noten gespielt, daß man mit ihnen ein neues Stück komponieren könnte.« Der große polnische Künstler, schien er auch noch so guter Laune, war vor jedem Auftreten so nervös, daß man Mühe hatte, ihn aufs Podium zu bringen. Er hatte eine panische Angst vor falschen Noten. Jeder Pianist ist mehr oder weniger von dieser Angst besessen; unser Instrument ist vielleicht nicht so schwer zu handhaben wie ein Saiteninstrument, aber es hat eine Menge Tasten, die man verfehlen kann.

Emanuel Feuermann, der unfehlbarste aller Cellisten, sagte lachend, als wir nach einem Konzert ins Hotel zurückkehrten: »Ich war nicht sehr gut heute abend«, und schien es damit abzutun. Niemand hatte bemerkt, daß er nicht in allerbester Form gewesen war, doch er wußte es und setzte sich mit philosophischem Gleichmut darüber hinweg. (Nichtsdestoweniger fiel er am anderen Morgen in seinem Hotelzimmer wie ein Teufel über sein Cello her.)

Verantwortung! Ich begleitete Elisabeth Schwarzkopf und Dietrich Fischer-Dieskau in der Carnegie Hall in einer Aufführung von Hugo Wolfs *Italienischem Liederbuch,* ein Werk, das ich seit langem liebte und das ich oft mit diesen und anderen Künstlern gespielt habe. Ich war längere Zeit nicht in New York gewesen und wurde herzlich begrüßt. Das erste Stück, *Auch kleine Dinge können uns entzücken,* ist ein ruhiges und reizendes Lied und stellt mehr Anforderungen an den Sänger als an den Begleiter. Doch was geschah? In meiner einfachen viertaktigen Einleitung verpatzte ich die hübsche Melodie in der linken Hand durch eine unsaubere Note. »Vergiß es, um Gottes willen«, denkt man in einem solchen Fall und versucht, sich von der Erschütterung dieses Augenblicks so schnell wie möglich freizumachen. Man kommt sich vor wie ein Eisläufer bei der Kür im Paarlauf in einem Vier-Minuten-Programm, der in der ersten halben Minute stürzt. Sofort weiß er, daß er seine Partnerin in Verlegenheit gebracht hat, daß er in der Bewertung zurückfällt und daß auch der ahnungsloseste Zuschauer seinen Lapsus bemerkt hat; und er kämpft mit sich selber, um seine Konzentration, sein Gleichgewicht und sein Selbstvertrauen zurückzugewinnen.

Wenn man den Punktrichtern vorschlüge, der Nervosität des unglücklichen Eisläufers Rechnung zu tragen, würden sie einen wahrscheinlich mit kühler Verwunderung ansehen. Soll man von dem Musikkritiker, einem phantasiebegabten menschlichen Wesen, erwarten, daß er mildernde Umstände berücksichtigt? Nein, er hört, was ihm seine Ohren übermitteln, und schreibt darüber – basta.

Jedesmal, wenn er das Podium betritt, hat der Musiker Premiere. Er mag Wolfs *Italienisches Liederbuch* oder Sonaten von Mozart und Beethoven zwei Tage zuvor fast bis zu seiner eigenen Zufriedenheit gespielt haben; aber das ist vorbei und vergessen, und nur eins ist wichtig: kann er an diesem Abend das gleiche Niveau halten? Er übt fleißig mehrere Stunden, zwingt sich zu einer kurzen Siesta, kommt ausgeruht und hoffnungsfroh in den Saal, vielleicht ein wenig erregt, aber nicht so stark wie vorgestern. Und dann – dann spielt er saumäßig. (Natürlich spreche ich nur von mir.)

Ich weiß, daß ich einen guten Ruf als Begleiter habe, doch muß ich gestehen, daß es auch Fälle gegeben hat, wo ich meinen Partner im Stich ließ. Möglicherweise hat er nicht gemerkt, daß ich nicht in Form war, daß ich inspirierter hätte sein können. *Ich* wußte es, aber als Berufsmusiker konnte ich ja schließlich nicht auf ihn zustürzen und in Selbstzerknirschung die Hände ringen.

»Ihr Begleiter seid niemals nervös« ist eine abgedroschene Phrase, mit der man mich ziemlich oft regaliert hat; es war eine Feststellung, keine Frage, und vielleicht sogar als Kompliment gemeint. Mir gefiel sie nicht, sie ärgerte mich sogar, weil mein Äußeres nicht den Eindruck des empfindsamen poetischen Künstlers erweckt; ich fand, man hätte ebensogut »Ihr Begleiter seid Automaten« sagen können oder »Ihr seid sture Burschen«. Natürlich bemühen wir uns, selbstbeherrscht auszusehen (es ist Sache der Primadonna oder ihres Gatten, Wutanfälle zu bekommen) und die gebührende Rücksicht auf unseren Partner oder unsere Partnerin zu nehmen, die sich kaum sicher fühlen würden, sähen sie uns verschreckt. Wir treten aufs Podium und tun, als seien wir unserer absolut sicher – wie sollten wir sonst aussehen?

Ein echter Musiker ist bei aller Selbstsicherheit, die er vor dem Publikum ausstrahlt, im allgemeinen ein bescheidener Mann; je ernsthafter und ehrfurchtsvoller sein Verhältnis zu seiner Kunst ist, desto mehr ist er sich bewußt, daß er sich auf einem Seil bewegt. Sogar Jascha Heifetz, der von allen Musikern meiner Zeit den makellosesten Vortrag hatte, mußte zugeben, daß immer ein gewisses Maß von Unsicherheit dabei ist. Niemand auf dieser Erde besitzt die vollkommene Selbstbeherrschung.

Heifetz, fast zwei Jahre jünger als ich, zog sich bald nach mir vom Konzertpodium zurück. Aber er konnte die Leidenschaft seines Lebens nicht ganz aufgeben: aus allen Teilen der Welt strömen die Geiger zusammen, um von ihm zu lernen. Treten sie dann vor die Öffentlichkeit, haben sie den Heifetz-Stempel – ich weiß es, denn ich habe mit einigen von ihnen gespielt.

Aber nun erhebt sich die Frage: wohin? Ich habe schon gesagt, ich hätte andere Ideen in petto. Etliche Jahre bin ich (abgesehen davon, daß ich in meiner Freizeit zwei bis drei Bücher geschrieben habe) in drei anderen musikalischen Bereichen tätig gewesen: Schallplattenaufnahmen, die ich seit 1922 mache und die das Rückgrat meines Berufslebens bilden sollten; Vorträge in der National Gallery seit 1940; und schließlich, was mir fast die größte Freude bereitete, meine Meisterklassen für Sänger und Begleiter, mit denen ich 1962 in Schweden begann. Diesen drei Interessen würde ich nun meine ganze Zeit widmen können.

Und da der Leser gleichfalls ein Recht hat zu erfahren, wohin er geführt wird, so versichere ich ihm, daß es mein aufrichtiger Wunsch ist, ihn mit jeder nur denkbaren Rücksicht zu behandeln und ihn ganz außerordentlich zu verwöhnen, damit die Sprünge von einem Jahrhundert zum anderen (denn er sei daran erinnert, daß der Autor die Ehre hat, ein Viktorianer zu sein) und wieder zurück, als wäre er ein Jo-Jo, ihn nicht schwindeln machen.

Die verschiedenen Ströme meiner Tätigkeit fließen natürlich manchmal ineinander, doch ist es mein Bestreben, jedem für sich und so chronologisch wie möglich nachzugehen. Unvermeidlicherweise wird es hier und da Stauwasser abseits des Hauptstroms geben, in die ich einen Blick werfen möchte. Ich hoffe nur, daß man sie nicht als Sackgassen ansehen wird. In meinem nächsten Kapitel zum Beispiel möchte ich in großen Zügen von den Erlebnissen und dem Weg eines Jünglings berichten, der begierig war, eine Karriere als Begleiter zu machen, sich tastend seinen Weg suchte und gelegentlich das Gleichgewicht verlor.

Vom musikalischen Gleichgewicht

»Bin ich zu laut?« – das ist eine Frage, die einem Ensemble-Pianisten jederzeit gegenwärtig ist oder sein sollte. Sogar der Solist am Klavier muß auf die klangliche Balance zwischen den beiden Händen achten; doch hat er den Vorteil, daß seine rechte Hand weiß, was seine linke tut, obwohl auch das nicht immer selbstverständlich ist, was offensichtlich wird, wenn es ihm nicht gelingt, sie in einem einfachen Akkord zu voller Übereinstimmung zu bringen. Das Problem ist natürlich viel größer, wenn ein Werk zwei Künstler verlangt.

Meine frühen Tage verbrachte ich, nachdem ich aus den trostlosen Niederungen der Klavierschulen von Gurlitt und Loeschhorn emporgestiegen war, mit Etüden von Czerny und Präludien und Fugen von Bach; und mein Repertoire erweiterte sich, als ich mit einem Mitschüler Violinsonaten spielte.

Ich bitte um Entschuldigung, daß ich den Leser fast siebzig Jahre zurückführe – ich weiß, »die Welt wartet auf den Sonnenaufgang«, aber es ging nur schrittweise.

Als Knabe von fünfzehn Jahren gehörte ich einem Trio mit Geige und Cello an, das in einem kleinen Vorstadtkino in Toronto spielte. Das war noch in den Tagen des Stummfilms und vor der Zeit der dröhnenden Kino-Orgeln. Meine Kollegen, viel älter als ich, waren ernsthafte Musiker, verkannte Genies, und wir ackerten fleißig ganze Trios von Beethoven und Brahms durch, trotz falscher Noten und verkehrter Einsätze und ohne Rücksicht darauf, was sich auf der Leinwand abspielte. Wir waren uns darüber im klaren, daß wir nicht ganz Cortot-Thibaud-Casals-Niveau erreichten, und stimmten sogar darin überein, daß »gestern das Erzherzog-Trio so schlecht war, daß wir es erst noch reifen lassen müssen«. Beim Vortrag eines anderen erhabenen Werkes kam der Kinobesitzer angelaufen und zischte uns an: »Was für Zeug spielt ihr denn da?« – »Es ist von Beethoven«, erwiderte unser Geiger würdevoll. »Dann schaut euch mal gefälligst die Leinwand an!« Wir schauten und erblickten Indianer auf dem Kriegspfad, die Bleichgesichter in einem Planwagen umzingelten. Zur Begleitung dieser erschreckenden Szene hatten wir in tiefer Versunkenheit und ohne Rücksicht auf die Umgebung den langsamen Satz des Geistertrios gespielt. Wir taten dies alles, um ehrlich unser Geld zu verdienen; aber so ganz ehrlich war es nicht, denn unser Brotgeber, der mit Beethoven nichts anzufangen wußte, bekam für sein Geld nicht das, was er wollte. Manchmal warf unser Geiger einen Blick auf die Leinwand und sagte seelenruhig: »Mondschein«, womit er den ersten Satz von Beethovens Klaviersonate op. 27 Nr. 2 meinte (als Trio arrangiert!), der gut zu einer Szene an einem Totenbett oder zu einem herzergreifenden Abschied paßte. Eine andere beliebte Untermalung war das Allegretto aus der siebten Symphonie zu einem geheimnisvollen nächtlichen Hauseinbruch. Beethoven hätte es nicht so recht gefallen, doch er half uns, wenn Ebbe in unserem Portemonnaie war.

Von diesem unschuldigen Zeitvertreib avancierte ich zum Partner von Jan und Boris Hambourg, Violine und Cello, die mich sogar auf eine Tournee durch Kanada mitnahmen, zusammen mit einem Tenor als Viertem im Bunde.

Ich hatte vorher noch nie einen Sänger begleitet, abgesehen von Freunden zu Hause; und bei unserem bescheidenen Klavier war ich noch nie auf die Idee gekommen, daß ich sie »zudecken« könnte, um so weniger, als sie neben mir standen, mir über die Schulter schauten und in die Ohren brüllten. Aber auf einem richtigen Konzertflügel einen richtigen Sänger zu begleiten, der zwei Meter von mir entfernt stand, war grundverschieden; und auf dieser Tournee lernte ich, daß ich mich auf ein ganz anderes Klangverhältnis einstellen mußte.

In öffentlichen Konzerten sitzt der Geiger oder der Cellist nahe bei seinem Partner auf der Seite der Klaviatur, und der Pianist hört sie direkt. Dagegen steht der Sänger oder die Sängerin in der Beuge des Flügels und richtet die Stimme direkt ins Publikum, so daß der Pianist sie nicht so unmittelbar und deutlich hört wie die Streicher. Damit ist die Sache aber noch nicht zu Ende. Bei einer Violin- oder Cellosonate tragen beide Partner die Verantwortung für die klangliche Ausgewogenheit, bei einem Liederabend jedoch lastet sie auf dem Begleiter allein; und solange er noch nicht genügend Erfahrung hat, wird er seinen Anschlag dämpfen, damit er die Singstimme deutlich über den Tönen hört, die er selber hervorbringt. Auf diese Weise wird die klangliche Balance befriedigend für ihn sein, nicht aber für den kritischen Hörer oder den Sänger, dem die nötige Unterstützung fehlt.

Ich glaube, daß auch sehr sensible Virtuosen häufig diesen Fehler in der ersten Zeit ihrer Zusammenarbeit mit einem Sänger begehen. Wenn man jedoch der Größe von *Die Allmacht, Der Atlas, An Schwager Kronos* oder *Gruppe aus dem Tartarus* gerecht werden will, muß man Schuberts Anweisungen folgen, und wenn ein *fortissimo* verlangt wird, muß man es geben. Zwar wird von der Stimme des Sängers nur ein Flüstern ans Ohr des Pianisten dringen (laut genug für ihn, um zu wissen, daß sie beide mit derselben Note zur selben Zeit einsetzen); doch eine zu deutliche Dämpfung des Klangs wirkt schwächlich und entkräftet diese machtvollen Lieder. Es braucht Mut und Erfahrung, sich mit diesem »falschen« Tonausgleich zu befreunden, und der Pianist wird einiges zu hören bekommen, wenn es schiefgeht. Aber was mich betrifft, so kann ich sagen, daß ich die Stimme des Sängers immer durch mein Spiel hindurchhöre, wie laut ich auch immer spiele und wie schwach die Singstimme auch klingen mag.

»Wenn ein *fortissimo* verlangt wird, muß man es geben«, schrieb ich im letzten Absatz. Aber diese Forderung ist zu allgemein gehalten, wie man bei einem Blick in die Noten der *Gruppe aus dem Tartarus* erkennen kann.

Fischer-Dieskau schreibt in seinem Buch *Auf den Spuren der Schubert-Lieder** darüber: »Die Singstimme kann sich an keine ›Liedmelodie‹ mehr halten, die Plastik des Geschehens wird durch die harmonischen und rhythmischen Waghalsigkeiten des Klaviers fast noch mehr erreicht als durch den Gesang.« Die Szene ist die bodenlose Tiefe des Tartarus; man hört das Stöhnen der Verdammten: »Ewigkeit schwingt über ihnen Kreise, bricht die Sense des Saturn entzwei.« Nach dem unterirdischen Rumoren auf dem Klavier entlädt sich der Vulkan auf dem Wort *Ewigkeit,* und fünfmal stürzt die Stimme eine Oktave nach unten. Es ist eine mächtige Klimax, vom Komponisten mit *fortissimo* bezeichnet. Die Gesangslinie fällt jeweils wie ein Stein einen Brunnen hinab; die Begleitung steigt auf in gnadenlosem Triumph – im Klavierpart wird das *fortissimo* durch ein *sforzando* verstärkt. Soll der Pianist gehorchen? Er kann es nicht; er mäßigt gnädig seinen Ton, wenn die Singstimme unter das Liniensystem sinkt, doch tut er es so subtil wie möglich, etwa durch einen Wechsel des Haltepedals, und er gibt dem *sforzando* im Baß auf Kosten der Oberstimme mehr Nachdruck.

Das schaurige Bild der verdammten Seelen in ihrer Qual kann keine lieblichen Töne hervorrufen; Pianist wie Sänger versuchen das Grausen darzustellen. Chromatisches An- und Absteigen bei dem schicksalsschweren Beginn des Liedes verkündet die Verdammnis; die Dunkelheit des Abgrundes fühlt man an der wirren Diktion, sie soll überpedaliert und verschwommen sein, einen Augenblick zu einem unheimlichen und undurchsichtigen Brodeln aufwallen und dann plötzlich kraftlos zerspringen. Zu der furchtbaren Antwort »Ewigkeit« wäre ein schöner Ton des Klaviers undenkbar;

* F. A. Brockhaus, Wiesbaden 1971

sie verlangt eine unnachgiebige Härte. Und durch all diesen Tumult muß des Sängers Stimme klar vernehmbar sein.

Nach diesem unterweltlichen Jammer wollen wir ein Lied von himmlischer Seligkeit betrachten, *Die Allmacht,* in der Schubert aus vollem Herzen das Lob des Schöpfers singt. Beide Lieder stehen – das ist kein Zufall – in C-dur.

Es ist für den Pianisten verhältnismäßig leicht, in *Gruppe aus dem Tartarus* einen stählernen Klang an den Höhepunkten zu erreichen; doch bei der *Allmacht* braucht er Macht und Gewicht ohne Schlagkraft: der Ton muß der Situation entsprechen. Der Pianist denkt an die Ausdruckskraft der großen Orgel. Bei den Worten »Groß ist Jehova, der Herr« steht in der Begleitung *piano* mit einem *crescendo;* diese Anweisung wird treu befolgt, aber das Geheimnis liegt im Haltepedal. Mit seiner Hilfe kann man den Klang gewaltig steigern, ohne große Mühe und ohne auf die Tasten zu hämmern. Der Gebrauch des Pedals sollte nicht klinisch rein sein, denn in einer Kathedrale gibt es immer einen Nachhall oder ein Echo. Es bedarf einer Stimme voll Kraft und Majestät, um dieses Lied zu meistern.

Sehr selten schreibt der Komponist vor, daß die Stimme von der Begleitung übertönt werden soll. Ich denke da an Schuberts *Am Feierabend,* das fünfte Lied aus dem Zyklus *Die schöne Müllerin.* Der Müllerbursche sieht, wie das Mädchen den anderen Gesellen gute Nacht sagt, ohne zu ihm hinüberzublicken, und diese Enttäuschung gibt der Zornausbruch im Klavierpart wieder. Wir hören »gute«, aber »Nacht« wird vom *subito forte* der Begleitung zugedeckt. (Tatsächlich kommt es in Schuberts Liedern häufig vor, daß die Singstimme ein *pianissimo* hat neben einem *piano* im Klavierpart oder ein *mezzoforte* neben einem *forte,* aber ich glaube, dies sind nur Flüchtigkeitsfehler.)

Am Schluß von Henri Duparcs *Phidylé*

> »Que ton plus beau sourire et ton meilleur baiser
> Me récompensent de l'attente ...«

sinkt die Stimme, die Leidenschaft ist erschöpft; das Klavier hingegen schwillt zur höchsten Lautstärke an, und »de l'attente« wird, unabwendbar und folgerichtig, verdunkelt.

Das jedoch sind außergewöhnliche Fälle. Mein Rat, daß die Singstimme vom Pianisten durch den Klavierklang hindurch gehört werden muß, sollte stets beachtet werden, sonst macht sich der Begleiter unbeliebt.

»Gerald Moore, sonst der umsichtigste Begleiter, hat diesmal den Sänger zu oft zugedeckt«, schrieb Martin Cooper im *Daily Telegraph;* und diese Kritik war es, die mich zu dem Titel meines Buches *Bin ich zu laut?** anregte. Aber (und das ist ein Geständnis, das ich nicht machen würde, hätte ich mich nicht vom Konzertpodium zurückgezogen) ich lasse mich lieber für schuldig erklären, zu laut zu sein als zu leise. Ich erinnere mich gut an meine erste Begegnung und Probe mit Emanuel Feuermann, dem wunderbaren Cellisten, der zu mir sagte, ehe wir zu spielen anfingen: »Ich habe gehört, Sie sollen nicht besonders zurückhaltend mit Ihrer Begleitung sein.« Wie dem auch sei, wir haben jahrelang erfreulich zusammengearbeitet.

Das Violoncello muß vom Pianisten mit Diskretion begleitet werden, denn seine tiefsten Töne werden leicht vom Klavier erstickt. Nach einem Konzert mit Amaryllis Fleming sagte mir mein Freund und Verleger Hamish Hamilton, ich sei manchmal zu laut für das Cello gewesen. »Vielleicht«, setzte er hinzu, »war auch Amaryllis zu leise für das Klavier«.

Dame Myra Hess hat oft mit dem Griller-Quartett konzertiert, und in einem ihrer Konzerte in der Wigmore Hall wandte sie sich zwischen zwei Sätzen an das Publikum und fragte: »Bin ich zu laut für die Streicher?« Das Publikum war zu überrascht, um sich in eine Diskussion mitten in einem Musikstück einzulassen, und sein Urteil wäre auch nicht sehr verläßlich gewesen.

* Rainer Wunderlich Verlag, Tübingen 1963

Für das musikalische Gleichgewicht hängt auch sehr viel von der Größe der Stimme oder der Instrumente ab, die man begleitet. Elena Gerhardt bat mich beim Beginn unserer Zusammenarbeit, »nicht zu diskret« zu sein; und Victoria de los Angeles liebte gleichfalls eine kräftige Unterstützung. Eine tiefere Stimme – Bariton oder Baß – muß wie das Cello rücksichtsvoll behandelt werden; doch Fischer-Dieskau machte mir das Kompliment, daß er sich auch im lautesten Gedröhn auf mein Urteil verlasse.

Gedicht und Klavier

Der Sänger, der die Geduld aufbringt, diese Zeilen zu lesen, wird mir hoffentlich verzeihen, wenn ich im weiteren Verlauf meiner Beobachtungen über das musikalische Gleichgewicht dem Begleiter mehr Aufmerksamkeit zuwende als dem Sänger. Das geschieht nicht, weil ich jenem etwa größere Bedeutung beimesse als diesem, sondern weil es nur wenig meisterhafte Begleiter gibt, die sich mit ganzem Herzen in den Dienst des Komponisten stellen. Der Sänger ist einem Partner dankbar, der mit ihm die Last des Vortrags teilt, aber seine Vorherrschaft, ich wiederhole es, bleibt unbestritten; unsere Augen sind auf den Sänger gerichtet, denn es ist seine Physiognomie, welche die Stimmung des Liedes spiegelt, das er singt. Den Begleiter brauchen wir überhaupt nicht anzuschauen, wenn nicht gerade unsere Augen bei einem Vor-, Zwischen- oder Nachspiel in seine Richtung schweifen; er steht zwischen dem Sänger und dem Lied, wenn er die Aufmerksamkeit auf sich zieht, während sein Partner sich vernehmen läßt. Was also den Sänger betrifft, so ist das Publikum bei ihm ganz Auge. Ist es auch ganz Ohr?

Ich will versuchen zu zeigen, wie wichtig es ist, daß Ohr und Gemüt sich gleichermaßen der Singstimme und dem Klavierpart öffnen, und ich wähle als Beispiel für diese Verschmelzung zwei bis drei »einfache« Lieder, die durchaus im Gegensatz stehen zu den gewaltigen und anspruchsvollen Gesängen des vorigen Kapitels.

Über *Anakreons Grab* von Hugo Wolf schrieb ich in *Singer*

*and Accompanist (The Performance of Fifty Songs)**: »Wenn Goethe diese schlichten und zärtlichen Verse vor sich hin sprach, so geschah es sicher in dem gleichen sanften Rhythmus, mit den gleichen Betonungen, Modulationen und Pausen, wie Wolf sie ihnen gegeben hat. Ich stelle mir gern vor, daß in Goethe die gleiche Musik erklang, als er das kleine Gedicht schrieb. Wenn Sänger und Begleiter meinen Glauben teilen, wird es ihrem Vortrag behilflich sein, und sie werden darin einen Hinweis auf die fast übernatürliche Verschmelzung von Wort und Musik erblicken.«

Die Ansicht, der Rosenduft eines Sommerlüftchens könne durch das Spiel der Finger auf dem Klavier hervorgezaubert werden, mag übertrieben erscheinen; aber der Begleiter muß glauben, er könne es: nach seinem Vorspiel sollen wir erwarten, daß der Sänger von der Lieblichkeit der Natur singt. »Wo die Rose hier blüht, wo Reben um Lorbeer sich schlingen«, beginnt er, während der Begleiter Blüten und Blätter mit einem Geriesel fallender Klänge in der rechten Hand malt, mit maßvoller Freiheit und delikatem Anschlag, als streichle er die Blumen selbst. Sänger und Pianist sehen die Szene – sie sind ein Teil von ihr. »Welch ein Grab ist hier« und »Es ist Anakreons Ruh« sind Augenblicke der Ehrfurcht, denen bald wieder das Entzücken darüber folgt, daß die Stätte von den Göttern so »schön bepflanzt und geziert« wurde. Und wenn schließlich die Singstimme verstummt, nimmt uns das Nachspiel des Klaviers sanft bei der Hand, um uns hinwegzuziehen; wir gehen zögernd und wenden noch einmal den Kopf (die gebundenen Noten in der rechten Hand, »verklingend«), um einen Blick auf den begrünten Hügel zu werfen, unter dem der Dichter ruht.

Mache ich mir etwas vor? Lebe ich in einem Wolkenkuckucksheim? Wer so denkt, der lasse alle Hoffnung fahren, der würdige Begleiter eines Sängers zu werden. Sein Gefühl für das Wort muß so tief und empfindlich sein wie das seines

* Methuen & Co., 1953

Partners, er muß es mit hellem Bewußtsein aufnehmen, so daß er, wenn er den Sänger in Beethovens *Adelaide* andächtig »A-de-la-i-de« hauchen hört, gleichfalls den seligen Namen auf den Tasten buchstabiert. Geist und Körper sind aufs schärfste konzentriert in Treue und Liebe zu seinem Tun, und seine Finger sind die Mittler.

Der Solopianist als Partner der Singstimme übt manchmal eine Autorität aus, die dem allzu bescheidenen Begleiter mangelt. Nehmen wir *Morgen* von Richard Strauss als Beispiel. Das Vorspiel – halb so lang wie das Lied – ist der Inbegriff ruhiger Heiterkeit, es fließt oder vielmehr gleitet scheinbar willenlos dahin, so langgezogen sind die Pausen. Das ist das Herzstück des Liedes, der Angelpunkt, um den später der Sänger sein faszinierendes Obligato webt. Dem zu ängstlichen Begleiter fehlt die innere Sicherheit, diese kostbaren Augenblicke der Bewegungslosigkeit eindrucksvoll wiederzugeben; er kürzt daher die geistreichen Ruhepunkte, weil seine angeborene Bescheidenheit die Last der auf ihn konzentrierten Aufmerksamkeit nicht tragen kann. (*Le silence éternel de ses espaces infinis m'effraie* wird er murmeln, mit jener Gabe für das *mot juste,* die den Begleitern sogar in der Bedrängnis so leicht zuteil wird.) Und hier ist die Autorität des Klaviervirtuosen von Vorteil. Wer sich mit Beethovens langsamen Sätzen vertraut gemacht hat – dem Trauermarsch der As-dur-Sonate op. 26 oder dem *Adagio sostenuto* der Mondscheinsonate –, wird sich auch bei Richard Strauss zu Hause fühlen. Zweifellos müssen in diesem Lied, so heiter und lieblich es ist, Sänger und Pianist ungewöhnliche Zurückhaltung üben, um den langen Pausen ihre volle Bedeutung zukommen zu lassen. Ich gebe widerwillig zu, daß auf einer Schallplatte oder in einer Rundfunksendung die Pausen, wenn man sie schonungslos in ihrer vorgeschriebenen Länge hält, ein Vakuum erzeugen; es bedarf der lebendigen Gegenwart des Sängers, um den Hörer zu fesseln.

Sooft ich dieses Lied spiele, genieße ich die Pausen; doch wenn man die Partitur studiert, merkt man, daß es kaum eine

Stelle gibt, in der nicht ein Ton gesungen oder gespielt wird. Oft indessen schließt eine Phrase mit einem ausgehaltenen Ton in der Oberstimme der Begleitung, der bereits vor dem Ende des Taktes erstirbt. Das ist nicht dasselbe wie Schweigen; aber es sind Augenblicke der Stille, in denen kein Ton erklingt, Augenblicke, die man getrost genießen kann.

Morgen bereitet dem Hörer großes Vergnügen, denn es ist ein zartes Lied und strahlt Entspanntheit aus; paradoxerweise verlangt es von den Ausführenden Strenge – um so mehr, da es sich nie über ein *mezza voce* erhebt. Der Pianist ruft die Stimmung hervor, bestimmt Anlage und Gestalt des Vortrags in der Einleitung und lenkt den Ablauf.

Für einen Pianisten, der seine Mittel beherrscht, gibt es dazu weitaus mehr Gelegenheiten, als der durchschnittliche Begleiter ahnt. Dieser wird vielleicht das Vorspiel zu Schuberts *Ave Maria* mit musikalischem Gefühl spielen, ohne sich zu vergegenwärtigen, daß die Sängerin von dem Tempo, das er einschlägt, gehemmt wird. Und diese ist hilflos, da sie nichts tun kann, das Tempo zu ändern, weil sie lange Noten aushalten muß und dem Begleiter nicht zu verstehen geben kann, daß er sich beeilen soll. Sie lauscht angespannt seinem Vorspiel und weiß, sie wird die zwei Wörter der langen Phrase nicht mit dem notwendigen einzigen Atemzug halten können; das Publikum hört »A – ve«, sodann rasches Atemholen, und dann »Maria«. Bei einem Promenadenkonzert in der Royal Albert Hall in London stand ich in der Nähe von Elisabeth Schumann, als sie dieses Lied sang. Wir waren gute Freunde und hatten so oft zusammengearbeitet, daß ich voller Bestürzung hörte, wie der Begleiter ein viel zu langsames Tempo einschlug. Das Publikum merkte Elisabeths Bedrängnis nicht, denn sie war eine zu erfahrene Sängerin, um sich zu verraten; doch ich spürte ihre wachsende Unruhe während des langen Vorspiels. Tatsächlich schaffte sie die gewaltige Phrase in einem Atemzug, aber es war sehr knapp, und ich wußte, daß sie Qualen ausstand, wo eine weniger gute Sängerin »geschmissen« hätte. Als ich sie einige Tage später traf, fragte sie, ob ich ihr *Ave Maria* gehört hätte. »Gewiß«, sagte ich, »aber ich glaube, niemand außer mir hatte eine Ahnung, was du gelitten hast, am wenigsten der Begleiter, der glücklich und zufrieden nach Hause ging, ohne zu wissen, daß du seinetwegen fast erstickt wärst.« Elisabeth tat die Angelegenheit wie gewöhnlich mit einem Lachen ab – jetzt hatte sie ja wieder genug Atem.

Nacht und Träume ist ein anderes Beispiel dafür, daß sich die Sängerin darauf verlassen muß, daß der Begleiter das einstudierte Tempo einhält. In *Gretchen am Spinnrad* kann beim Eintritt der Singstimme das Tempo beschleunigt oder verlangsamt werden, denn die Melodie hat Bewegung; die drei Noten auf »Meine Ruh« genügen für eine Korrektur. Im *Doppelgänger* wiederum wird die erste gesungene Phrase »Still ist die Nacht« den Begleiter zurechtweisen, wenn er abzuirren droht. Aber dies sind Notbehelfe, die der Hörer nicht bemerken darf; und der Pianist sollte sich eigentlich schämen, wenn er das auf den Proben vereinbarte Tempo eines Liedes nicht im Kopf hat.

Betrachten wir jetzt Claude Debussys *La chevelure* (Die Locken), das zweite Lied in der Gruppe der *Chansons de Bilitis*. Hier kann ein teilnahmsloser Pianist die Kunst der empfindsamsten Sängerin im Keime ersticken; er muß sich persönlich einbezogen fühlen.

Das Klavier mit seinen sanft seufzenden Dissonanzen (nicht zu strikt im Zeitmaß) spricht sogleich von Weiblichkeit, stellt das Mädchen vor, das sich mit verhaltener, aber sinnlicher Freude an die Träume erinnert, die sein Geliebter ihm erzählt hat. »Er sagte zu mir, ich träumte, die schwarzen Locken deines Haares legten sich um meinen Nacken und auf meine Brust; und ich streichelte sie, als wären sie ein Teil von mir, als wären wir durch sie vereint, wie zwei Lorbeerbäume, die eine Wurzel haben.«

Singstimme und Klavier sind zuerst in einer sanften, schmachtenden Umarmung zusammengeschlossen; allmählich wird die Musik leidenschaftlicher und schneller im

Rhythmus. Bei »Je les caressais« beginnt die Begleitung ein Eigenleben zu führen, wie zum Beispiel die Triolenfigur in der Oberstimme zeigt; es ist, als liebkose sie den Gesang. Diese Freiheit ist noch offensichtlicher in den zwei dynamischen Höhepunkten: im ersten, »Par la même chevelure la bouche sur la bouche«, entspricht der aufsteigenden Phrase der Singstimme eine Abwärtsbewegung der Begleitung; hier findet sich der Hinweis *en pressant,* der Höhepunkt ist mit den Worten »sur la bouche« erreicht. Vor dem *piano subito* muß man sich Zeit lassen, damit deutlich zu hören ist, was die Sängerin in diesem plötzlichen Absinken des Klanges zu sagen hat. Eine ähnliche Freiheit gegenüber dem Zeitmaß ist nach dem einzigen *fortissimo* des Liedes erforderlich, bei der Stelle »Ou que tu entrais en moi comme mon songe«. Hier ist die Fermate des Klaviers wesentlich, denn nun hören wir – wenn auch noch so gedämpft – die sinnlichen, schmachtenden Akkorde des Vorspiels, welche die anrührendsten Augenblicke des Liedes ankündigen. Zu den gleichen Noten, mit denen das Mädchen begann – »Il m'a dit« –, singt sie nun »Quand il eut achevé...« (Nachdem er geendet, legte er mir sanft die Hände auf die Schultern und blickte mich so zärtlich an, daß ich schaudernd die Augen senkte).

In dem Lied *La chevelure* bezeichnet Debussy die Tonart mit sechs B-Vorzeichen, was Ges-dur oder es-moll bedeuten kann; und erst im vierundzwanzigsten Takt von insgesamt siebenundzwanzig erkennen wir, daß das Lied in Ges geschrieben ist, obwohl sogar hier eine Mittelstimme ein »fremdes« As aufweist. Diese schöne, ruhige Dissonanz tritt bei den bezeichnenden Worten ein »– et il me regarda d'un regard si tendre«. Es ist der emotionelle Höhepunkt des Liedes; der Komponist schreibt *très pianissimo* vor, und auf dem besänftigenden Klang wird verweilt, damit wir ihn um so mehr genießen können. (Die Tatsache, daß der Grunddreiklang so spät erscheint, ist nicht nur von akademischem Interesse. Die Künstler müssen sich dessen deutlich bewußt sein, denn sie sehen die Anlage jedes Liedes mit dem geistigen

Auge, ehe sie mit dem Vortrag beginnen, so daß der Ablauf geplant, der Höhepunkt antizipiert werden kann.) Nur einmal während der ganzen Komposition ist der reine und einfache gewöhnliche Dreiklang zu hören, nämlich erst, als sie friedlich mit dem letzten Akkord in Ges-dur endet.

Winifred Radford (deren glänzende Übersetzungen ins Englische in Pierre Bernacs *Interpretation of French Song** behandelt werden), sagt, daß Bilitis – ein Mädchen von fünfzehn oder sechzehn – ein Phantasiegeschöpf des Dichters Pierre Louys sei. Sie erzählte mir, daß sie übereifrige Studenten kenne, die stundenlang im Britischen Museum Bücher wälzten, um Bilitis in der griechischen Mythologie zu finden.

Ob nun Bilitis in *La chevelure* ihr Erlebnis einer Freundin anvertraut oder, wie ich annehmen möchte, ein Selbstgespräch führt – auf jeden Fall ist Lotte Lehmanns Rat in ihrem Buch *Eighteen Song Cycles***, »die ersten Worte ›Il m'a dit‹ sollten mit unterdrücktem Lachen gesungen werden«, ganz unbegreiflich und irreführend. Das Lied ist ernst von der ersten bis zur letzten Note, und Debussy hat auf seine Partitur *Très expressif et passionnément concentré* geschrieben. Dichter und Komponist würden sich im Grabe umdrehen, wenn das Lied auch nur mit einer Spur von Scherzhaftigkeit gesungen würde – ebensogut könnte man Wolfs *Bedeckt mich mit Blumen* mit Gekicher vortragen.

In *Le tombeau des Naïades* (dem dritten Bilitis-Lied) unterläuft Lotte Lehmann abermals ein Irrtum. »Zwei Männer gehen die schneebedeckte Allee entlang«, schreibt sie, und später übersetzt sie »mes cheveux, devant ma bouche, se fleurissant de petits glaçons« mit »mein Bart ist voller Eiszapfen«. Aber einer der Spaziergänger ist ein Mädchen, nämlich keine andere als Bilitis, die auch nicht den allerkleinsten Bart zur Schau trägt. Sie läßt »ihre Haare über den Mund hängen«,

* Cassel & Co., 1966
** Cassel & Co., 1971

vielleicht nicht gerade wie Mélisande, sondern so, wie manche Mädchen ihr Haar tragen, in der Art einer Ponyfrisur.

Mit diesen drei verschiedenartigen kleinen Liedern von Wolf, Strauss und Debussy wollte ich, wenn auch kurz, auf die Beziehung zwischen Dichtung und Klavierbegleitung hinweisen. Es wird nicht überraschen, daß es drei meiner Lieblingslieder sind. *Anakreon* gebührt ein eigener, ganz besonderer Platz – es ist erhaben; ohne Liebe zu Goethes Worten und Wolfs Musik kann man seine bewegende Eloquenz nicht vermitteln. Für *Morgen* beanspruche ich nicht den gleichen Rang, doch es gilt mit Recht als eins der reizendsten Strauss-Lieder; wir können daraus die Bedeutung und Ausdruckskraft einer wohlbemessenen Stille lernen und die eiserne Kontrolle, die sie verlangt. *La chevelure,* zart und sinnlich, ist das esoterischste der drei Stücke; um ihm gerecht zu werden, ist eine vollkommene geistige Einheit zwischen Sängerin und Begleiter notwendig.

Ich habe an anderer Stelle geschrieben, daß der Begleiter den Namen der Angebeteten in Beethovens Lied *Adelaide* auf den Tasten »buchstabiert«. Das ist nicht nur eine Floskel, sondern der Versuch zu zeigen, was im Herzen des Pianisten vorgehen sollte, wenn es ihm übergeht vor Liebe zu der köstlichen Musik, die er unter den Fingern hat; er mag vielleicht, in aller Bescheidenheit, erfüllt sein mit einem Gran jenes großen Impulses, der den Komponisten zu diesen unsterblichen Tönen inspirierte.

»Musizieren ist ein Akt der Andacht, das Verströmen eines Gefühls, das mit der reinsten und edelsten Essenz menschlicher Liebe getränkt ist.« (Hans Gal, *Franz Schubert oder die Melodie*)*

* *S. Fischer, Frankfurt am Main 1970*

Grenzlinie

Ich sprach schon ein- oder zweimal von dem Solopianisten als Partner der menschlichen Stimme, und es scheint heute fast selbstverständlich, daß sich der Virtuose oder auch der Dirigent ein Vergnügen daraus macht, mit einem Sänger oder einer Sängerin zu konzertieren. Gibt es da eine Grenzlinie?

Ich muß an einen Zwischenfall denken, der sich in einem Fernsehstudio kurz vor der Sendung ereignete, während ich mit Victoria de los Angeles probte. Zwei Männer waren sich über eine Sache, die offenbar dringlicher war als die Sendung selber, in die Haare geraten. Wir mußten unsere Probe unterbrechen. Anscheinend hatte die Regisseurin Patricia Foy den Atelierleiter gebeten, eine störende Blumenvase entfernen zu lassen, und dieser sagte es einem Mann, der zufällig da stand. Er war zwar Beleuchter, aber er war auch ein Mensch und brauchte nur die Hand auszustrecken und die Vase hinter eine Wand zu stellen. Das tat er, und dies löste einen solchen Krach aus, daß Victoria und ich einander kaum hören konnten. Der Mann hatte eine Grenzlinie überschritten, er war in den Bereich eines anderen eingedrungen, und der Angegriffene – der Requisiteur, in seiner Ehre gekränkt – geriet in Harnisch. Es ist nicht überliefert, wie der Streit ausging; ich weiß nur, daß man die beiden Kampfhähne endlich dazu bringen konnte, das Studio zu verlassen, damit weniger wichtige Dinge, wie zum Beispiel die Vorbereitungen für Victorias Liederabend, fortgesetzt werden konnten.

Mir wurde klar, daß diese Männer, Brüder unter dem Schirm und Schutz ihrer Gewerkschaft, gar nicht so brüderlich sind und viel empfindlicher und leichter verletzt als wir angeblich so sensiblen Künstler und Ästheten. (Es verhält sich nämlich so, daß ein Maler, Musiker, Schriftsteller oder Schauspieler die Sensibilität eines Schmetterlings und die Haut eines Nashorns haben muß, wenn er sich behaupten will.)

Wie steht es mit der Grenzlinie bei Daniel Barenboim, dem großen Pianisten und Dirigenten und vortrefflichen Begleiter dazu? Und bei Leonard Bernstein, der – unerhört! – außerdem noch komponiert? Wo bleibt das Protestgeschrei der Dirigenten, weil Fischer-Dieskau sich erkühnt, den Taktstock zu ergreifen? Genügt es Rostropowitsch nicht, als derzeit erster Cellist der Welt gepriesen zu werden? Keineswegs, denn auch er dirigiert und – das ist die Höhe! – begleitet seine Frau Galina Wischnewskaja am Flügel!

Die Wahrheit ist: es gibt nichts Erfreulicheres, als Partner eines Sängers oder einer Sängerin in den Herrlichkeiten der Liedliteratur zu sein; es ist die faszinierendste und packendste künstlerische Betätigung, die man sich denken kann. Artur Rubinstein erzählte mir einmal, daß ihm das Studium des Klavierparts eines Liedes von Hugo Wolf unendliches Vergnügen bereitete. Ein anderer Artur – der Beethoven-Interpret Schnabel – liebte es, Schubert-Lieder für seine Frau, Therese Behr-Schnabel, zu spielen.

Ich mußte einmal über Benjamin Britten lächeln, als er einen Liederabend von Peter Pears mit Werken von Brahms besuchte; es war bekannt, daß er diesen Komponisten nicht mochte. »Haben Sie sich endlich zu Brahms bekehrt«, fragte ich ihn. »Ach was«, antwortete er, »aber Clifford Curzons Begleitung war wundervoll.« Curzon, Barenboim, Lupu, Perahia, Richter, Ashkenasy, Brendel, Vasary – alle Solopianisten – haben neben ihrer Virtuosität ein Übermaß an Sensibilität (die beiden Eigenschaften gehen nicht immer Hand in Hand), und ich habe sie alle außerordentlich schön begleiten hören.

Wenn ich versuchen würde, die Schar der Virtuosen und Dirigenten aufzuzählen, die gern Sänger begleiten, ergäbe das eine Liste, die ebenso international und reichhaltig wäre wie die Teilnehmerliste bei den Tennisturnieren in Wimbledon. Aber ich habe noch nie einen wirklichen Begleiter klagen hören, daß diese Berühmtheiten in seinen Jagdgründen wildern.

Wenn ich mir die delikate Aufgabe angemaßt habe, die obige »Mannschaft« aufzustellen, dann will ich damit keinen Vorschlag für die Verleihung des Verdienstordens machen. Das wäre unklug und gefährlich, und ich möchte klar sagen, daß Geoffrey Parsons, Karl Engel, Dalton Baldwin, Paul Ulanowsky und viele andere geschätzte Kollegen (ganz zu schweigen von Gerald Moore mit seinen kunstvollen Lobbällen von der Grundlinie) bestimmt auch dazugehören würden.

Daniel Barenboim ist derjenige unter den großen Solisten, den ich als Klavierpartner von Janet Baker und Dietrich Fischer-Dieskau am häufigsten gehört habe. Es versteht sich von selbst, daß er mit seiner Beherrschung der Klaviatur verhältnismäßig mühelos Schuberts *Auf der Bruck* und Wolfs *Feuerreiter,* bei denen ich Blut geschwitzt habe, gemeistert hat; viel wichtiger ist sein tiefes Verständnis der Feinheiten dieser Komponisten. Seine Individualität ist stets gegenwärtig, ohne im geringsten Maße das perfekte Zusammenspiel von Singstimme und Klavier oder den Gesamteindruck von Partnerschaft zu beeinträchtigen.

Es war merkwürdig zu hören, wie sich Barenboim, diese überschäumende Persönlichkeit, unterordnete, als er zum ersten Mal mit Fischer-Dieskau auftrat, und wie er den Klavierpart von Anfang bis Ende eine Stufe leiser hielt als die Singstimme; mit einem Geiger oder Cellisten hätte er sich auf gleicher Ebene bewegt. Aber das war nur die erste Phase; und heute hat Daniel so viel Erfahrung, daß er meiner Ansicht nach einer der besten Begleiter der Welt geworden ist. Er ist mit der gleichen Begeisterung wie ich früher der Partner von

Janet Baker und Fischer-Dieskau, und sie arbeiten gewiß sehr gern mit ihm.

Damit man mich nicht mißversteht: wenn ich auf Gleichberechtigung von Sing- und Klavierstimme beharre, so geht es mir vor allem um die klangliche Balance. Ich schrieb einmal: »... die größere Verantwortung trägt der Sänger; er ist es, der das Lied darbringt, der das Wort mit der Musik vermählt ...«*, und ich habe diese grundlegende Tatsache nie aus den Augen verloren. Dirigenten scheinen im allgemeinen nichts davon zu wissen; wenn sie einen Sänger auf dem Klavier begleiteten, habe ich mich manchmal gefragt, ob sie überhaupt auf die Stimme hören, denn sie schlugen um sich wie Babys in der Badewanne.

Man kann verstehen, daß sich eine Sängerin – sogar eine Elisabeth Schwarzkopf – geschmeichelt fühlt, wenn ein Dirigent vom Format Wilhelm Furtwänglers bittet, sie bei ihrem Liederabend in Salzburg begleiten zu dürfen. Furtwängler nannte es »mein Konzert« und begleitete die wundervolle Sängerin mit vollständig geöffnetem Flügel und soll im ganzen, wie man mir erzählte, einen im Verhältnis zur Stimme viel zu schweren Anschlag gehabt haben.

Bruno Walter begleitete unsere liebe Kathleen Ferrier in der Usher Hall bei den Edinburgher Festspielen. »Warum haben Sie nicht gespielt?« fragte mich der Bariton Aksel Schiotz bekümmert nach dem Konzert. Zweifellos verlieh die Anwesenheit Walters der Veranstaltung mehr Glanz; darüber hinaus hatte ihm Kathleen für ihre Karriere als Liederinterpretin viel zu danken, und er wurde mit Recht als großer Musiker und Dirigent verehrt. Sein Spiel an diesem Abend jedoch war jammervoll und zeigte wieder einmal, wie notwendig es für einen Begleiter ist, sich durch fleißiges Üben vorzubereiten und die Disziplin aufzubringen, sich selbst zu hören – was für einen Pianisten schwerer als für jeden anderen ist. Wie er zum Beispiel *An die Musik* spielte, die-

* The Unashamed Accompanist, Methuen & Co., 1959

sen Dankgesang an die »holde Kunst«, war peinlich. Ein celloartiger Baß spiegelt die gesungene Melodie; die wiederholten Akkorde darüber in der rechten Hand müssen sanft und mit dem leichtesten Anschlag gebracht werden, damit die Baßmelodie hervortreten kann. Aber diese Akkorde wurden von Walter »geschlagen«, wie man Eier aufschlägt. Während des ganzen Konzertes zeigte er die amateurhafte Angewohnheit, beim Akkordspiel eine Hand nach der anderen anzuschlagen (wußte Kathleen, mit welcher Hand sie übereinstimmen sollte?), und dies versetzte alte Damen in Begeisterung, sie seufzten, »es erinnere sie an das alte Wien«. Ich ärgere mich heute noch, wenn ich daran denke; aber als ich mir Audrey Christie gegenüber Luft machte, meinte sie – hoffentlich scherzhaft –, ich sei bloß eifersüchtig. Nur auf Schallplatten habe ich den echten Bruno Walter am Klavier gehört, besonders in Schumanns *Dichterliebe,* wo er Lotte Lehmann ein wundervoller Partner war.

Bestimmt bin ich nicht eifersüchtig auf Sir Georg Solti und André Previn. Diese beiden Künstler sind ausgezeichnete Begleiter – wie sie es bei ihren vielen Orchesterproben und Aufführungen fertigbringen, sich in so vorzüglicher pianistischer Form zu halten, ist mir ein Rätsel. Ich vermute, daß sie wie Walter Susskind und Wolfgang Sawallisch schon vollendete Pianisten waren, ehe sie berühmte Dirigenten wurden.

Ich habe Solti nur einmal begleiten hören – doch in einer Minute erkannte ich den Meister. Er begleitete Yvonne Minton auf einer Geburtstagsfeier für Sir Robert Mayer. Sie brachten zwei Wolf-Lieder, *In dem Schatten meiner Locken* (Miss Minton war eine Spur zu ernst, ich habe es immer zart und spielerisch aufgefaßt) und *Ich hab in Penna einen Liebsten wohnen* – glänzend gesungen und von Solti makellos gespielt. Wenn ich mich nicht irre, hatte er das letztere nach Es-dur transponiert, eine viel schwierigere Tonart als das originale F-dur, und er legte es so großartig hin, daß man hätte aufstehen und »Bravo« rufen mögen.

Meine liebe Janet Baker konzertierte mit André Previn in

Los Angeles und sagte: »Er war begeisternd!« Ich kannte André als blendenden Konzertpianisten, aber nicht als Begleiter. Wann findet er Zeit zu üben?

Ich wiederhole, ich habe von keinem Kollegen je ein Murmeln des Protestes gehört, daß große Musiker, wie die von mir erwähnten, uns ins Gehege kommen. Ich würde eher sagen, sie mehren den Ruhm der Kunst des Begleitens: indem sie ihre Liebe dafür zeigen, beweisen sie ihren Glanz und ihre Bedeutung. Allein die Tatsache, daß eine berühmte Persönlichkeit, die sonst einer anderen Sphäre der Musik verbunden ist, sich ans Klavier setzt, erregt Aufmerksamkeit, und der eine oder andere im Publikum wird vielleicht *zum ersten Mal* das Klavier bemerken und ausrufen: »Was für eine hervorragende Begleitung!« (Ich glaube allerdings, daß dieser Philister es auch sagen wird, wenn die Begleitung hervorragend inkompetent ist.)

Dame Janet

Am Neujahrstag 1976 riefen Janet und Keith an, um uns auf Wiedersehen zu sagen, denn sie sollten am nächsten Tag nach Amerika fliegen. »Ihr werdet morgen etwas in der Zeitung lesen, was euch hoffentlich freuen wird.« – »Janet«, sagte ich, »du stehst in der Ehrenliste und wirst ›Dame‹* werden.« Es war nicht schwer zu erraten, denn wir hatten seit geraumer Zeit das Gefühl, daß einer der größten Sängerinnen der Welt dieser Ritterschlag zustünde. Wir sagten: »Auf Wiedersehen, Miss Baker; wir werden dich nie wieder Miss Baker nennen.«

Uns wurde die Ehre zuteil, zum Lunch eingeladen zu werden, als Janet und Keith Shelley, ihr Mann, nach der Zeremonie vom Buckingham Palace zurückkehrten. Die Party war sorgfältig arrangiert. Als Janet einige Jahre zuvor zum *Commander of the British Empire* (C.B.E.) ernannt worden war, hatte man die übliche Einladung für zwei Personen als Zeugen der Feierlichkeit an Keith gesandt. Wer sollte mit ihm gehen, Mr. oder Mrs. Baker? Das Los entschied für die Mutter. Jetzt, 1976, war der Vater an der Reihe, als die große Sängerin erneut ausgezeichnet werden sollte. Daß Enid und ich mit dabeisein und uns in dem Glanze einer so lieben Freundin baden durften, gab uns das Gefühl, zur Familie zu gehören.

* Titel der weiblichen Mitglieder des Verdienstordens *Order of the British Empire*

Wir sahen Janet zum erstenmal im Jahr 1959, als sie unter John Barbirolli beim King's Lynn Festival sang. Enid und ich saßen in der ersten Reihe in der St. Nicholas Church und tauschten Blicke und Lächeln mit Janet; wir erkannten einander, aber gesprochen haben wir sie bei dieser Gelegenheit nicht.

Merkte ich damals schon, daß ich eine Sängerin hörte, die für den Weltruhm bestimmt war? Das ist eine Suggestivfrage. Es ist leicht, hinterher weise zu sein und zu sagen, ich hätte es gleich gewußt – aber das würde nicht ganz stimmen. Ich war beeindruckt, das käme der Wahrheit näher, und ich sagte (oder dachte): hier ist eine junge Sängerin mit einer lieblichen Stimme, mit musikalischer Kultur und einem ernsten Willen. Bald danach wurde ich zum erstenmal mit ihr zusammen engagiert, und da erkannte ich, was für eine hervorragende Sängerin diese junge Dame zu werden versprach. Es war in der Town Hall von Middlesborough, als wir zur letzten Probe zusammenkamen. Ihr Vater erzählte mir nach Jahren, er sei in den Saal zurückgekehrt, nachdem er seinen Wagen geparkt hatte, um zu sehen, wie wir vorankämen: »Ihr habt beide gelacht, und da wußte ich, es geht gut.«

Aber erst zwei Jahre später, 1961, als wir mit den Proben zu ihrem Debut in der Londoner Wigmore Hall begannen, fühlte ich einen schnelleren Pulsschlag, jene unwillkürliche Reaktion, die ein Musiker hat, wenn sich plötzlich eine verborgene Kraft überträgt, auf die er unmittelbar anspricht. »Das Feuer flammt auf, und sie verstehen sich im Nu.« In sechzig Berufsjahren habe ich diese freudige Erregung nur bei den besten Musikern und vollendetsten Künstlern empfunden – und nun konnte ich, als letzten, den Namen Janet Baker der kleinen Liste derer hinzufügen, die ich »meine Lieblinge« nannte.

Ich habe keine Kritiken dieses ersten Londoner Konzerts aufgehoben, und bei allem schuldigen Respekt ist es im Lichte zukünftiger Triumphe auch ziemlich unwichtig, was die Zeitungen schrieben.

Damals muß es gewesen sein, daß mich auf einer Probe in Berlin Fischer-Dieskau fragte, ob ich in der letzten Zeit irgendwelche besonders interessanten Konzerte gehabt hätte. Ohne zu zögern antwortete ich: »Ich habe Janet Baker begleitet.« Dieter mußte gestehen, daß er noch nie von ihr gehört hatte. Zu meinem Erstaunen kam er am nächsten Tag auf mich zu und platzte heraus: »Janet Baker ist wunderbar!« Dieser unersättliche Mensch war neugierig, die Sängerin zu hören, die mich so begeisterte, und hatte am Abend vorher im Rundfunk die Übertragung eines Konzerts aus England eingeschaltet. »Das Orchester war schlecht, der Dirigent gedankenlos, aber diese Janet Baker schwebte heiter und gelassen darüber. Ich war tief beeindruckt und würde gern mit ihr singen.« Und das tat er dann auch häufig, es waren glückliche Stunden für die beiden und für mich.

Janet sagte mir, die Duette seien aufregend für sie; jeder scheine im voraus zu wissen, was der andere tun würde – die Gestaltung einer Phrase, dynamische Nuancen. »Es machte mir Freude, daß mein Geist, wenn auch *auf einer tieferen Stufe,* mit Fischer-Dieskau im Einklang war.« Das sind ihre Worte, und ich habe »auf einer tieferen Stufe« kursiv gesetzt, um hervorzuheben, wie bescheiden sie ist und wie groß ihre Bewunderung für Fischer-Dieskau.

Martin Cooper hat einmal über eine Sängerin geschrieben: »Das Singen war ihr wichtiger als die Musik ... sie war als Sängerin größer denn als Interpretin.« Da ich die Sängerin kannte, die Mr. Cooper meinte, kann ich ihm beistimmen; umgekehrt könnte ich von vielen Sängern und Sängerinnen, die ich begleitet habe, sagen: »Die Musik war ihr oder ihm wichtiger als das Singen ... sie oder er war ein größerer Interpret als Sänger.« Keine der beiden Aussagen läßt sich auf Janet Baker anwenden, denn obwohl ihre Stimme von einer virtuosen Technik beherrscht wird und die natürliche Gabe einer keuschen Sinnlichkeit besitzt, ist es die von der Stimme übermittelte Botschaft des Komponisten, die Bedeutung der Musik, die ihr am meisten am Herzen liegt.

In dem Versuch, den Farbenreichtum ihrer Stimme zu beschreiben, wähle ich zwei ganz verschiedene Gesänge aus Janets Repertoire. Zuerst Stanfords Komposition zu *La belle dame sans merci* von John Keats. Wenn sie singt

»Was kann dich quälen, Rittersmann,
Daß du so bleich und einsam schweifst«,

ist der Ton »grau« und (wie es bei der Violine heißt) *senza vibrato,* so daß man das welke Riedgras, die stummen Vögel, die verblühende Rose zu sehen meint – es ist, mit einem Wort, leblos.

Doch ohne den Ton zu verstärken, vermag sie die Stimme mit Leben und Wärme zu füllen: die Worte

»Sie sah mich an, als liebte sie,
Und klagte süß«

werden schmelzend gebracht, nicht mehr farblos, sondern bebend in zärtlichem Verlangen.

Der erschreckende Kontrast, hart und grausam,

»Im Zwielicht öffnete sich ihr Mund,
Verschmachtet schier, in grausem Drohn«

wird mit Kraft und Ungestüm angegangen, so daß der Hörer zweifeln könnte, ob dieselbe Frau singt, deren Stimme noch wenige Augenblicke zuvor so verführerisch geklungen hatte.

Der Kritiker Ernest Newman sagte von Elena Gerhardt, man könne aus einem einzigen unbegleiteten Ton von ihr heraushören, ob sie in Dur oder in Moll singe. Als ein alter Gefährte Elenas würde ich sagen, daß das eine Übertreibung ist, und eher vermuten, daß der Klang jeweils von der Bedeutung der Worte bestimmt, aber auch von der Klavierbegleitung beeinflußt wurde. Und bei Janet Baker hilft die trostlose, dürre Begleitung, die sie aufmerksam hört, Farbe oder – wie wir sahen – Farblosigkeit hervorzubringen. Die Harmonie ist die Quelle, der diese Antwort entspringt.

Sehen wir, wie ihre Meisterschaft in meinem zweiten Beispiel zur Geltung kommt. Dieses Lied und die Keats-Komposition von Stanford sind Gegensätze. Während diese melodramatisch ist und der Sängerin eine reichere Palette bietet, ist mein Schubert eine köstliche Miniatur.

Schöne Welt, wo bist du? ist eine Strophe aus Schillers Ode an die Götter Griechenlands, voller Sehnsucht nach dem Zauberland, dem Goldenen Zeitalter, das unwiderruflich vergangen ist. (»Verflossene Zeiten kommen niemals, niemals wieder«, sang Purcell; doch Schubert drückte das gleiche Gefühl sehr viel ergreifender aus.) Die Tongeschlechter wechseln ständig: das klagende Moll drückt Verzweiflung aus, das Dur, ein flüchtiger Sonnenstrahl, unerreichbare Tröstung.

Während *La belle dame* dynamisch von *pianissimo* bis *fortissimo* reicht, beschränkt sich Schuberts Lied auf den Bereich von *pianissimo* bis *piano*. (Es gibt allerdings zwei Takte, die zweimal erscheinen, bei denen *forte* steht, doch dies ist nur ein relatives *forte*.) Der Schatten der Verzweiflung erscheint in diesem Lied stets in Moll, und nur hier erhebt sich die Stimme aus der sonst vorherrschenden Ruhe. »Wo bist du?« ist der Höhepunkt der melodischen Linie, und Janet gibt dem »b« von »bist« einen solchen Nachdruck, daß die Verzweiflung zum Ausdruck kommt, auch ohne daß der Ton unangemessen verstärkt wird. Es ist kein *crescendo* zu diesem *forte* angegeben, doch Janet singt eins, und mit Recht, denn »schöne« wie angegeben *pianissimo* zu singen und uns dann mit einem plötzlichen lauten »Welt« zu erschrecken, wäre gefühl- und geschmacklos. (Warum Schubert kein *crescendo* vorgeschrieben hat? Weil er von seinen Interpreten ein wenig Phantasie erwartete – er starb mit einunddreißig und hatte wenig Zeit zu verlieren.) Janets Stimme hat den Mollcharakter, den Newman bei der Gerhardt gespürt hat.

»Schöne Welt, wo bist du? Kehre wieder...
Ach, nur in dem Feenland der Lieder ...«

Hier wird die Hoffnung in der leuchtenden Durtonart ausgedrückt und, typisch Schubert, leise gesungen, als scheue er sich, ihre Vergänglichkeit bloßzulegen.

Das ist eins der Lieder, die für sich selber sprechen; Janet und ich brauchten es bei den Proben nicht zu erörtern, denn Schubert hat alles gesagt. Mit anderen Worten: es benötigt keine esoterische Durchdringung, aber es verlangt eine vollkommene Stimmbeherrschung – mit seinen langen, ruhigen Linien, seinem zarten Melisma. Gelegentlich steht ein Artikel oder eine Präposition auf dem Höhepunkt einer Phrase (zum Beispiel »der« bei »in dem Feenland der Lieder«), doch Janet Baker gleitet so liebevoll und unauffällig darüber hinweg, als solle man Schubert dankbar sein, daß er es verschmähte, seine Musik für das Versmaß zurechtzuschneidern. Das abschließende »Wo bist du, wo bist du?«, das vorher zweimal in einem verzweifelnden *forte* erklang, erklingt jetzt *pianissimo* und schwindet hoffnungslos dahin. Wenn wir dieser Sängerin lauschen, sind wir uns nicht bewußt, daß dies technische Probleme sind – sie selbst hat sie vergessen, sie glaubt an die Schönheit und ist ganz von ihr gefangengenommen.

Wenn Janet Baker eine Opernrolle in Angriff nimmt, läßt sie sich von ihrem Instinkt leiten, und während sie bescheiden und bedachtsam Vorschläge abwägt, legt sie sich doch erst fest, wenn ein Rat mit ihrer eigenen tiefen Empfindung übereinstimmt. »Auf der Bühne fühle ich mich ganz zu Hause, wie ein Fisch im Wasser. Ich schauspielere nicht, die Rolle ergreift von mir Besitz, es ist wirklich keine Verstellung. Ich habe verschiedene gute und hilfreiche Regisseure gehabt, ich stehe hier, wenn man es mir sagt, oder ich gehe dorthin, wenn ich soll – aber man hat mir nie beigebracht zu schauspielern.«

In Monteverdis *Il ritorno d'Ulisse* war sie – als Penelope, die über die lange Abwesenheit ihres Gatten verzweifelt ist – die Verkörperung des Elends: sie saß da mit fest gekreuzten Armen, die Hände um die Schultern geklammert, und schien vor unseren Augen zusammenzuschrumpfen. Als wir sie fragten, wer ihr diese Pose der Verzweiflung eingegeben habe, antwortete sie mit einem Wort: »Monteverdi«.

Diese Rolle ist eine ihrer drei Lieblingsrollen; sie liebt daran die Würde der Penelope, die Treue zu ihrem Gatten und ihre Geistigkeit, die der Grundzug dieser Frau ist.

Maria Stuarda von Donizetti hat für sie besonderen Reiz »wegen ihres stimmlichen Glanzes«, wie sie sich ausdrückte, und sie glaubt, es ist die einzige Oper, in der sie eine andere Frau, die Königin Elisabeth, als Gegenspielerin hatte.

Nachdem ich Janet mehrere Male mit Berlioz' *Nuits d'été* gehört habe (ein Zyklus, den ich auch mit anderen Sängerinnen in den letzten Jahrzehnten aufführte), sage ich ohne zu zögern, daß sie darin ohnegleichen ist. So erstaunt es nicht, daß die Dido in *Les Troyens* eine ihrer weiteren Lieblingspartien ist. Sie ist eine Verehrerin von Berlioz und hält seine Dido für eine der schönsten Mezzopartien, der gegenüber es Purcells Dido – obwohl sie diese gern singt – an der Dramatik und Vielseitigkeit von Berlioz mangele.

»Ich schauspielere nicht, die Rolle ergreift von mir Besitz.« Nie wurde eine solche Behauptung überzeugender bewiesen als in der Oper *Owen Wingrave,* die Benjamin Britten für das Fernsehen schrieb.

Ich will die Handlung so kurz wie möglich zusammenfassen: Owen Wingrave – der Letzte aus dem Hause Wingrave, von Kindheit an zum Soldaten bestimmt – erklärt dem Leiter der Kriegsakademie Spencer Coyle, daß er keinerlei militärischen Ehrgeiz besitze und die Schule nicht absolvieren könne. Alle Wingraves sind Soldaten gewesen, und als der jähzornige Großvater, General Sir Philip Wingrave, Owens Entschluß vernimmt, enterbt er ihn und nennt ihn »Verräter« und »Schande der Familie«. Doch am grausamsten verhält sich Kate Julian, Owens Verlobte; »Feigling!« ruft sie mit schriller Stimme und fordert ihn heraus, die Nacht allein im Spukzimmer des alten Hauses zu verbringen. Owen wird von Kate selbst eingeschlossen und am anderen Morgen tot aufgefunden.

Viele Freunde Janets waren in der Besetzung: Benjamin Luxon (Owen), Heather Harper (Mrs. Coyle), John Shirley-Quick (Coyle), Jennifer Vyvyan (Mrs. Julian) und Peter Pears (General).

Besonders Britten wünschte, daß Janet die böse Kate Julian spielte, überzeugt, daß keine andere Sängerin sie darstellen könne; zwölf Monate bevor die Oper in die Produktion ging, sagte er zu ihr, die Rolle würde ihr Qualen verursachen – und wie gut hat er sie verstanden! »Auf der Probe sah ich mir die Szene an, in der Mrs. Coyle ihrem Gatten sagt, was für ein schreckliches Geschöpf ich sei, und ich hörte meine liebe Freundin Heather Harper, die so großzügig und anständig ist, sagen, diese Dinge könnten mich verletzen. Ben sah meine Pein und wußte, was in mir vorging. Er kam zu mir und legte seinen Arm um mich, um mich zu trösten.« John Amis fragte Janet nach der Vorstellung: »Sind Sie im Leben auch so?« Es war natürlich als Scherz gemeint, aber es war nicht gerade ein sehr taktvolles Kompliment. Würde er Tito Gobbi nach seinem Scarpia oder Jago auch eine solche Frage stellen?

Ich erinnere mich gut an Lilian Braithwaite, eine unserer besten Schauspielerinnen, die in einem Stück mit dem Titel *The Silver Cord* eine Mutter spielte, die ihre Kinder nicht hergeben will und alle Heiraten ihrer Söhne hintertreibt. Als sie sich nach dem zweiten Akt verbeugte, wurde sie von zwei Frauen neben uns ausgezischt. »Aber das wundervolle Spiel verdient doch Beifall!« sagte ich. »Sie ist eine böse Frau!« war die Antwort. Ich erzählte es Lilian Braithwaite nach einigen Monaten, und sie sagte, sie habe tatsächlich während der Laufzeit des Stückes mehrere Drohbriefe erhalten. Hoffentlich mußte meine liebe Janet nicht ähnliches wegen ihrer prachtvollen Darstellung der Kate in *Owen Wingrave* erleiden, denn die Rolle hat in der Tat von ihr Besitz ergriffen.

Der Kritiker Peter Heyworth schrieb einmal: »Als dramatische Konzeption könnte diese Lady Macbeth für ein Dutzend Opernrollen mit ebenso guter Wirkung Anwendung finden.« Ich beeile mich hinzuzufügen, daß er von einer anderen Sängerin sprach und so etwas nie über Janet Baker gesagt hätte, denn sie ist in jeder Rolle, die sie spielt, ein anderer Charakter. Dieses Einssein mit der Rolle fließt über in ein hochherziges Gefühl der Zusammengehörigkeit gegenüber ihren Kollegen, das sich in einem verständnisvollen Eingehen auf deren Probleme zeigt.

Niemand erfaßt mehr den Augenblick in einer Oper, wo ein anderer die volle Aufmerksamkeit des Publikums haben sollte; während ihr Partner die Szene beherrscht, kann sie still stehen wie eine Statue, mit dem Rücken zum Publikum, wenn es die Situation gestattet, um dem Sänger die Aufmerksamkeit nicht zu entziehen. Das ist ein Beispiel uneigennütziger, künstlerischer Rücksichtnahme, wie sie beispielsweise zu Fedor Iwanowitsch Schaljapin nicht gepaßt hätte. Der zog aller Augen auf sich wie ein Magnet; es hätten noch zwei oder mehr Stars neben ihm auf der Bühne stehen können und ein Chor von sechzig Leuten, die sich das Herz aus dem Leibe sangen – man sah nur Schaljapin. In den Polowetzer Tänzen in *Fürst Igor,* als die Bühne mit Tänzern und Choristen vollgestopft war, blickten die meisten Zuschauer nur auf Khan Kontschak, obwohl sein Thron an der Seite stand, damit das Ballett die Bühnenmitte hatte. Ich weiß es, weil ich selber gebannt und entzückt auf ihn schaute. Ich erinnere mich mit Vergnügen jedes Augenblickes, wo ich diesen majestätischen Riesen auf der Bühne gesehen und gehört habe – doch er konnte nicht, was Janet Baker kann: nichts tun, und das mit Anmut und Würde.

Sie strahlt, wie es Paul Jennings ausdrückte, eine leuchtende Ruhe aus. Vielleicht hat Janet sie von ihrer Mutter geerbt, die von stoischer Gelassenheit sein konnte, vielleicht kommt sie auch aus ihrem festen christlichen Glauben.

Die Bibel gibt ihr geistige Anregung: als sie den Studenten der Royal Academy of Music die jährlich zuerkannten Preise übergab, nahm sie zum Thema ihrer Ansprache (die wortgewandt war und bei der sie frei, ohne Notizen, sprach, wie mir der Direktor Sir Anthony Lewis berichtete) die Parabel von den Talenten aus dem Matthäus-Evangelium – gewiß ein für diese Gelegenheit geeignetes Thema, eine Mahnung an junge Menschen, die Gaben, die Gott ihnen verliehen hat, nicht zu vergeuden, sondern in harter Arbeit zu entwickeln.

Sie selbst ist ein Beispiel an Demut; sie weiß – wie sollte sie nicht –, daß sie eine gute Stimme hat; »aber«, dies sind ihre Worte, »ich verdanke sie nicht meiner Geschicklichkeit, also habe ich keinen Grund, eingebildet zu sein.« Dame Janet praktiziert selbst, was sie predigt; sie schont sich nicht und arbeitet unaufhörlich mit Konzentration und Zielstrebigkeit. Ihr bemerkenswert gutes Gedächtnis ist das Ergebnis geduldigen und beharrlichen Fleißes.

Zu ihrer Arbeitsweise gehört es, ein und dasselbe Werk mit verschiedenen Klavierpartnern zu singen. Während neun von zehn prominenten Solisten lieber ständig mit demselben Begleiter auftreten, glaubt Janet Baker, daß alle Künstler, wie gut sie auch sein mögen, schwache Stellen in ihrer musikalischen Ausrüstung haben; auch die besten sind nur auf dem einen oder anderen Gebiet perfekt – eine Einschränkung, die nicht für Geoffrey Parsons gilt –, aber Janet liebt es, ein Programm, das sie gerade aufgeführt hat, bald wieder mit einem neuen und unbefangenen Partner einzustudieren und dadurch einer schalen Routine entgegenzuwirken. Ebenso inspiriert es sie, mit wechselnden Dirigenten zu arbeiten. Auf einer Auslandstournee hat sie natürlich immer denselben Partner, um übereilte Proben und Lampenfieber zu vermeiden.

Wenn ich vielleicht den Eindruck erweckt habe, Dame Janet sei eine feierlich-ernste Person, dann täte es mir leid. Sie und Keith haben eine geradezu ansteckende Lebenslust; wir haben mit ihnen viele fröhliche Stunden verbracht. Vom Gipfel meines vorgerückten Alters aus erlaube ich mir gern einen Spaß mit diesem liebenswürdigen Paar und fühle mich verjüngt und geschmeichelt, wenn sie es mir mit gleicher Münze heimzahlen.

Ihre Freunde sind meist Musiker – Daniel und Jacqueline Barenboim, Neville und Molly Marriner, Heather Harper, Raymond Leppard. Aber ich würde unsere Freundschaft mißbrauchen, wenn ich den Schleier von ihrem Privatleben zöge. Jede Berühmtheit führt zwei Leben: das, welches die Öffentlichkeit und die Kritik sehen und hören und nach Belieben billigen oder tadeln können; und ihr eigenes privates Leben, das entschieden respektiert werden muß, wenn sie die Tür hinter sich zumacht. Die Fernseh- und Illustriertenpublizität – der Star im Kreise seiner Familie und bewundernder Freunde – ist nicht nach Janets Geschmack.

Sie reist aber auch nicht in »glanzvoller Einsamkeit« um die Welt. Keith ist immer an ihrer Seite, ihr ständiger und verläßlicher Rückhalt, der ihr den Alltagskram abnimmt. Alle Konzert-, Opern- und Aufnahmeverträge gehen durch seine Hand. Braucht die Presse ein Interview? Keith zieht es in Erwägung. Janet wird zum Flughafen, ins Hotel, zur Probe, zur Aufführung gebracht, ohne daß sie sich um Pässe, Visa, Tickets, Fahrpläne und Autos zu kümmern braucht; ihre einzige Sorge ist ihre Kunst, und Keiths einzige Sorge ist Janet. Sie sind ein Duo.

Sogar dieser treffliche Mann kam einmal aus der Fassung, als sie vor einem Flug nach USA auf dem Londoner Flughafen ohne ihr Zutun in den »Prominentenraum« eskortiert wurden: Kaffee, Zeitschriften. »Hier können Sie in Ruhe und unbelästigt Platz nehmen; wir sagen Ihnen Bescheid, wenn Ihr Flug nach New York gemeldet wird!« ... Der höfliche junge Beamte, der dies versprach, erschien nach einer dreiviertel Stunde wieder, und als Keith sich nach ihrer Maschine erkundigte, hörte man ein dumpfes Knacken – es war das Kinn des jungen Mannes, das herunterklappte. Mit glasigen Augen stammelte er: »Oh – sie ist weg!« Da konnte sogar Keith nichts machen.

Ich versuchte in *Bin ich zu laut?* meiner Frau die schuldige Hochachtung zu bezeigen, indem ich schrieb: »Zu Hause bin ich eine wichtige Persönlichkeit. Alles dreht sich um mich –

oder es wird jedenfalls der Anschein erweckt –, und das verdanke ich einem Menschen, welcher der vollkommenste aller Begleiter ist.« Keith Shelley würde ich ein ähnliches Kompliment machen. Er ist der richtige und würdige Gefährte einer großen und geliebten Sängerin.

Partnerwahl

Janet Bakers Abneigung, sich an einen Begleiter zu binden, entspricht ihrer Wißbegier und ihrem Eifer, neue Ideen in sich aufzunehmen oder sie zumindest zu prüfen. Das ist vielleicht das Geheimnis der Frische, mit der sie an alles Neue herangeht. Jede Aufführung ist eine Premiere. Fischer-Dieskau verfolgt eine ähnliche Linie; die Zahl der Pianisten, die ihn begleitet haben, dürfte sich auf annähernd zwei Dutzend belaufen, und notwendigerweise sind sie alle erste Klasse.

Es gibt jedoch auch viele Sänger und Begleiter, die ständig zusammenarbeiten, wobei ich sofort an Peter Pears und Benjamin Britten denke. Gerhard Hüsch sang mit Hans Udo Müller (man kann sie auf Platten hören), und Karl Erbs Name war mit dem Michael Raucheisens verknüpft, bis Frau Erb (keine geringere als Maria Ivogün) sich scheiden ließ und Raucheisen heiratete. (Als man Karl Erb trösten wollte, daß ihn seine Frau verlassen hatte, sagte er stets, der Verlust seines Begleiters sei schlimmer.) Es wären Richard Tauber und der liebenswürdige Percy Kahn zu nennen, der auch ein begabter Liederkomponist war und ein *Ave Maria* schrieb, das Caruso auf einer Platte einspielte. (Leider hatte er den Ehrgeiz, *Du bist wie eine Blume* nochmals zu komponieren, worüber Richard Capell, als er es hörte, bemerkte, jetzt bliebe für Kahn nur noch *Der Doppelgänger*.)

Jahrelange Partner waren auch Gérard Souzay und Dalton Baldwin; Pierre Bernac und Francis Poulenc (nenne mir jemand einen guten Liederkomponisten, der kein vorzüglicher

Pianist ist!); Marian Anderson und Franz Rupp; Kirsten Flagstad und Edwin McArthur; Irmgard Seefried und Erik Werba.

Und wenn ich in meine Jugendzeit zurückgehe, fallen mir Gervase Elwes (der Rivale von John Coates) und Frederick Kiddle, Harry Plunket-Greene und Samuel Liddle ein. Plunket-Greene war eine sehr attraktive Erscheinung, groß und schlank, mit weißem Haar und Schnurrbart, elegant und männlich, und ich wünschte mir damals, er wäre mein Vater. Ich brauchte eine Weile, um mich auf seine Art des Singens einzustellen, aber als es mir schließlich gelang, machte es mir großes Vergnügen. Tatsächlich war er eins jener stimmlosen Wunder, die ihre vielen Verehrer (und Verehrerinnen) zu dem Klischee provozieren: »Natürlich hat er keine Stimme, aber was für ein Künstler ist er!« Ich nahm den Tenor Mischa Léon, der sich damals in London großer Beliebtheit erfreute, zu einem Plunket-Greene-Abend mit, und Léon schien ihn nicht weniger zu bewundern als ich, denn wir tauschten ab und zu ein erfreutes Lächeln aus. Erst auf dem Heimweg, und nachdem er sich umgesehen hatte, ob uns niemand aus dem Publikum hörte, flüsterte er mir zu: »Erzähl mir nicht noch einmal, daß der Mann Sänger ist.«

Die einzige Partnerschaft von Dauer, die ich einging, war in einem Klavierquartett mit Albert Sammons (Violine), Lionel Tertis (Viola) und Cedric Sharp (Cello); denn ein solches Kammermusik-Ensemble darf nicht wechseln. Die feste Zusammenarbeit mit Albert Sammons (Englands berühmtem Geiger) kam auf Wunsch der BBC für Rundfunksendungen von Sonaten für Violine und Klavier zustande und dauerte viele Jahre. Später begleitete ich Ida Haendel, für mich eine der bedeutenden Geigerinnen, deren Ton und Mühelosigkeit ihresgleichen suchen.

Der Ausschließlichkeit am nächsten kam meine Verbindung mit John Coates in den zwanziger Jahren. Er war der glänzendste und phantasiereichste Tenor, den man sich vorstellen kann, der Peter Pears seiner Tage. Wir hatten keinen

Vertrag miteinander geschlossen; doch hielt er es für selbstverständlich, daß ich ihm für alle seine Engagements zur Verfügung stand. Er gab in jeder Saison vier bis fünf Konzerte in London; seine Programme waren sehr umfassend und enthielten deutsche, französische und englische Lieder. Die vielen Proben, auf denen Coates bestand, und mein eigenes Üben dafür nahmen den größten Teil meiner Zeit in Anspruch. Obwohl der »Töpfer aus Chelsea«, wie er sich gern nannte, keine Note auf dem Klavier spielen konnte, brachte er mir das Begleiten bei – nein, mehr als das, er lehrte mich, meine Phantasie zu gebrauchen. Diese Partnerschaft dauerte eine Reihe von Jahren und begründete meinen Ruf als Begleiter.

Janet Bakers Überzeugung, daß ein anderer Dirigent oder Begleiter einem bekannten Werk eine neue Konzeption geben kann, verstehe ich recht gut, und ich stimme ihr bei. Aber ein junger Begleiter braucht Ermutigung, ehe er sich für die Unabhängigkeit entscheiden kann. Sowohl sein musikalischer Ehrgeiz wie seine pekuniären Interessen werden gefördert, wenn ein erstklassiger Solist, zehnmal so berühmt und perfekt wie er, ihm eine dauernde Zusammenarbeit vorschlägt. Er lernt gewiß eine Menge, verdient seinen Lebensunterhalt und erwirbt sich einen Ruf. Und die Nachteile? Sein Repertoire, sein Horizont und die Qualität seines Spiels können beschränkt werden, wenn die Verbindung sich hinzieht. Mein Rat an einen jungen Begleiter, der die Chance hat, sich einem prominenten Solisten anzuschließen: annehmen, doch nicht zu lange gebunden bleiben.

Der vorstehende Absatz ist, ich betone es, für *junge* Begleiter bestimmt. Ich geriet in meinen Entwicklungsjahren in den Bann von John Coates und wurde nach seinen Richtlinien geformt. Er hat mich zum Leben erweckt.

Schließlich tat ich den Schritt, mich zu einem »freien Künstler« zu erklären, denn es schien mir notwendig, auch mit Streichern zu spielen und meinen Gesichtskreis zu erweitern. Das Zusammenspiel mit so verschiedenartigen Künstlern förderte mich außerordentlich, und ich glaube, meine Entwicklung wäre verkümmert, hätte ich mich auf einen einzigen, wenn auch verehrten Künstler beschränkt.

Erst in den letzten Jahren meiner Karriere, als ich dazu überging, mehr mit Sängern als mit Instrumentalisten zu arbeiten, blieb mein Name ständig mit Elisabeth Schwarzkopf, Victoria de los Angeles und Dietrich Fischer-Dieskau verknüpft. Unendlich bedauere ich, keine längere Verbindung mit Janet Baker gehabt zu haben – aber es war ein Fall unglücklicher Koordinierung seitens ihrer Eltern und meinerseits. Ein Brief, den ich bald nach meinem »Abgang« von ihr erhielt, macht dies deutlich:

»Wenn Du wüßtest, wie oft ich zum Telefon hätte greifen wollen, um Dich zu bitten, Deinen Abschied rückgängig zu machen, damit wir zusammen ein Konzert geben können! Es ist besonders schmerzlich für mich, zu wissen, daß uns niemals lange Jahre einer wundervollen Partnerschaft beschieden sein werden, wie Du sie mit drei anderen Sängern, die ich nicht zu nennen brauche, hattest. Wir sind britische Musiker, und unsere Zusammenarbeit wäre eine Quelle des Stolzes für unsere Zunft gewesen! Deine getreue Janet.«

Dieser Brief ist mir besonders lieb und teuer; ist er doch die Botschaft einer großen Sängerin, deren Kunst immer wieder beweist, wie Herz und tiefe Empfindung von einer schöpferischen Phantasie und einem ungewöhnlichen Maß an musikalischer Intelligenz und Geschmack kontrolliert werden.

Als meine Zusammenarbeit mit den »drei anderen Sängern« begann, war ich schon ein reifer Musiker. Damit will ich nicht sagen, daß ich nichts von ihnen lernen konnte – erreicht ein Musiker *jemals* diesen traurigen Zustand? Wenn ja, um so schlimmer für ihn! Doch jeder von ihnen inspirierte mich in seiner besonderen Welt. Ich hatte Wolf-Lieder begleitet, lange bevor ich Elisabeth kennenlernte, aber sie gab ihnen eine neue Frische – nicht nur aufgrund ihrer tiefen Sympathie für Wolfs Stil (sie liebt ihn mehr als jeden anderen Komponisten), sondern weil ich sie noch nie für eine Künstlerin mit einer so unvergleichlichen Technik und solchen Ausdrucksmöglichkeiten gespielt habe. Und was die Lieder von Granados, de Falla und den modernen Spaniern betrifft – wer nimmt es darin mit Victoria auf? Ich schwelgte in ihren reichen Farben, ihrem Feuer, ihrer schmachtenden Sinnlichkeit.

Seit meinen frühen Tagen mit Coates habe ich mit keinem anderen Künstler so dauerhaft zusammengearbeitet wie mit Dietrich Fischer-Dieskau. J. W. Lambert wies in der Besprechung einiger unserer Platten – zu meinem Vergnügen – auf »die große Partnerschaft« hin. Wir haben nicht nur zahllose Konzerte miteinander gegeben, sondern auch eine Unmenge von Schallplatten eingespielt – über vierhundert Schubert-Lieder, nicht gerechnet mehrere Aufnahmen der drei großen Zyklen *Die schöne Müllerin, Winterreise* und *Schwanengesang.* Es war eine Offenbarung, mit diesem Mann zu arbeiten, und mir schien es, daß ich mit ihm tiefer in Schuberts Herz und Gemüt eindrang als je zuvor. Natürlich haben wir das ganze große Gebiet des deutschen Liedes erforscht (und ein Gutteil Purcell und Fauré), aber ich muß Franz Schubert über alle stellen, denn er ist meine große Liebe.

Als ich Dieter meine Absicht mitteilte, mich vom öffentlichen Auftreten zurückzuziehen, hätte mich der folgende Brief beinahe wankend gemacht:

»Meine lieben Freunde Gerald und Enid,

ich weiß – oder glaube es wenigstens zu wissen –, wie schwer Euch dieser letzte Brief gefallen ist, und obwohl ich beinahe geweint hätte und mich danach sehnte, Euch wiederzusehen, kann ich Euch gut verstehen.

Gerald, die Arbeit mit Dir war das Zentrum meines Lebens als Sänger. Und wenn es so etwas wie einen Himmel gibt, werden wir bestimmt unsere Arbeit dort oben fortsetzen. Unsere Verbindung besteht im Leben wie im Tode – eine ›Unvollendete Symphonie‹.«

1975 erschien mein Buch »Schuberts Lieder-Zyklen«*. Es war zwei großen Schubert-Kennern gewidmet – dem verstorbenen Richard Capell und Dietrich Fischer-Dieskau, dem ich vorher nichts davon verraten hatte ...

»Soeben kam eine große Überraschung – Dein Buch mit der lieben Widmung hat mich zu Tränen gerührt und so viele glückliche Erinnerungen heraufbeschworen an die Zeit, da wir tief in Schuberts Welt versunken waren und einige ungewöhnliche Erfolge erzielten, wie man wohl sagen kann. Ich werde das Buch auf meine Tournee mitnehmen und mit der größten Freude alles, was wir gemeinsam getan haben, noch einmal an meinem geistigen Auge vorüberziehen lassen. Ich danke Dir aus Herzensgrund!

Die beständigste Freude und die fruchtbarste Partnerschaft meiner ganzen Laufbahn... das war die Arbeit mit Dir, lieber Gerald, und das ist Grund genug, für den Rest meines Lebens dankbar zu sein. Dein Freund Dieter.«

* Hamish Hamilton, London, deutsch im Rainer Wunderlich Verlag Tübingen 1976

Schallplattenaufnahmen 1922–1975

»Der Leser hat das Recht zu wissen, wohin ich ihn führe«, habe ich in einem der vorigen Kapitel geschrieben – ein Versprechen, drei Ströme meiner Tätigkeit zu verfolgen, die eine Reihe von Jahren mein Leben beherrschten. Um mit den Schallplattenaufnahmen anzufangen und zu zeigen, was für einen starken Einfluß sie auf meine Arbeit hatten, muß ich über fünfzig Jahre zurückgehen.

Ich fing 1922 für »His Master's Voice« an, lange vor den Tagen des Mikrophons (das Wort »Stereo« war noch unbekannt, jedenfalls mir), und ich bin seitdem dieser Firma freundschaftlich verbunden geblieben.

Als ich zum ersten Mal das Haus in Hayes betrat, um mich vorzustellen, schritt ich mit ehrfürchtigem Schauder an einer Galerie von Künstlerbildnissen entlang – es waren, wie ich später erfuhr, die »Red Label«-Künstler, deren Platten ein rotes Etikett trugen, wie Dame Nellie Melba, Luise Tetrazzini, Enrico Caruso, Fedor Schaljapin, Fritz Kreisler, Sir Edward Elgar und andere. Damals wurde ich als Eindringling betrachtet, denn die Gesellschaft hatte eine Art ständigen »Hausbegleiter«; aber der Bariton Peter Dawson, ein sehr beliebter Balladensänger, bestand darauf, daß ich und kein anderer seine Aufnahmen begleitete. Seine Platten hatten zwar nur ein violettes Etikett (eine etwas weniger erhabene Kategorie), doch sie erreichten Millionenauflagen, und deshalb wurde sein Wunsch widerspruchslos erfüllt.

Allmählich machte ich mit immer mehr Sängern und

Streichern Aufnahmen in Hayes und später in dem neuen Studio der Gesellschaft in St. John's Wood. Einiges aus dieser ersten Zeit habe ich in *Bin ich zu laut?* geschildert. Vor allem auf die Aufs-Geratewohl-Methode bei der Plattenproduktion dieser Zeit möchte ich aber noch einmal hinweisen, die uns heute ganz erstaunlich vorkommen dürfte. Eine Probe vor der Aufnahme kannte man ebensowenig wie einen Aufnahmeleiter. Heute entsteht keine Platte ohne Zusammenarbeit zwischen Studio und Abhörraum, wo ein musikerfahrener Mann unparteiisch und kritisch zuhört, der den Jargon der Tontechniker beherrscht, so daß er ihnen sagen kann, worauf es ihm und den Künstlern ankommt.

Bei Kriegsausbruch 1939 boten mir H. M. V. und Columbia, beide nunmehr unter dem Dach von »Electrical Musical Industries« (EMI) vereint, einen fünfjährigen Exklusivvertrag, der 1945 mit für mich günstigeren Bedingungen erneuert wurde; auf meinen Wunsch schloß ich jeweils Zweijahresverträge ab, so daß ich mit schöner Regelmäßigkeit immer wieder »verbesserte« Klauseln aushandeln konnte.

Wir haben uns manchmal gefragt, ob diese Bindung das richtige war, denn oft mußte ich Angebote anderer Firmen ablehnen und mir die Zusammenarbeit mit Künstlern versagen, für die ich gern gespielt hätte. Aber wenn ich zurückblicke, bedauere ich es nicht, denn ich kann ohne Übertreibung sagen, daß die EMI mehr Reklame für mich machte (ich mag dieses ehrliche Wort lieber als das feinere »publicity«), als sich je ein Begleiter hatte träumen lassen. Nie zuvor war der Name des Begleiters auf dem Plattenetikett erschienen, in Anzeigen oder Besprechungen genannt worden. Die Wirkung spürte ich nach dem Kriege auf meinen Konzertreisen in Europa und Amerika, wo ich feststellte, daß ich kein Unbekannter mehr war. Das war für mich eine Genugtuung, doch wichtiger noch war die Ehre, die damit dem Beruf des Begleiters zuteil wurde.

Auf einer anderen Ebene stand die Wirkung, die das Einspielen von Schallplatten auf mein Klavierspiel hatte. Wenn die Aufnahmetechnik keine Fortschritte gemacht hätte und alles so geblieben wäre wie früher – die Übertragung des Tones auf das weiche Wachs unwiderruflich wäre, der Filz auf den Hämmern verringert würde, um einen harten Anschlag zu erzielen, das Klavier dreißig Fuß weit ab vom Schalltrichter stände, um eine gute klangliche Balance mit der Singstimme oder Violine zu erreichen – dann wäre auch ich der gleiche geblieben und würde geschickt in die Tasten hauen. Die Entwicklung der Elektrotechnik mit dem hochempfindlichen Mikrophon hat auch die Einstellung des Künstlers revolutioniert: jetzt konnte er sich selber hören und daraus lernen, den Unterschied zwischen *pianissimo* und *piano, piano* und *mezzo piano,* das geringfügigste dynamische Auf und Ab, die kleinste Nuance zu erkennen. Ich war ehrlich genug mir selbst gegenüber, um meinen Mangel an Sensibilität zu erkennen, und fand, daß es nun keine Entschuldigung mehr für ein schlechtes Zusammenspiel gab.

Man sagt, ich hätte auf der Schallplatte einen charakteristischen Ton – da bin ich skeptisch; und man sagt, ich sei sensibel – da stimme ich bei. Doch was für Qualitäten ich auch immer haben mag, ich verdanke sie nicht nur der Zusammenarbeit mit hervorragenden Künstlern, sondern auch der Schallplattentechnik.

Sechzehn Jahre lang hatte ich nur in England Aufnahmen gemacht, aber 1938 kam ich für einen längeren Aufenthalt nach Berlin zur Hugo-Wolf-Gesellschaft. Walter Legge, ihr Gründer, hatte illustre Künstler jener Zeit um sich versammelt: Martha Fuchs, Karl Erb, Herbert Janssen, Gerhard Hüsch, Helge Roswaenge.

(Berlin war damals deprimierend. Kleine Jungen von zehn oder elf spielten nicht Fußball, sondern marschierten in Reih und Glied, mit grimmigen Gesichtern und dem Hakenkreuz auf dem Braunhemd; würdige alte Herren reckten wie Marionetten den Arm in die Höhe und grüßten ihre Freunde mit »Heil Hitler«. Ein erbärmlicher Verlust an Würde. Ich bewunderte Martha Fuchs, weil sie den obligatorischen Gruß verweigerte; auf das »Heil Hitler« des Portiers des Aufnahmestudios antwortete sie stets mit »Grüß Gott« – es war tapfer und gefährlich. Der liebenswürdige Herbert Janssen war entsetzt über den Brief einer Mutter, den sie nicht mit »Eure Euch liebende Mutter«, sondern »von Eurer Mutter mit deutschem Gruß« unterschrieb).

Zehn Jahre später wurde Berlin mehr und mehr der Schauplatz meiner Liedaufnahmen. Noch immer unter den Fittichen der EMI (ihre deutsche Tochtergesellschaft ist Electrola) arbeitete ich mit Elisabeth Schwarzkopf, Elisabeth Grümmer, Victoria de los Angeles, Dietrich Fischer-Dieskau, Hans Hotter, Hermann Prey und anderen.

Wir fuhren zu den Aufnahmen nach Zehlendorf, einem der hübschesten Vororte Berlins, durch den schönen Grunewald. Aufnahmeleiter war der inzwischen verstorbene Fritz Ganss, ein großzügiger Mann mit umfassenden Musikkenntnissen; es war ein Vergnügen, mit ihm zu arbeiten, und wir wurden gute Freunde. Wie alle tüchtigen Leute seines Fachs besaß er unbegrenzte Geduld, Takt und unerschöpflichen Humor.

Die Aufnahmen fanden in einer Kirche statt, die zwei Mängel hatte. Zwar waren wir so weit wie möglich vom Flughafen Tempelhof entfernt, doch bei bestimmten Wetterverhältnissen hatten wir über uns eine Flugschneise und mußten der Motorengeräusche wegen die Arbeit von Zeit zu Zeit unterbrechen. Der andere Nachteil war die lange Treppe zwischen dem »Studio« und dem Abhörraum. Mit Dieter brauchte ich sie erst zu erklimmen, wenn unsere Aufnahmen fertig waren; dann stiegen wir hinauf und hörten uns kritisch die Playbacks an und entschieden, was wiederholt werden mußte. Bei den Aufnahmen mit Elisabeth Schwarzkopf dagegen war das Getrappel unserer Füße fortwährend zu hören. Das war besonders quälend für mich, als wir Wolfs *Italienisches Liederbuch* einspielten, denn sie lief alle paar Minuten hinauf, weil ihr die Tonqualität des Playbacks unten nicht gefiel.

Ohne meine herzlichen Beziehungen zur EMI zu beeinträchtigen, beschloß ich 1960, mich nicht mehr fest zu binden. Die Deutsche Grammophon-Gesellschaft betraute Fischer-Dieskau und mich mit der gewaltigen Aufgabe, unser gesamtes Schubert-Repertoire in Berlin einzuspielen. Beinahe hätte ich geschrieben »alle« Schubert-Lieder, aber das wäre nicht genau, denn bei aller Liebe zu Schubert hatte Dieter nicht den Ehrgeiz, die für Frauen bestimmten Stücke wie *Gretchen am Spinnrade* oder die beiden *Suleika*-Gesänge vorzutragen. Elena Gerhardt hat mehrfach mit großem Erfolg die *Winterreise* aufgeführt, die natürlich für eine Männerstimme komponiert ist, und Lotte Lehmann sang Schumanns *Dichterliebe;* doch gibt es nur wenige Fälle, wo es erträglich ist, daß ein Mann ein Frauenlied singt.

Das Studio der DGG lag in Tempelhof und war schalldicht. Es war eigens für Schallplattenaufnahmen gebaut worden, und man konnte dort weit besser arbeiten als unter den schwierigeren Bedingungen der Zehlendorfer Kirche, von der langen Treppe und der Flugschneise ganz abgesehen.

Hier gebührt es sich, den drei Aufnahmeleitern, die an dem Gelingen unserer großen Aufgabe einen wichtigen Anteil hatten, meinen Dank auszusprechen: es waren Rainer Brooks, Otto Gerdes und Dr. Ellen Hickmann. Der Toningenieur war vom ersten bis zum letzten Tag Hans-Peter Schweigmann. Diese Kollegen und ihre Helfer ließen sich nie von der Uhr beherrschen; wenn einer Halt gebot, war es Fischer-Dieskau, sobald er das geringste Anzeichen von Müdigkeit in seiner Stimme spürte.

Dieter und ich verstanden uns hervorragend. Wir konnten, ohne ein Wort zu verlieren, ein ganzes Lied wiederholen, während das Band lief. Ich wußte, wann er mit sich unzufrieden war, und ich bemerkte meine Unzulänglichkeiten nur zu gut. Ein Lied wurde mitunter zwei- bis dreimal aufgenommen; ich betone dies, weil Fischer-Dieskau die »Flickschusterei« haßte, bei der das fertige Stück aus einem Dutzend

»takes«, aus verschiedenen Aufnahmen herausgeschnitten, zusammengesetzt wird.

Auch nach der Aufnahme hörte die Arbeit nicht auf; dann setzten wir uns hin und hörten aufmerksam, manchmal wiederholt, unser Werk an und machten unseren Plan für den nächsten Tag.

Wir haben annähernd fünfhundert Schubert-Lieder eingespielt, eingerechnet die Duette mit Janet Baker und die Quartette mit ihr, Elly Ameling und dem Tenor Peter Schreier. Da ist es kein Wunder, wenn Bernard Levin in *The Times* schrieb, wir hätten den armen Franz Schubert entführt und nach Berlin geschmuggelt, um noch mehr Lieder aus ihm herauszupressen. Tatsächlich enthält die Kollektion zahlreiche Titel, die Fischer-Dieskau und ich vorher nie aufgeführt hatten; und von diesen wenig bekannten Stücken entsprachen natürlich nicht alle dem Standard, den man von dem Meister des Liedes erwartet (sie stammen vorwiegend aus seinen früheren Jahren). Aber manche davon entzückten uns, und wir wunderten uns, daß sie bisher vernachlässigt worden waren.

Meine Arbeit in Berlin von 1948 bis 1975 beschränkte sich jedoch nicht auf Schubert, denn ich habe mit Elisabeth Schwarzkopf und Fischer-Dieskau praktisch alles eingespielt, was Hugo Wolf an Liedern komponiert hat, und auch von anderen großen Liederkomponisten Album auf Album.

Vielleicht vor die härteste Aufgabe nach der großen Schubert-Produktion stellte uns der Wunsch der EMI, 134 Lieder von Richard Strauss einzuspielen – hart deshalb, weil die Klavierbegleitung oft ungeheuer schwierig ist. »Na, wie hat es Ihnen gefallen, das *Lied an meinen Sohn* zu spielen?« fragte mich Alfred Brendel mit einem wissenden Blick, denn dieses Stück ist bei den Pianisten als halsbrecherisch verschrien.

Jedoch sind es immer wieder die Schubert-Aufnahmen, die mir aus der Arbeit eines halben Jahrhunderts mehr Freude gebracht haben als alle meine anderen Einspielungen. Freude – nicht immer volle Zufriedenheit, denn ich weiß nur zu gut, daß ich es vielfach hätte besser machen sollen oder können.

Viele Lieder in dieser großen Sammlung sind wenig bekannt, so daß ich im letzten Teil dieses Buches – schon zu meinem eigenen Vergnügen – versuchen will, einige dieser Kleinode zu beschreiben.

Erste Hilfe

Peter Dawson, den ich im vorigen Kapitel erwähnte, war ein fröhlicher Mensch, und es muß ihm Spaß gemacht haben, einem sehr viel Jüngeren seine Erlebnisse zu erzählen. Zwei will ich hier wiedergeben; sie enthalten eine Moral, die sich jeder aufstrebende Berufsmusiker zu Herzen nehmen sollte, obwohl Peter viel zu unkompliziert war, um Predigten zu halten.

Als erstklassiger Balladensänger mit einem auffallend schönen Bariton war er zum ersten Mal bei den Promenadenkonzerten in der Londoner Queens Hall engagiert, die damals aus zwei Teilen bestanden: einem ernsteren Teil mit symphonischer Musik und Opernarien und einem leichteren, der auch Balladen mit Klavierbegleitung enthielt. Zwischen den Arien – ziemlich früh am Abend – und den Balladen kam erst eine Symphonie und dann eine lange Pause, so daß der Sänger zwischen seinen Auftritten ungefähr anderthalb Stunden freie Zeit hatte. Als Charles Saunders, ein Tenor mit der Statur eines G. K. Chesterton, dem jungen Peter Dawson vorschlug, »gehen wir um die Ecke und trinken wir ein Glas«, sagte Dawson mit ehrfürchtigem Staunen zu. Mit dem großen Charles Saunders ein Glas trinken gehen!

Die Kneipe um die Ecke – sie führte den schönen Namen »Glue Pot« (Kleistertopf) – war überfüllt; doch Saunders, offenbar gut bekannt, überragte die Menge um Haupteslänge, hob zwei Finger, und schon hielten die beiden zwei doppelte Whiskys in den Händen. Dawson, bestrebt, sich als ganzer

Gerald Moore, Victoria de los Angeles, Elisabeth Schwarzkopf
und Dietrich Fischer-Dieskau (Abschiedskonzert)

Gerald Moore (Abschiedskonzert)

Dame Janet Baker

Meisterkurs in Stockholm (1963)

Meisterkurs in Tokio (1965)

Dietrich Fischer-Dieskau, Enrique Magriña, Elisabeth Schwarzkopf, Gerald Moore und Victoria de los Angeles (Playback des Katzenduetts)

Suvi Raj Grubb, Dame Janet Baker und Gerald Moore (Aufnahme der Geburtstagsplatte)

Mann zu erweisen, goß seinen schnell hinunter und sagte: »Jetzt will ich zwei bestellen, Mr. Saunders, wenn Sie fertig sind.« »Das ist Ihr Glas, wenn Sie wollen, Dawson – ich trinke immer nur ein halbes.« Dawson trank es aus, bestellte zwei neue, zweistöckige Whiskys, und »als ich aufs Podium ging, um meine Lieder zu singen, schwankte der Saal auf und nieder; ich sah alles doppelt und kann mich nicht erinnern, wie ich gesungen und wie ich es geschafft habe«.

Wie Dawson erzählte, waren die Balladenkonzerte in der Central Hall in Westminster an den Samstagabenden sehr zwanglos; es gab keine gedruckten Programme, die Sänger sagten ihre Stücke selber an. Vielleicht war es das Wort Samstagabend, das diese ungezwungene Einstellung provozierte, mindestens bei einem Sänger, einem Tenor.

Er hatte offenbar einen über den Durst getrunken und stand sehr unsicher auf seinen Beinen. Seine erste Nummer war eine Arie aus *La reine de Saba,* einer Oper von Gounod.

Nun ist der Weg aufs Podium in der Central Hall eine ganz schöne Strecke, und Peter Dawson sah unseren Tenor den Flügel mit starrem Blick anvisieren, als wolle er ihn beschwören, sich nicht von der Stelle zu rühren, bevor er sich in Richtung auf sein Ziel in Bewegung setzte. Dann schritt er tapfer los, mit abgewinkelten Füßen und ausgestreckten Armen, um sich in der Balance zu halten. Wie ein Wunder erreichte er den Flügel, stellte sich in dessen Beuge und klammerte sich mit den Händen auf beiden Seiten an das massive Instrument, so wie der blinde Simson die Säulen in der Halle der Philister umklammert haben mochte. Er wartete einen Augenblick, holte tief Luft, ehe er den sicheren Halt aufgab, den Steinway ihm gebaut hatte, und trat einen Schritt vor, um seine Nummer anzusagen. In hohem ersticktem Ton rief er: »Gebt mir euren Beistand!« und fiel vornüber.

Manchmal muß man sich schämen …

»Was hat sich der Begleiter gedacht, als er für sie spielte?« fragte mich Ernest Newman, nachdem er sich eine Platte von Florence Foster Jenkins angehört hatte. Die Dame sang permanent einen Viertelton zu tief – es war qualvoll anzuhören. »Er hat an seine Gage gedacht«, gab ich zur Antwort.

Ich glaube, es gibt keinen Begleiter, der nicht schon einmal mit einem Partner aufgetreten ist, der so schlecht war, daß er sich gründlich schämte. Obwohl ich einige wundervolle Konzerte in Paris hatte, machte ich dort auch zwei Erfahrungen, die mich noch immer quälen. Das eine Mal las ich in der Morgenzeitung: »Mr. Moore sollte sich schämen, mit diesem Geiger zusammen aufzutreten«, und ich winde mich, wenn ich an das Konzert und an diese Kritik denke. Dann begleitete ich eine bekannte Sopranistin (Covent Garden, Met, Opéra-Comique) mit einer glänzenden Stimme. Die Proben waren erfreulich, aber in der Salle Gaveau war die Dame völlig blau, sternhagelvoll, stockbesoffen – wie immer Sie es nennen mögen. Und in Amsterdam, um noch ein drittes Erlebnis anzufügen, schrieb ein Kritiker, nachdem ich mit einem sogenannten Sänger (der mir von dem bekannten Begleiter Coenraad V. Bos besonders empfohlen worden war) gespielt hatte: »Gerald Moore kann dieses Engagement gewiß nicht aus den lautersten Motiven eingegangen sein.«

»Ein Begleiter, der sich manchmal schämen mußte« – so könnte ich mich nennen. Aber solche Alpträume müssen von einem jungen Pianisten ertragen werden. Jeder Begleiter hat in seinen Anfängen die Erfahrung gemacht, daß er käuflich ist; erst wenn er sich einen Namen gemacht hat, kann er es sich leisten, schlechte Künstler abzulehnen oder sie zu überreden, ihr Debut zu verschieben, bis sie reif genug sind.

Es war kein Vergnügen, für schlechte Sänger zu spielen, aber es war leicht, sage ich gefühllos; man findet sich damit ab, den Lebensretter abzugeben.

Zum Glück gibt es außer den schlechten Sängern noch zwei andere Kategorien: die guten und die mittelmäßigen. Unter den »guten« verstehe ich die Spitzenkünstler: Janet Baker, Elisabeth Schwarzkopf und Dietrich Fischer-Dieskau; denn sie sind eine Inspiration, und wenn man ihr Partner ist, heben sie einen zu sich empor, und die Arbeit ist trotz gewaltiger Anspannung eine reine Freude.

Leider sind Spitzenkünstler dünn gesät, und den größten Teil seines Wanderlebens verbringt der Begleiter auf einer tieferen Ebene, in Gesellschaft derer, die zur Mittelkategorie gerechnet werden müssen. Das ist eine große Masse, zwischen der Elite und dem Elendshaufen.

»Mr. Moore«, werde ich manchmal gefragt, »erinnern Sie sich, daß Sie mich begleitet haben?«

»Verzeihen Sie, Madame, ich erinnere mich nicht; aber gestatten Sie mir, folgendes zu sagen: wenn Sie schlecht gewesen wären, hätte ich mich erinnern sollen.« Und dann murmele ich in den Bart: »Doch wenn Sie besonders gut gewesen wären, hätte ich mich erinnert.«

Mit diesen Mittleren ist es anstrengender zu arbeiten als mit den Erstklassigen und den Minderwertigen; vielleicht besitzen sie eine schöne Stimme, haben aber ein Vakuum zwischen den Ohren (das Geheimnis ihrer Resonanz?) und sind musikalische Schwachköpfe; oder sie haben musikalischen Geschmack und Phantasie, und es fehlen ihnen die stimmlichen Voraussetzungen; von ihnen könnte man sagen: »Keine Stimme, aber was für ein Künstler!«

Die stimmlosen Wunder können besonders lästig sein, weil sie manchmal in Tiefen tauchen, die jenseits der Vernunft liegen. Sie sondieren, sinnieren, konsultieren und diskutieren auf den Proben, ehe noch eine Note erklungen ist. Wäre der Geist des längst dahingeschiedenen Komponisten Zeuge solcher okkulten Forschungen, so würde er sich wahrscheinlich über die Maßen wundern, was für (selbst ihm) bisher verborgene Tiefen eine Notenseite enthält, die er einfach aus Freude am Frühling, am Mondschein oder an was weiß ich niedergeschrieben hatte.

Ja, nehmen wir einmal eine Mondnacht – *Mondnacht* von Schumann, eines der wunderbarsten Nachtstücke, die je komponiert wurden. Der Begleiter beschwört die Stimmung, malt das Bild durch sein Spiel und das »Durchschreiten« des sechstaktigen Vorspiels; es muß Zäsuren und Atempausen geben, und man sollte nie die starren Taktstriche spüren. Schumanns Anweisung lautet *Zart, heimlich* (Chopin hätte *tempo rubato* hinzugefügt). Es macht Vergnügen, dieses Lied zu begleiten, und ich liebe jede einzelne Note darin. Als ich es mit einem dieser stimmlosen Wunder spielte und auf den Einsatz meines Partners wartete, begann er statt dessen eine Diskussion. »Wissen Sie, ich habe es nie schöner spielen hören. Aber ist Ihr Spiel nicht vielleicht ein wenig zu warm – schließlich ist es kein Sonnenschein, sondern Mondschein, und wenn Sie es auch so zart spielen, wie man es sich nur vorstellen kann, frage ich mich doch, ob Sie es nicht – ohne auch nur ein Jota des *pianissimo* oder eine Winzigkeit Ihrer Phrasierung zu ändern – ich meine, ob man nicht die Helligkeit des Mondes und die Kühle der Nachtluft andeuten könnte?«

Wenn ich mir eine kleine Abschweifung gestatten darf – Ernest Newman* macht darauf aufmerksam, daß Franz Liszt in dem Orchestervorspiel zu *Hamlet* dem Trompeter vorschreibt, eine lange Note *sehr düster* zu spielen. Aber wie kann der arme Kerl Hamlets Niedergeschlagenheit in einem einzigen Ton ausdrücken? Er hat diesen Ton millionenmal gespielt – aber diesmal soll er anders gespielt werden! An einer

* *Opera Nights,* Putnam, 1943

anderen Stelle verlangt der Komponist *ironisch* (Hamlet ist zynisch auf Kosten Ophelias), und Newman meint, die einzige Möglichkeit für den Künstler, sich ironisch zu zeigen, sei die, dem Publikum zuzublinzeln.

Zurück zur *Mondnacht* und meinem stimmlosen Wunder! Ich hatte mehrere Möglichkeiten. Ich hätte sagen können »Sie reden wie ein Idiot« (ein bißchen scharf vielleicht) oder »Sie vergeuden Ihre Zeit«. So etwas ist nicht zu empfehlen, wenn man weiterhin freundschaftlich verbunden bleiben soll. Oder ich hätte das Vorspiel mit hochgeklapptem Kragen spielen können, um damit die Abendkühle anzudeuten. Aber ich sparte meinen Atem und sagte nur: »Kleinigkeit!« Und dann spielte ich es genau wie vorher mit einem Unterschied: ich änderte Gesichtsausdruck und Haltung, hob die Augen von der Tastatur zur Nordostecke des Zimmers, runzelte leicht die Stirn und blickte geistesabwesend drein. Er sagte: »Das ist ganz hervorragend; ich bin sicher, so hat Schumann es sich gedacht.« Ich erwiderte sanft: »Jetzt singen Sie bitte, ich spiele das Vorspiel nicht noch einmal.« (Ich fürchtete, ich könnte die Genickstarre bekommen.) Was geschah? Der Mann sang beharrlich daneben, und ich hatte Mühe, ihn auf den richtigen Weg zu bringen.

Nun kann ich mir vorstellen, daß jemand sagt: »Aber dieser unglückselige Sänger hatte eine Vorstellung; vielleicht hat es Moore an der höheren Eingebung gemangelt.« Das ist durchaus möglich: der Begleiter sollte immer bereit sein, mehr als eine Betrachtungsweise in Erwägung zu ziehen; doch auch der kritischste Leser wird zugeben müssen, daß man in zwei sich über sechs Takte erstreckenden Phrasen, von der delikatesten Struktur und mit einem gleichbleibenden *piano,* nicht ohne weiteres auch noch die Tageszeit und die Temperatur übermitteln kann. Das würde an Zauberei grenzen.

Und was soll man dazu sagen, wenn man statt eines Vorspiels wie dem zu *Mondnacht* einen einzigen Akkord vor dem Eintritt der Singstimme zu spielen hat und der Komponist (nicht sein Geist, sondern der Mann leibhaftig) ruft: »Nein – ich möchte den Akkord in einer ganz anderen Färbung!« Es war ein einfacher Akkord, mit *mezzoforte* bezeichnet.

Dies geschah, als Kirsten Flagstad *Arie antiche* einspielte, die ein Landsmann von ihr – sehr musikalisch und annehmbar – arrangiert hatte, der jetzt neben mir stand, um die Noten umzublättern. Ich wiederholte den Akkord.

»Ich will es Ihnen zeigen.« Ich machte ihm Platz, und er schlug den Akkord an. Dann stand er auf, ich setzte mich und schlug den Akkord an.

»Nein«, sagte er, und das Spiel wiederholte sich. Dieses Stühletauschen dauerte mehrere Minuten, und ich wurde immer ärgerlicher.

Währenddem stand Kirsten Flagstad da, um zu singen, und wartete, daß wir uns über den elenden Akkord einig würden. Es war das erste Lied unseres Aufnahmeprogramms, und wäre es so weitergegangen, hätten wir im Studio unser Nachtlager aufschlagen müssen. Ich sah die Sängerin flehend an, die mittlerweile denselben Akkord acht bis zehnmal auf die genau gleiche Weise hatte hören müssen. Sie beendete die Situation in ihrer typischen Flagstad-Art, indem sie ohne Umschweife zu dem jungen Mann sagte: »Geh heim!« Damit waren die Meinungsverschiedenheiten beendet, und ich spielte den Akkord nicht anders, als der unglückselige Komponist und ich ihn die ganze Zeit gespielt hatten.

So etwas ist jedoch für Komponisten keineswegs typisch. Alain Rawthorne sagte zu Pini und mir, als wir seine Cello-Sonate spielten: »Machen Sie's, wie Sie wollen.« Auch andere, Vaughan Williams, Arthur Bliss, Francis Poulenc, haben sich sehr wenig eingemischt, wenn Sänger und Begleiter ihr Bestes taten, um wiederzugeben, was sie in den Noten lasen.

Aber die schönste Geschichte mit einem einzigen, einfachen Akkord erlebte ich auf der Probe zu einem Lied von Rachmaninoff. Ich schlug den Akkord an und hielt ihn nicht nur mit dem Pedal, sondern auch, indem ich die Finger auf den Tasten liegen ließ. Dann wartete ich, daß mein Sopran beginnen würde, doch sie sagte nach einer langen Pause:

»Würden Sie bitte den Akkord noch einmal anschlagen?«

»Gern.« Ich tat es, ließ Finger und Hand ruhen und wartete.

Sie sah mich leicht verwirrt an. »Es klingt komisch.«

»Es mag Ihnen komisch vorkommen, aber ich spiele genau, was hier geschrieben steht, und ich finde es überhaupt nicht zum Lachen.«

»Mr. Moore – könnten Sie es vielleicht noch einmal spielen?«

»Mit Vergnügen.« Abermals schlug ich den Akkord an. Sie rührte sich nicht – ich rührte mich nicht.

Dann sagte sie: »Jetzt weiß ich, was es ist – Sie spielen zu schnell!«

Habe ich das erfunden? Nein, es hat sich, Wort für Wort, so zugetragen, wie ich es erzählt habe.

Vorlesungen 1942–1975

Ich hatte mich ziemlich lange mit der Frage beschäftigt, ob man über die Kunst des Begleitens Vorlesungen halten könne. Hierbei wurde ich, wie ich ehrlich zugebe, von einer gewissen Verärgerung geleitet, denn ich hatte das Gefühl, daß dieser Zweig der musikalischen Betätigung, wenn ich den Spitznamen, den Lionel Tertis der Bratsche gegeben hat, entlehnen darf, das Aschenbrödel der Künste ist. Es war mir, bei aller Bescheidenheit, schmerzlich, in der Besprechung eines Konzerts mit Sonaten für Violine und Klavier oder eines Liederabends zu entdecken, daß der Name des Pianisten überhaupt nicht oder nur beiläufig im letzten Absatz erwähnt wurde.

Die Tochter des einst berühmten Begleiters Coenraad V. Bos erzählte mir bei einer Lunchparty in Holland, daß ich in Amsterdam eine gute Kritik meines Konzerts mit Kathleen Ferrier bekommen hätte; sie holte den Ausschnitt aus ihrer Handtasche und gab ihn mir. »Sie sind wie mein Vater«, sagte sie, »er hat bei den Rezensionen immer den Schluß zuerst gelesen.« Nun kann es passieren, daß dieser Schluß vom Ausschnittbüro, das der Agentur oder dem Künstler die Kritiken zuschickt, weggeschnitten wird, weswegen sich ein Kritiker einmal bei mir entschuldigte. »Es tut mir leid«, sagte er, »daß das Kompliment, das ich Ihnen machte, unter den Tisch gefallen ist.« »Sehr bedauerlich«, erwiderte ich, »daß Sie es ans Ende gesetzt haben.«

Vor einigen Wochen, als ich über dieses Kapitel nachdachte, erhielt ich eine amerikanische Musikzeitschrift, die *Clavier* betitelt war. Das Heft enthielt ein vorzügliches Interview mit Samuel Sanders, einem der führenden Begleiter in Amerika, und ich las zu meinem Erstaunen, daß »Gerald Moore, der das Begleiten zu einem angesehenen Beruf gemacht hat, vor einigen Jahren nach Chicago [kam], um für Elisabeth Schwarzkopf zu spielen. Als er zur Probe im Konzertsaal erschien, sah er, daß sein Name nicht auf dem Plakat stand, kehrte ins Hotel zurück, packte seine Koffer und fuhr wieder nach New York.« Ich schrieb sofort an den Redakteur der angesehenen Zeitschrift, daß der Bericht nicht stimmte; vor allem wäre meine liebe Freundin Mme. Schwarzkopf als große Künstlerin ebenso empört über diese Kränkung ihres Partners gewesen wie ich selber, und ich hätte sie auf keinen Fall im Stich gelassen. Was sich tatsächlich zugetragen hat, habe ich in *Bin ich zu laut?* erzählt:

»In Chicago studierte ich sorgfältig die Plakate für den Liederabend von Renata Tebaldi. Ich las ihren Namen, den des Saales und den des Impresarios, die Zeit, das Datum, die Eintrittspreise. Ich las das Programm in allen Einzelheiten – aber der Name des Künstlers, der als Partner der Sängerin mitwirkte, war nicht erwähnt. Zufällig wußte ich, daß Giorgio Favoretto spielen würde – einer der ersten Begleiter in Italien.«

Dies ereignete sich auf einer meiner Vorlesungsreisen durch die USA, doch schon viel früher – vor mehr als dreißig Jahren – hatte ich beschlossen, für die Kunst des Begleiters zu Felde zu ziehen und klarzumachen, daß ich nicht den Wunsch nach einem anderen Beruf verspürte und kein bißchen unzufrieden mit der Arbeit war, die ich übernommen hatte – daß ich sie liebte.

Das alles wird vielleicht von meinen jüngeren Lesern als »alter Hut« abgetan werden, und ich freue mich, daß ich ihnen recht geben kann. Dank der Tatsache, daß das Niveau der Liedbegleitung in Europa und Amerika heute außerordentlich hoch ist, und dank dem Interesse, das Klaviervirtuosen und berühmte Dirigenten für Liedbegleitung haben, hat das Publikum allmählich begriffen, wie wichtig die Mitwirkung des Mannes am Klavier ist. Wird man es mir als Egoismus auslegen, wenn ich hoffe, daß auch meine Vorlesungen hier und da ein wenig zur Besserung der Lage beitragen?

Meinen ersten Versuch einer Vorlesung machte ich auf Anregung von Myra Hess, die mich im Rundfunk sprechen gehört hatte und mich einlud, meinen Vortrag auf einem ihrer Lunchkonzerte in der National Gallery noch einmal zu halten. Eine wortgetreue Wiederholung wäre schwierig gewesen, da in meinen BBC-Vortrag Schallplatten eingefügt waren; doch mit der begeisterten Hilfe meines Freundes Roy Henderson und seiner Schülerin Joan Taylor stellte ich einen Vortrag zusammen, zu dem sie Lieder und Duette beisteuerten. Er kann nicht so schlecht gewesen sein, denn auf Wunsch des CEMA (Council for the Encouragement of Music and the Arts, des späteren Arts Council of Great Britain) sollte ich Vorlesungen im ganzen Land halten.

Ich wählte Kammermusik zum Thema, wobei mir Eileen Croxford assistierte, eine vortreffliche junge Cellistin, Schülerin des verstorbenen Ivor James und später Schülerin von Pablo Casals (sie ist jetzt die Frau des Pianisten David Parkhouse, mit dem sie die *London Group,* ein erstklassiges Ensemble, gegründet hat). Unser Programm enthielt die Sonate in e-moll von Brahms und die *Elégie* von Fauré; anhand dieser Stücke konnte ich zeigen, wie oft sich das Cello im Hintergrund zu halten hatte, um das Klavier zu begleiten (wenn dieses die Melodie hatte), und wie beide Spieler Verantwortung für ein befriedigendes musikalisches Gleichgewicht tragen.

Der Pianist muß immer daran denken, daß das tief gestimmte Cello leicht vom Klavier übertönt werden kann, wohingegen die Violine durch ihre hohe Lage mühelos auch über kräftigen Tönen des Klaviers schwebt. Ich zog Parallelen zwischen dem Cello und der Baßstimme Schaljapins, zwischen der Violine und dem hohen Sopran Elisabeth

Schumanns. Schaljapin hatte eine große Stimme, doch seine tieferen Lagen konnten von einem unbedachten Pianisten leicht zugedeckt werden, während sich der Silberglanz und das lyrische Timbre der Stimme Elisabeth Schumanns, obwohl sie nicht im entferntesten das Volumen des gewaltigen Bassisten hatte, mit Leichtigkeit über den Klavierklang erhoben.

Um die Kehrseite der Medaille zu demonstrieren, ließ ich Eileen einige Cellopassagen, die mit *pianissimo* bezeichnet waren, übermäßig laut spielen. Diese Verzerrung erstickte natürlich den in diesem Fall leisen Klavierklang und machte die Musik grotesk und sinnlos. Obwohl ich praktisch nicht zu hören war, fuhr ich fort, leise zu spielen mit der Miene übertriebener Gemütsbewegung, die zusammen mit der verkehrten klanglichen Balance viel Gelächter auslöste. Dann sagte ich, daß manche Cellisten – Anwesende natürlich ausgeschlossen – es lieben, ständig *fortissimo* zu spielen. Das Gelächter war mir wichtig, denn es zeigte mir, daß meine Hörer aufnahmebereit waren, und ermutigte mich, zu ernsthafteren Betrachtungen überzugehen – der Humor war die Zuckerglasur auf der Pille. Wenn einige meiner musikalisch ausgebildeten Leser hierüber den Kopf schütteln, darf ich sie daran erinnern, daß ich nicht in der klösterlichen Abgeschiedenheit einer Akademie sprach, sondern vor einer buntgemischten Hörerschaft, die sich vorwiegend aus dem zusammensetzte, was man »das große Publikum« nennt.

Als ich nach einem Geiger suchte, um meine Vorlesungen zu bereichern, konnte mir keiner besser raten als Bernard Shore (der sprichwörtliche Nachfolger von Lionel Tertis), mit dem ich so oft Sonaten für Bratsche und Klavier gespielt hatte. Er schlug mir Gertrude Collins vor, und ich habe es nicht bedauert, seinem Rat gefolgt zu sein. Wir spielten unter anderem Beethovens Opus 24, die *Frühlingssonate*. Es ist ein köstliches Werk, mit einem kecken Scherzo, in dem ein Instrument das andere jagt – die Violine spielt die gleiche Melodie wie das Klavier, ist aber stets einen Takt hinterher.

Ich erzählte meinen Hörern, daß ich als junger Mann mit der Geigerin Marie Hall durch Südafrika reiste, wo sie als große Attraktion galt, und daß die *Frühlingssonate* auf unserem Programm stand. Wir begannen die Tournee in Kapstadt und erfuhren, daß die Kritiken über dieses erste Konzert sehr wichtig waren, da sie in der ganzen Union, wie sich der Staat damals nannte, zirkulieren würden. Miss Hall und ich hatten auf dem Schiff fleißig geprobt und gaben ein Konzert, mit dem wir recht zufrieden waren. Aber ach, der olympische Kritiker, der im Schatten des Tafelberges meditierte, klagte: »Die beiden Künstler waren im Scherzo *nie zusammmen* – es ist offensichtlich nicht genügend geübt worden, und Moore, statt zu folgen, war zu eifrig und übernahm die Führung.« Aber dies ereignete sich im Jahre 1929, und vielleicht hat der Kritiker in dem dazwischenliegenden halben Jahrhundert die Sonate ein wenig besser kennengelernt.

Nach Beethoven wandten wir uns Mozarts Violinsonate in Es-dur (KV 302) zu, einem Stück, das ich oft mit Szymon Goldberg gespielt hatte. Szymon hatte mich einmal auf einer Probe gefragt, wie meiner Meinung nach Mozart den zweiten Satz hätte haben wollen – eine interessante Frage. Es ist ein Rondo, mit der Bezeichnung *Andante grazioso*. Es steht im Zweivierteltakt und ist in der Anlage regelmäßig und konventionell. Man kann es nicht zu den seelenbewegenden, unbeschreiblichen Inspirationen zählen, die Mozart so freigebig verströmte, wenn ihm danach zumute war. Wir spielten das Thema erst als langsamen Marsch und später wie eine würdevolle Pavane. Beides war etwas steifleinen. Beim dritten Anlauf versuchten wir einen Weg zu finden, etwas Wärme und Schwung hineinzubringen (doch sehr kontrolliert, denn das Stück ist nicht auf Leidenschaft angelegt), indem wir die Phrasen durch leichtes dynamisches Steigen und Fallen konturierten, anstatt sie »eindimensional« herunterzuspielen. Wir taten unser Bestes, um jeden Schritt überzeugend zu machen.

Der Zweck dieser Mozart-Übung war, den Unterschied

zwischen absoluter und Programmusik zu zeigen – daß nämlich die erstere für die Spieler mehr Probleme aufwirft als Musik, die – wie die Oper oder das Lied – eine Geschichte erzählt. Programmusik verlangt jedoch nicht unbedingt Worte: Beethovens *Pastorale*, Debussys *Cathédrale engloutie,* Ravels *Pièce en forme de Habanera* sprechen für sich selber. Das ist ein weites Feld, und ich hatte nicht die Absicht, mich darauf zu ergehen. Ich wollte meine Hörer in meiner eigenen Weise belehren, vielleicht sogar erbauen, indem ich sie unterhielt. Die Musik sollte das, worüber ich vorher gesprochen hatte, illustrieren; doch viele Hörer sagten mir, ihnen gefiele unsere Musik so gut, daß es ihnen lieber sei, wenn mehr gespielt und weniger geredet würde. Dieser Kommentar, sosehr mir auch die Arbeit mit Eileen und Gertrude Freude machte, vereitelte meine Absicht, und ich beschloß, in Zukunft allein vorzugehen. Wie sollte ich es beginnen? Wie konnte ich von Anfang an die Leute fesseln, die bei Nacht und Nebel gekommen waren, um mir zuzuhören?

Da kam mir ein populäres Stück in den Sinn, das sich für meine Zwecke gut eignete. Es war *Il bacio* (Der Kuß) von Arditi. Jedermann kannte die Melodie – aber niemand die Begleitung, und wenn man sie nicht kannte, hatte man nichts versäumt. Aber es gab und gibt zahllose Menschen, die sich für musikalisch halten und glauben, die Begleitung zu Schuberts *Der Lindenbaum* oder *Der Neugierige* sei nicht wichtiger als das Humtata-humtata von Arditis Walzer. Diesen Unterschied wollte ich aufzeigen, und so setzte ich mich mit bedeutsamer Miene ans Klavier und machte eine ganze Weile Humtata, bis ich Zeichen der Ermüdung und Langeweile mimte, worauf mein Publikum zu kichern begann. Dann hörte ich auf, wandte mich den Leuten zu, als wolle ich etwas sagen, besann mich eines besseren und kehrte zu meinen Tasten zurück, um weiterhin Humtata zu spielen – diesmal jedoch nicht in der Anfangstonart D-dur, sondern in der gewagten (!) Modulation nach A-dur. Damit erregte ich ungehemmtes Gelächter. Das war der psychologische Moment, zu zeigen, wie reizvoll Klavierparts sein können und wie Schubert sie dazu verwandte, eine Szene zu illustrieren. *Wohin?* und *Auf dem Wasser zu singen* mit ihrem silbrigen Geriesel eigneten sich vorzüglich dafür; von ihnen gingen wir zu den Feinheiten des *Lindenbaums* über, wo das Sommerlüftchen durch die Blätter weht und der Wintersturm in den nackten Zweigen heult. Auch *Der Leiermann* war ein wunderbares Beispiel für Schuberts unvergleichliche Gabe, Bild und Stimmung durch das Medium der Klaviatur zu übertragen. Der stockende Rhythmus gibt die mühevollen Bewegungen des greisen Leiermannes wieder, und das Brummen der Orgelpunkt-Quinten im Baß ist eine sprechende Darstellung einer alten Drehorgel. Es ist ein Bild unsagbarer Traurigkeit und Lebensmüdigkeit. Ich erwähnte oben ironisch Arditis »gewagten« Übergang von D-dur zu A-dur, aber im *Leiermann* moduliert Schubert überhaupt nicht! Warum also preisen es Musiker als eins der größten Lieder, die je komponiert wurden? Ich weiche der Frage teilweise aus, indem ich sage, daß das eben Schuberts Zauberkunst ist. Andere Komponisten »zaubern« auch, aber man kann häufig sehen, *wie* sie es gemacht haben. Schubert verbirgt es uns.

Wie wichtig es ist, daß der Begleiter versteht, was der Sänger singt, war ein anderes Thema, über das ich sprach. Ich weiß, mein Freund Alec Robertson ist nicht gekränkt, wenn ich eine Geschichte erzähle, die er gern selber zum besten gibt. Heute beherrscht er das Deutsche perfekt, doch als siebzehnjähriger Jüngling verstand er kein Wort dieser Sprache. Das hinderte ihn jedoch nicht, für ein paar Freunde Schumanns *Frauenliebe und -leben* auf deutsch zu singen, wobei er sich selbst begleitete. Nach dem sechsten Lied des Zyklus wurde er unterbrochen. »Wie fühlst du dich?« »Wieso?« fragte er irritiert. »Weil du gerade ein Baby bekommen hast!«

In Schuberts *Das Wandern ist des Müllers Lust*, dem ersten Lied aus dem Zyklus *Die schöne Müllerin*, sind alle Strophen Note für Note gleich; und der Sänger wird Ausdruck, Tempo, Phrasierung und Dynamik variieren, um seinen Worten

Sinn zu geben. Sollte nicht auch der Pianist seinen Beitrag dazu leisten? Selbstverständlich, doch muß er wissen, um was es geht. Schubert war sparsam im Gebrauch von Vortragszeichen, so daß von den Künstlern Vorstellungsvermögen erwartet wird.

Meine zwanglose Begleitung von Brahms' *Vergeblichem Ständchen* hätte vielleicht das Mißfallen des Komponisten erregt, denn ich befolge in diesem Lied seine Vortragszeichen nicht überall. Der junge Bursche singt laut und unbekümmert unter seines Liebchens Fenster, und nach Brahms soll das Mädchen in der gleichen Lautstärke antworten; aber das ist unsinnig, denn sie warnt ja den Jüngling vor der Mutter. Es ist daher sicher lebenswahrer, die Farbe aufzuhellen, wenn das Mädchen singt; Sänger wie Begleiter sollten Anmut und Weiblichkeit zeichnen. Im letzten Vers rät das Mädchen ihrem Liebsten, nach Hause zu gehen und sich zur Ruhe zu legen; das muß mit leichtem Spott gesungen werden, und der Begleiter muß ein lachendes Mädchen andeuten, aber das geht nicht, wenn er sich strikt an das vom Komponisten vorgeschriebene *legato* hält. Ich spiele es gern mit dem Haltepedal, jedoch – und das ist der springende Punkt – *staccato,* leicht und spielerisch, und dieses *staccato* ist es, das den Eindruck des lachenden Mädchens vermittelt, die ihren Dorf-Romeo verabschiedet.

Solche Freiheit gegenüber den Vorschriften des Komponisten ist, wie ich hinzufügen möchte, gut und schön, wenn man in einem Vortrag Gelegenheit hat, seine persönliche Auffassung des Textes zu erklären; aber ich kann jedem jungen Begleiter empfehlen, meine Ratschläge nur mit äußerster Vorsicht zu befolgen. In Wahrheit übertreibe ich wahrscheinlich mein scherzhaftes *staccato* in einer Vorlesung und spiele es beim Vortrag mit einem Sänger äußerst zurückhaltend. Schon allein der Gedanke an das Lachen des Mädchens beeinflußt mein Spiel.

Eins meiner Lieblingsthemen war zu zeigen, wie oft die Aufgabe, die Stimmung des Gedichts hervorzurufen, dem

Klavierpart zufällt, noch ehe der Sänger den Mund auftut. Manchmal gibt bei Schubert das Vorspiel eine Zusammenfassung der Geschichte, wie in *Tränenregen* – die alternierenden Phrasen, hier hoffnungsvoll ansteigend mit einem leichten *crescendo,* dort verzweifelt sinkend mit einem entsprechenden *diminuendo.* »Liebt sie mich oder liebt sie mich nicht?« – das ist die Frage, die sich der verwirrte Jüngling stellt. Die Antwort wird im Nachspiel des Klaviers gegeben, wenn die Melodie verzagt in Moll versinkt.

Zu demselben Zyklus *(Die schöne Müllerin)* gehört auch mein geliebtes *Der Neugierige.* Wie könnte man eine Frage drastischer musikalisch ausdrücken als durch das Klaviervorspiel?

Auch die viertaktige Einleitung zu *Frühlingstraum* aus der *Winterreise* mit dem kaum vernehmbaren kleinen Hinweis, daß der Frühling gekommen ist, habe ich gern gespielt. (Wenn der Leser die Noten liest, wird er im vierten Takt einen Kuckucksruf entdecken, dem man jedoch nicht allzuviel Nachdruck verleihen sollte – vielleicht hat Schubert selber gar nichts davon gewußt. Meine Hörer in England waren verblüfft, als ich ihnen erzählte, daß dieser Einfall von mir in Amerika auf Verständnislosigkeit stieß, denn unser Frühlingsbote ist drüben unbekannt.)

In einem früheren Kapitel schrieb ich, die Klaviereinleitung zu *La chevelure* von Debussy dürfe »nicht zu strikt im Tempo« gespielt werden, und empfahl hier und da nachzugeben. Ich erinnere mich lebhaft, daß Peter Pears sich einmal an einige Musiker wandte und flehentlich um mehr *rubato* in ihrem Spiel bat. Er und Benjamin Britten fühlten genauso wie Fischer-Dieskau und ich, wie wichtig es ist.

Rubato war ein fruchtbares Thema: es zeigte, wie bestimmte Musikwerke, wenn man sie streng im vorgeschriebenen Zeitmaß spielt, mit starrer Präzision von Taktstrich zu Taktstrich, jede Bedeutung verlieren – wie Gefühl, Poesie, Anmut herausgestampft werden. Ich trug zum Beispiel ein Nocturne von Chopin mit unnachgiebiger Strenge des Tempos vor (nicht das ganze Stück, das wäre unerträglich gewesen) und tat mein Bestes aber es blieb stumm und ausdruckslos. Im Gegensatz dazu spielte ich dann die gleiche Passage mit *rubato,* mit Flexibilität, Fermaten und Atempausen zwischen den Phrasen. Ich wies darauf hin, daß rhythmische Elastizität nicht nur bei lyrischer und kantabler Musik, sondern auch bei heroischer Musik notwendig sei. Der Gebrauch des *rubato* in Chopins As-dur-Polonaise zum Beispiel gibt der Musik Kraft. Im *rubato* zeigt sich, ob ein großer Virtuose ein Meister des Rhythmus ist; das war Fritz Kreislers Magie, die man noch auf vielen Schallplatten bewundern kann.

Ich erinnere mich, daß ich einmal mit Elisabeth Schwarzkopf und Walter Legge eine Tonleiterpassage auf einer Kreisler-Platte des *Caprice viennois* hörte. Sie war mit so bewundernswerter Anmut, mit soviel Zwanglosigkeit dargeboten, daß wir rein närrisch darüber waren und sie immer wieder spielten.

Beim Demonstrieren eines *rubato* ist man leicht versucht zu übertreiben, wenn man Beispiele gibt, was ich meinen Hörern auch sagte. Es ist eine subtile Angelegenheit. Die wörtliche Übersetzung von *rubato* ist ›geraubt‹, nicht ›geliehen‹; und es ist ein Trugschluß zu glauben, die gestohlene Zeit müsse wieder eingebracht, die Verlangsamung durch Beschleunigung wieder ausgeglichen werden. Der Dieb, der nie zurückgibt, was er genommen, hat mit dem Musiker, der *rubato* spielt, einen Wunsch gemeinsam – nicht entdeckt zu werden.

Diese Lieder habe ich mit vielen Sängern vorgetragen – im letzten halben Jahrhundert einige hundert Male –, und wenn ich auch manchmal aus diesem oder jenem Grund kritisiert wurde – nie wurde ich wegen meiner Neigung zu Elastizität und Schmiegsamkeit getadelt, auch war ich nie uneinig mit meinem Partner. Die Taktstriche sind nicht aus Eisen, und der Sänger sollte sich durch sie nicht gefangen fühlen. Wegen der ausschlaggebenden Wichtigkeit einer Phrase kann ein

Takt (oder Abschnitt) mehr Zeit als ein anderer beanspruchen, vielleicht weil dieser Takt den Höhepunkt der Phrase (nicht unbedingt die höchste Note), eine sinnreiche Wendung der Melodie oder ein wesentliches Wort enthält; es kann auch einen scharfen Wechsel in der Harmonie der Begleitung geben, was sanft und überzeugend dargestellt oder mit Kraft wieder ins Geleise gebracht wird, je nachdem es die Gelegenheit erfordert.*

Ich bestehe nicht auf einem *rubato* um jeden Preis, sooft der Sänger den Mund auftut. Das rieselnde *Wohin?*, das ungestüme *Mein* oder, um zum anderen Extrem zu gehen, die langsam bewegte *Litanei* können im strengen Zeitmaß gesungen werden – und es wäre in der Tat unentschuldbar, sie zu verzerren –, aber ein sensibler Sänger, der seine eigenen Aufnahmen hört, wäre erstaunt, wie oft er sogar in diesen Liedern vom Metronom abweicht. Die Divergenz ist nämlich so winzig, daß sie kaum bemerkt und ohne weiteres hingenommen wird.

Doch ich sagte schon, daß es Lieder gibt, die ohne *rubato* qualvoll wären, wovon mir sofort ein Dutzend einfallen. Ich nenne einige:

Nacht und Träume (Schubert). Ob es wohl einen Sänger gibt, der den drei Achteln auf »du sinkest« in seinem zweiten Takt nicht ein klein wenig mehr Zeit geben möchte, oder einen Pianisten, der es fertigbringt, jenen köstlichen Augenblick, da die Musik von H-dur mit unglaublicher Zartheit in die Arme von G-dur sinkt, in striktem Zeitmaß zu spielen? Nein, man muß sich ein wenig Zeit zum Verweilen gestatten.

Nähe des Geliebten (Schubert). Ein Lied aus vier Strophen mit je vier Versen, in dem Schuberts göttliche Melodie ihrer ganzen Schönheit beraubt wird, wenn sie gestärkt und in Falten gebügelt wird.

* Gerald Moore, *Schuberts Liederzyklen,* Rainer Wunderlich Verlag, Tübingen 1975

Mondnacht (Schumann). Der Sänger läßt sich Zeit bei der Sechzehntelfigur. Die Begleitung muß gegliedert werden, als habe sie Kommas, Punkte und Absätze. Die zarten Tonwiederholungen sollen nicht mit ermüdender Gleichförmigkeit gespielt werden.

Ich grolle nicht (Schumann). Auch der Schmerz des Dichters darf die Musik nicht starr machen. Die Akkorde, wiederholt wie in der zarten *Mondnacht,* doch hier kraftvoll, müssen flexibel gespielt werden. Bei »auch bricht« im dritten und vierten Takt wird der Sänger diese bedeutsamen Worte nicht durch sklavische Abhängigkeit vom Metronom entwerten wollen.

Nun hast du mir den ersten Schmerz getan. Das achte Lied aus *Frauenliebe und -leben* ist eins von Schumanns ausdrucksvollsten und bewegendsten Stücken. Die Sängerin singt es rezitativisch, in ihrem eigenen Zeitmaß, mit ihren eigenen Pausen; sie ist von Kummer entkräftet, und das muß in ihrem scheinbar mühevollen Vortrag zum Ausdruck kommen.

Après un rêve (Fauré); *Extase* und *Elégie* (beide von Duparc); *Träume* (aus Wagners *Wesendonck-Liedern)* – sie alle verlangen Freiheit von der Knechtschaft strikter und säuberlicher Genauigkeit.

Wenn man diese und viele andere Beispiele, die ich von Zeit zu Zeit heranzog, auf zwei Arten vorträgt – zuerst mit strenger Gleichförmigkeit und dann mit belebendem *rubato* –, erscheinen meine Ausführungen weniger theoretisch als auf dem Papier.

David Cairns erklärte kürzlich in einem Artikel der *Sunday Times* über eine Neuausgabe von Furtwängler-Platten, der Maestro sei auf der Suche nach der tieferen Absicht des Komponisten gewesen, unter und hinter den unzulänglichen Symbolen, die die Noten darstellen. Er fährt fort: »Wenn man in dem Glauben erzogen worden ist, das Tempo dürfe nur verändert werden, wenn es die Partitur vorschreibt, fällt es einem zuerst schwer zu billigen, was er (Furtwängler) manchmal tut. Es gab eine Zeit, da hätte ich auf Anhieb, ohne richtig zuzuhören, die Beschleunigung abgelehnt, die er am Schluß der siebten Symphonie von Beethoven bringt. Jetzt habe ich das Gefühl: Wer bin ich, daß ich sagen könnte, dieser Wirbelwind von Tönen sei ›falsch‹, daß er nicht *tieferen Gesetzen gehorcht als denen auf der gedruckten Notenseite?«* (Die Kursivierung ist von mir.)

Zurück zu meiner Vorlesung: Der Begleiter, sagte ich, soll an das Lied glauben, soll in dem Lied leben, nicht weniger als sein Partner. Dessen Aufgabe ist es, das Lied zu präsentieren, und sein Gesichtsausdruck muß die Stimmung spiegeln, die Wort und Musik entfalten. Wenn zufällig die Blicke eines Zuhörers zum Klavier schweifen, muß auch der Begleiter durch sein Mienenspiel ausdrücken, daß er dazu gehört. Damit will ich nicht sagen, daß bei Loewes *Edward* (der schrecklich blutrünstigen Ballade von einem Vatermord, die von Flüchen und Wehklagen nur so trieft) der Mann am Klavier sein Mitgefühl dadurch zeigen soll, daß er wie ein Werwolf dreinblickt. Andererseits wäre ein einfältiges Lächeln auch nicht angemessen. Das brachte mich auf ein Erlebnis, das ich einmal als Zeuge (ich gebrauche das Wort wohlbedacht) eines Vortrages von Schuberts *Erlkönig* hatte: dem Begleiter war mehr daran gelegen, dem Publikum zu beweisen, daß er diesen schwierigen Klavierpart meistern konnte, als die unheilvolle Stimmung der Ballade zu übermitteln; sein Gesicht strahlte vor Entspanntheit und Vergnügen, als seine Oktaven, die das Hufgetrappel des galoppierenden Pferdes darstellen sollen, fröhlich dahinklapperten.

Das Gegenstück hierzu war der Begleiter, der das *Ständchen* von Richard Strauss spielte und dessen grimmiges Gesicht zum Erlkönig besser gepaßt hätte. Hier wäre spielerische Leichtigkeit am Platze gewesen, nicht – das versteht sich von selbst – um die Geschicklichkeit des Spielers zu demonstrieren, sondern einfach, weil die Stimmung des Ständchens so fröhlich ist. Natürlich muß sich der Spieler wie immer konzentrieren; dennoch kann er den Eindruck entspannter Heiterkeit geben, weil die köstlich sprudelnde Begleitung

Aufmerksamkeit erregt; und wenn der Pianist verkrampft wirkt, überträgt sich seine Ängstlichkeit auf den Hörer, der besorgt auf seinem Stuhl nach vorn rutscht und denkt: »Der Bursche schafft's nicht!«

Obwohl ich immer verschiedene Vorträge anzubieten hatte, war es dieser Themenkreis, der bei meinen Hörern das stärkste Interesse fand. Ich konnte ihn durch die verschiedensten Beispiele auf dem Klavier variieren; ich sprach über Transposition, musikalisches Gleichgewicht, Anpassungsvermögen (das wechselseitige Geben und Nehmen), ungewöhnliche (und oft auch unerwünschte) Erlebnisse; und häufig beantwortete ich Fragen, die man mir stellte.

Für den Begleiter bedeutet die Tatsache, daß er jetzt vor seinen Hörern stehen und ihnen ins Gesicht schauen muß, eine radikale Änderung seiner bisherigen Gewohnheiten. Sänger und Instrumentalsolisten haben bei ihrer Arbeit das Publikum vor Augen und können irritiert werden. Der Pianist schaut niemals das Publikum an, während er spielt.

Victoria de los Angeles konnte sich besser konzentrieren, wenn der Zuschauerraum dunkel war. Und einmal ertappte ich Peter Dawson, wie er nach dem ersten Teil seines Programms verärgert durch das Loch im Vorhang äugte, weil er in der dritten Reihe einen Mann bemerkt hatte, der äußerst gelangweilt dreinsah und kein einziges Mal applaudierte. »Ich habe ihn regelrecht angesungen, aber ohne Wirkung.« Nach dem nächsten Teil fragte ich Peter, wie er mit seinem Dickschädel in der dritten Reihe zurechtkäme. »Er ist rausgegangen«, erhielt ich zur Antwort. Bei meinen Vorträgen habe ich auch schon einen vorzeitigen Aufbruch erlebt, aber ich ließ mich dadurch nicht stören. Schließlich kann ich nicht verlangen, daß mich jeder liebt; womöglich hat auch die arme Dame auf die Perlen meines Vortrages verzichten müssen, um ihren Zug zu erreichen.

Lampenfieber vor einer zweistündigen Vorlesung (mit Pause) hatte ich, soweit ich mich erinnern kann, eigentlich nur, wenn ich vor Kindern sprechen sollte. Man kann Erwachsenen etwas vormachen, sie schlucken alles; Kinder hingegen durchschauen einen sofort, wenn man angibt; ihr Eifer und ihre Hingabe schwinden bei der geringsten Affektiertheit dahin.

Vielleicht war ich deshalb nicht nervös, weil ich von dem Wert dessen, was ich zu sagen hatte, überzeugt war, ein Vertrauen, das in dem Maße wuchs, in dem ich spürte, daß mir eine Welle freundlichen Wohlwollens aus dem Publikum entgegenschlug. Es war eine sehr viel intimere und greifbarere Beziehung als bei einem förmlichen Konzert, und sie ermöglichte mir ohne weiteres meine Gemütsverfassung von unbeschwerter Heiterkeit bis zu feierlichem Ernst zu wechseln.

Möglicherweise schwebte mir zu Beginn meiner Vorlesungsreihe so etwas wie eine Werbekampagne vor, um unserem Metier mehr Geltung zu verschaffen; aber sie entwikkelte sich anders, nachdem ich richtig in Schwung war. Schließlich bin ich kein unzufriedener oder verärgerter Begleiter; und so sprach ich auch nur von den Freuden der Musik und dem zusätzlichen Vergnügen und stärkerem Interesse, das der Hörer an den oft so wunderbaren Klavierparts haben würde, wenn er nur die Ohren vor ihnen auftäte.

Die Bezeichnung »Vorlesung« ist vielleicht etwas hochtrabend für diese »Gespräche mit Beispielen«, doch trotz aller Lockerheit legte ich Wert auf einen angemessenen Rahmen. Jeder Spieler und Sprecher weiß, wie wichtig eine vernünftige Distanz von den Hörern ist, und wir alle spielen oder singen nicht gern in einem Salon, wo die Leute nur auf Armeslänge entfernt sitzen. Bei einem Vortrag ist es nicht anders; der Sprecher muß auf einem Podium stehen und gutes Licht haben. Und da ich einen großen Teil meiner Arbeit am Klavier tat, hatte die Beleuchtung so zu sein, daß mein Publikum mich sehen konnte, nicht nur wegen meines Mienenspiels (!), sondern weil man den Sprecher besser hört, wenn man ihn zugleich sieht.

Es war also eigentlich nichts weiter als ein gutes Klavier auf einem gut beleuchteten Podium, was ich verlangte; aber sogar diese Selbstverständlichkeiten wurden manchmal außer acht gelassen. So begrüßte mich einmal die Sekretärin eines Klubs von Musikfreunden: »Mr. Moore, ich habe mit großer Mühe sechs bis sieben kräftige junge Männer aufgetrieben, die den Flügel vom Podium hinuntergetragen haben, damit Sie dem Publikum näher sind. Es ist so doch viel zwangloser, nicht wahr?« »Das ist sehr aufmerksam von Ihnen«, antwortete ich, »aber es wird mich umbringen. Wenn ich am Klavier sitze, werden mich nur die Leute in der ersten Reihe sehen. Bitte ersuchen Sie die sechs oder sieben starken Männer, den Flügel wieder auf das Podium zu hieven.« Sie taten es, und ich dankte ihnen für die unnötige Anstrengung. Die Sekretärin verstand es nicht, aber sie hat keine Träne darüber vergossen.

Feuer und Wasser

Victoria de los Angeles legte, wie ich schon erwähnte, Wert darauf, vor einem verdunkelten Zuschauerraum zu singen, und der Mann, der dafür sorgte, daß ihrem Wunsch entsprochen wurde, war kein anderer als ihr Ehemann Enrique Magriña – er war ihr »Licht-Manager«.

Die zwei Elemente in der Überschrift dieses Kapitels sind wahrhaft untrennbar von den Episoden, die ich erzählen werde. Ich hätte es sogar »Feuerwasser« nennen können, nach dem Branntwein, auf den die Indianer in den Tagen des Wilden Westens so scharf waren, aber das könnte zu der Annahme verleiten, Enrique sei ein Trinker, und das ist er ganz und gar nicht. Er liebt guten Wein in Maßen; seine einzige Ausschweifung ist das Rauchen, und in seiner Gesellschaft ist das Klicken seines Zigarettenanzünders ständig zu hören.

Im ersten Kapitel habe ich verraten, daß er eine Sekretärin beschäftigt, deren Hauptaufgabe darin besteht – das ist meine feste Überzeugung – alle Briefe, die er erhält, ungeöffnet zu vernichten. Wie Victorias Welttourneen geplant und abgeschlossen werden, ist ein Rätsel. Ich stellte die beiden Fritz Ganss vor, dem Direktor von Electrola, der deutschen Tochtergesellschaft der EMI, als er Victoria mit Fischer-Dieskau für Duett-Aufnahmen verpflichten wollte, und sagte zu ihm: »Vereinbaren Sie die Termine jetzt, während die Magriñas in Berlin sind, denn Enrique wird keinen Brief und kein Telegramm beantworten.« Enrique ist die Verkörperung des spanischen *mañana* – er könnte es erfunden haben.

Und dabei ist er der liebenswürdigste Mensch, worüber ich gleich eine Geschichte erzählen will. Wir hatten gerade eine Fernsehaufnahme mit Victoria unter der Leitung von Patricia Foy beendet, da kam Enrique mit einem Stoß Noten und bat mich, sie einen Augenblick zu halten. Er legte sie mir auf die ausgestreckten Hände und nahm sie gleich wieder weg, bis auf das unterste Heft. Aber das war gar kein Heft, sondern ein wunderschöner spanischer Silberteller, auf dem in Victorias Handschrift mit ihren reizvollen Schnörkeln und Windungen eingraviert war: »Lieber Gerald, du warst *nie* zu laut. Herzlich Deine Victoria de los Angeles.« Was für eine entzückende Art, ein Geschenk zu überreichen!

Auf unseren Tourneen probten Victoria und ich wenig miteinander (mir machte es nichts aus, vorausgesetzt, ich hatte genug Zeit, ihr Programm gründlich allein zu studieren); aber noch merkwürdiger war ihre Abneigung, in dem Saal zu proben, in dem sie auftreten sollte, auch wenn er ihr fremd war – sie wollte ihn nicht einmal vorher sehen. In Rosehill, wo wir als Gäste von Sir Nicholas Sekers waren, befand sich der Konzertsaal in einem Gebäude im Park, und ich sehe noch Mikis erstauntes Gesicht vor mir, als Victoria nicht daran dachte, die wenigen Schritte über den Rasen zu gehen, um sich mit der Akustik des Saales vertraut zu machen. Es war stets Enriques Sache, sich mit dem Veranstalter oder dem Beleuchter über die Lichtverhältnisse zu verständigen; Victoria ist es egal, wie hell die Bühne oder das Podium ist, doch sie mag kein Licht im Zuschauerraum – sie sagt, es störe ihre Konzentration, wenn sie die Gesichter des Publikums sehen kann. In Florenz bat mich Enrique, der wußte, daß ich am Vormittag in den Konzertsaal gehen würde, um den Flügel auszuprobieren und ein bißchen zu üben, den Leuten zu sagen, was für eine Beleuchtung Victoria haben wollte. Nun wußte ich aus Erfahrung, daß so etwas oft viel Gerede und Zeit kostet, so daß ich nicht zu meiner Arbeit kommen würde, die mir wichtiger war als Enriques Morgenruhe oder die Beschäftigung mit seiner Briefmarkensammlung; und ich sagte ihm, er müsse selber hingehen, auch wenn es ihm lästig wäre. Er ging also, und schließlich dämpfte man die Lampen im Zuschauerraum nach seinen Wünschen. Der Veranstalter meinte, bei einem so trüben Licht würde man die Liedertexte im Programm nicht lesen können. Einrique sagte, er wolle selber mal sehen, und verschwand in der Dunkelheit. Jetzt war ich auch interessiert und unterbrach mein Spiel. Es dauerte eine Weile, es blieb totenstill – dann flammte in der Ferne ein Lichtlein auf – Enriques Zigarettenanzünder – und er rief: »Ich kann den Text ganz deutlich lesen!«

Soviel über das Feuer – jetzt kommt das Wasser, und wieder spielt Enrique darin die Hauptrolle.

Bei allen Auftritten Victorias – in den Konzertsälen und Opernhäusern – in Covent Garden, in der Scala, im Teatro Colon, in der Met – überall steht Enrique geduldig mit einem Glas Wasser in der Hand hinter den Kulissen.

In der Metropolitan Opera in New York hat er sich selbst übertroffen. Ich weiß nicht mehr, ob es *La Bohème* war oder *Madame Butterfly* – jedenfalls hatte Enrique Victoria auf der linken Seite auftreten sehen; er wußte, sie würde nach fünfzehn Minuten auf der entgegengesetzten Seite abtreten, und so machte er sich, das kostbare Glas in der Hand, auf den Weg um die Bühne herum. Er kannte die Hinterbühne der Met wie jeder liebende Künstlergatte, aber man muß dennoch sorgfältig acht geben, wie man in dem spaghettiartigen Gewirr von Lichtkabeln seine Füße setzt, damit man nicht mit Getöse auf die Nase fällt. Enrique hatte ungefähr die Hälfte seiner Expedition hinter sich gebracht, als er plötzlich mitten im Licht stand. Er wandte den Kopf und sah die Augen des ganzen Publikums – Orchestersitz, Parkett und sämtliche Ränge – auf sich gerichtet. Den Sängern auf der Bühne verschlug es beinahe die Sprache oder vielmehr den Gesang, und Victorias schöne Augen fielen ihr fast aus dem Kopf. Der Mittelpunkt dieses ungewöhnlichen Interesses, zur Salzsäule erstarrt, überlegte blitzschnell – mit seinen eigenen Worten: »Was soll ich tun? Zurück oder vorwärts? Mut! sage ich zu mir, und ich gleite, krumm wie ein Fiedelbogen, weil ich denke, ich bin dann weniger zu sehen, vorwärts, bis ich von der Bühne bin.«

Damit war die Affäre aber nur beinahe beendet, denn es folgt noch ein kleines Nachspiel. Generaldirektor Sir Rudolf Bing war plötzlich zur Stelle, stieß auf Enrique und fragte wütend: »Welcher idiotische Bühnenarbeiter ist mit einem Glas Wasser über die Bühne gelaufen?« Ich ziehe den Hut vor Enrique, denn seine Antwort war ein Meisterstück. Das Glas im Rücken, fest in der Hand, zögerte er nur den Bruchteil einer Sekunde, ehe er sagte: »Ich weiß nicht.«

So endete, abrupt und ohne Applaus, Enriques einziger Opernauftritt.

Meisterkurse 1962–1975

Vor einigen Jahren meinte Yehudi Menuhin, als er erfuhr, daß ich mich von der Konzerttätigkeit zurückgezogen hatte, es würde mich vielleicht reizen, als Nachfolger des verstorbenen Marcel Gazelle die Leitung der ruhmreichen Menuhin-Schule für überragend begabte junge Musiker zu übernehmen. Es kam für mich nicht in Betracht, da mich Verträge mit EMI und der Deutschen Grammophon-Gesellschaft lange Zeit in Berlin und München festhalten würden. Außerdem ging aus dem Angebot (sozusagen in Klammern) hervor, daß mit der Stellung Verwaltungsarbeiten verbunden waren – worauf ich eine leichte Übelkeit bekam und nach Riechsalz krächzte. Von mir aus kann man die Verben »organisieren« oder »verwalten« auf Papierzettel schreiben, in schmale Streifen schneiden und in einer trockenen Puddingform gut durcheinanderrühren – was herauskommt, heißt unweigerlich »Koordination«, »Management« oder »Arbeitsvorbereitung« oder ähnlich, und das sind Wörter, die mich erzittern lassen. Natürlich habe ich es Yehudi nicht in dieser Form wissen lassen; er machte mir ein Kompliment, indem er mich für würdig erachtete, und ich wollte ihn nicht desillusionieren.

Wie ein Blitz aus heiterem Himmel war 1962 eine Einladung von Mme. Madeleine Uggla in Stockholm gekommen, dort einen zweiwöchigen Meisterkurs für Sänger und Begleiter abzuhalten. Sofort stellte sich ein leichtes Zittern ein (wie bei der soeben erwähnten Menuhin-Einladung), bis ich auf die rettenden Worte stieß: »Alle Vorbereitungen werden vor Ihrer Ankunft getroffen, die Auswahl der Bewerber, die Zusammenstellung der Paare, der Stundenplan usw.«

Mein ganzes Leben lang hat man mir, wenn ich vor einer großen Entscheidung stand, gesagt: »Es wird für dich eine gute Erfahrung sein, mein Junge«; und dieser Kursus jetzt in Stockholm war die Erfahrung, die ich mir wünschte, die Chance, sowohl mit Sängern als auch mit Begleitern zu arbeiten, und so nahm ich Madeleine Ugglas Einladung an.

Man kann den Klavierteil eines Liedes, einer Violin- oder Cellosonate lehren; man kann einem jungen Menschen unter vier Augen beibringen, in Schuberts *Im Abendrot* oder Schumanns *Mondnacht* die Stimmung der Worte hervorzurufen; aber ihm zu zeigen, wie er *begleiten,* wie er ein gutes Zusammenspiel erreichen soll, ist nicht möglich ohne die Anwesenheit eines Sängers oder eines Instrumentalisten, und das ist oft eine schwierige Angelegenheit. Als ich 1949 am Royal College of Music in Toronto eine Klasse von zwanzig angehenden Begleitern hatte, sagte mir der Direktor Ettore Mazzoleni, daß eine junge Berufssopranistin gerne mit meinen Schülern singen würde. Sie war eine gute und bekannte Sängerin, aber da sie sich jeden Tag das Herz aus der Seele sang (und überdies mir zu Gefallen), zögerte ich, sie vor der Klasse zu kritisieren. Damals kam ich zu dem Schluß, daß man die Bedeutung wirklicher Partnerschaft nur lehren könne, wenn man die Kontrolle sowohl über den Sänger als auch den Begleiter hat.

Aber zuerst muß ich von den Plagen und Gefahren sprechen – die Pest soll sie holen! –, die auf einen lauern, wenn man einen Kursus ohne Organisator abhalten will.

Als Mme. Lehmann in der Wigmore Hall öffentliche Kurse gab, wurde die Auswahl der Anwärter im voraus getroffen; sie ließ sogar ihre Meisterschülerin Grace Bumbry aus Amerika kommen und hatte einen Berufspianisten, Ivor Newton, als Begleiter. Die Organisation war nicht weiter schwierig. Es war eine reine Gesangsklasse.

In einem Kursus für Sänger *und* Begleiter gehen die Vorbereitungen nicht so glatt, denn jeder Sänger oder jede Sängerin muß einen Begleiter haben. Manchmal kommen sie schon als Paar, was die Lage erleichtert; doch meist müssen sie vom Organisator zusammengestellt werden und sind sich fremd. Oft genug merken sie nach den ersten Proben, daß sie aus musikalischen oder persönlichen Gründen nicht zueinander passen.

Ohne einen Manager kommt der Lehrer leicht aus der Fassung, wenn er zu bequem erreichbar ist. In der Summer School in Dartington zum Beispiel, wo ich den kundigen Beistand von John Amis bei der Auswahl hatte, kamen junge Leute, die abgelehnt worden waren, jammernd zu mir gelaufen: »Ich bin extra aus Japan (Deutschland, Amerika) hergereist, um bei Ihnen aufgenommen zu werden.« Da ich ein weiches Herz habe, versuchte ich sie hineinzuquetschen. Es war natürlich ein Fehler, denn da sie unter Durchschnitt waren, hielten sie die anderen nur auf und lähmten den Lehrer und nahmen ihm die Zeit, die er auf die Begabten hätte verwenden sollen. Das zeigte sich auch in Salzburg, wo der Kursus im Mozarteum alle Rekorde an Statisterie übertraf und infolgedessen völlig unübersichtlich und unergiebig war.

Der Märtyrer (oder die Märtyrerin), der immer zu kurz kommt, geht zu dem allzu nahbaren Lehrer: »Herr Professor, ich kann mit diesem Pianisten nicht singen (oder mit dieser Sängerin nicht spielen), können Sie nicht ein anderes Arrangement für mich treffen?«

»Mein liebes Fräulein, ich kenne so gut wie keinen in der Klasse. Aber sagten Sie mir nicht gerade, Sie hätten mich für Mme. Soundso spielen hören?«

»Ja, und es war ein wundervolles Konzert.«

»Sehen Sie, wir konnten uns nicht ausstehen. Es beruhte auf Gegenseitigkeit; aber wir sind beide gute Profis und versuchen unser Bestes.«

Ein anderer wirkungsvoller Schachzug, wenn solche Schwierigkeiten auftauchten, war, eine Geschichte von meinen ersten Plattenaufnahmen in den zwanziger Jahren zu erzählen. Ich spielte in einem kleinen Ensemble von Streichern und Holzbläsern für einen berühmten Tenor; zwischen ihm und dem Dirigenten kam es beinahe zu Handgreiflichkeiten – jedenfalls beschimpften sie einander zu unserem geheimen Vergnügen. »Ich habe Ihnen zwanzigmal gesagt«, schrie der Sänger, nachdem mehrere Wachsplatten verdorben worden waren, »daß ich diese Nummer im strengen Zeitmaß singe. Verstehen Sie, was ich mit strengem Zeitmaß meine?« Der Dirigent, nur eine Armlänge von dem Sänger entfernt, rief uns unerschüttert zu: »Meine Herren, Mr. Soundo sagt, er singt diese Nummer in strengem Zeitmaß; bitte achten Sie sorgfältig auf alle meine Temposchwankungen!« Nach der Aufnahme kehrten Sänger und Dirigent einander den Rükken. Die Platte wurde ein Bestseller!

Doch mit einem erfahrenen, diplomatischen und standhaften *Chargé d'affaires*: »das Herz erhoben und das Auge offen«! In Stockholm brauchte ich nur an meine Musik zu denken – alle Schwierigkeiten nahm Madeleine Uggla auf ihre Schultern. Tatsächlich ging alles so glatt, daß ich zehn Jahre lang, von 1962 bis 1972, keinen Gedanken darauf verschwendete, wie die Maschine funktionierte. Mir ist alles ein Geheimnis, was sich unter der Motorhaube eines Autos tut, und ich bin auch kein bißchen neugierig darauf, es zu wissen – und ebenso ging es mir mit der Verwaltung der Meisterkurse in Stockholm. Aber etwas geschämt habe ich mich dann doch – nicht über meine Unwissenheit, wie ein Auto funktioniert, sondern wie die Kurse geleitet wurden, und darum schrieb ich an Madeleine und erhielt folgende Antwort:

»Wir haben vierzig bis fünfzig Sänger und Sängerinnen und etwa dreißig Pianisten getestet, die sich angemeldet hatten. Dazu war eine Jury von qualifizierten Musikern gebeten worden. Unsere Bewerber kamen aus Schweden, Finnland, Dänemark, Holland und den USA. Das war sechs Monate vor dem Beginn des ersten Kurses.

Fünf Wochen vorher versuchten Ulla Lovberg und ich, die

Studenten in Paare (je ein Sänger und ein Begleiter) zum gemeinsamen Üben einzuteilen, wobei wir uns, so gut es ging, vergewisserten, daß sie sich verstanden.

Meine Aufgabe war auch, ihnen bei der Wahl der Programme zu helfen, denn sie sollten abwechslungsreich und interessant sein, sowohl vom Standpunkt der Sänger und Begleiter aus als auch für die Zuhörer. Jedes Paar sollte ein eigenes Programm haben. Man stelle sich vor, *Frauenliebe und -leben* wäre in einem Kursus siebenmal einstudiert worden!

Wir sorgten dafür, daß wir zusätzliche Exemplare oder Kopien von jedem Lied, das aufgeführt wurde, zur Verfügung hatten, damit auch die Nichtbeteiligten mitlesen und Ihre Ausführungen in allen Einzelheiten verfolgen konnten.«

Schließlich bestanden vierzehn Sänger und vierzehn Begleiter die Ausscheidungsteste.

Die Kurse fanden zwei Wochen lang täglich zweimal statt (Samstag und Sonntag ausgenommen), morgens, in mehr privater Atmosphäre, in Madeleines geräumigem Musikzimmer und abends in einem Saal in der Stadtmitte, wo Publikum zugelassen war. (Alan Blair, ein Australier, der die Noten umblätterte, war sprachenkundig und konnte alles übersetzen, was ich sagte.)

Ich gebrauchte oben das Wort »bestanden«, allerdings mit Erröten, denn einige der Prüflinge waren Absolventen der Schwedischen Musikakademie – der ältesten derartigen Institution Europas außerhalb Italiens –, und einige waren sogar schon arrivierte Sänger. Erik Saeden, ein ausgezeichneter Bariton und prominentes Mitglied der Königlichen Oper in Stockholm, war die ganzen Jahre dabei; er besaß eine so prachtvolle Stimme und war so vielseitig, daß die Oper (jedenfalls meiner Meinung nach) ihn über Gebühr beanspruchte. Margot Rödin war ein weiteres strahlendes Licht desselben Ensembles. Es war rührend, mit welcher Bescheidenheit diese und noch andere hervorragende Künstler ihre begrenzte Freizeit in einer arbeitsreichen Saison opferten, um mit mir zu arbeiten, und wie sie sich einem Publikum stellten, das sie als Stars ansah (was sie ja auch waren) und sich von mir unterbrechen ließen, um meine Belehrungen anzuhören. Ich trug eine große Verantwortung, und da ich als gewissenhafter Musiker alles gab, was ich geben konnte, war ich nach zwei Tagen meines ersten Kurses erschöpft und sagte zu meiner Frau, ich müsse aufhören. Doch alle diese jungen Leute – vor allem Madeleine Uggla – waren so anregend, die Zuhörer so aufmerksam und empfänglich, daß ich schnell wieder zu mir kam und bald mit der Praxis und dem Rhythmus dieser Arbeit vertraut war.

Ein vor der Öffentlichkeit abgehaltener Kurs ist etwas ganz anderes als ein Privatkurs. Die Leute wollen für ihr Geld nicht nur die Musik hören, sie wollen auch die Weisheit schlürfen, die von den Lippen des Meisters fließt; doch dieser macht die Erfahrung, daß es manchmal klüger ist, den Mund zu halten. »Ein Richter, der viel spricht, ist wie ein schlecht gestimmtes Zimbal«, sagte Lord Birkenhead als junger Kronanwalt zu einem entnervenden Amtsrichter, und auch ich fand es besser, mit meinen Bemerkungen hauszuhalten, ohne deshalb meine Kritik zu dämpfen. Wenn ich mich äußerte, sprach ich nicht »beiseite« zu meinen jungen Kollegen, sondern laut und deutlich, damit mich auch die zahlenden Gäste verstanden. Ein Begleiter kam einmal nach einer Kaffeepause zu mir und bat mich flüsternd: »Bitte geben Sie mir das Tempo des Vorspiels, das spart Zeit«, worauf ich antwortete: »Ich sage es Ihnen in der Stunde – das ist ja der Zweck der Sache.« Die Zuhörer spielen im Unterricht keine geringe Rolle. Sie beflügeln Schüler und Lehrer und halten auch die routinierten Sänger und Begleiter auf Draht. Beifall war erwünscht; wenn eine Phrase mehrere Male wiederholt und endlich befriedigend vorgetragen wurde, wirkte die Zustimmung des Publikums ermutigend.

Da Sänger und Begleiter im Mittelpunkt des Interesses stehen mußten, nahm ich an der Seite Platz, wo ich die beiden im Auge behalten und auch sogleich, wenn es erforderlich war, ans Klavier treten und die Begleitung übernehmen konnte. Das geschah manchmal, um dem Begleiter zu helfen, und manchmal, um dem Sänger etwas zu zeigen, das sich besser mit Fingern als mit Worten erklären ließ. Ich habe mich auch gelegentlich erkühnt, selber zu singen, und als ich die amüsierten Gesichter meines Publikums sah, versicherte ich ihm, es würde sich mit der Zeit schon an die seltsamen Laute gewöhnen, die ich hervorbrachte. Wir – Vortragende wie Zuhörer – lachten, wenn Unbekümmertheit angebracht war, denn solche Dinge sollten nicht mit tierischem Ernst betrieben werden; aber ich gab den Zuhörern zu verstehen, daß sie *mit* den Musikern und nicht *gegen* sie lachen sollten. Ich verschwendete auch keine Zeit mit übertriebener Rücksichtnahme; war etwas schlecht, so sagte ich es ohne Umschweife, und wir versuchten es richtigzustellen.

Ein Lehrer darf nicht unbeugsam sein und darauf bestehen, daß sein Weg der allein richtige ist, denn man kann auf verschiedene Arten interpretieren, was man für die Wünsche des Komponisten hält, und alle Arten können akzeptabel sein. »Mir gefällt Ihre Auffassung recht gut, Sie singen mit Gefühl und Musikalität. Aber mir ist Ihr Tempo – wenn auch *lento* vorgeschrieben ist – ein wenig zu schwunglos, zu statisch, als gingen Sie mehr auf den Fersen als auf den Fußballen. Würden Sie das bitte bedenken, wenn Sie das Lied das nächste Mal wiederholen?« (Eine sofortige Wiederholung wäre natürlich am besten, doch muß sie meist unterbleiben, damit nicht der Stundenplan eines überfüllten Kurses durcheinandergerät.) Eine häufig von mir geäußerte Kritik lautete: »Sie sind woanders während des Klavier-Zwischenspiels; Sie müssen geistig mitsingen, auch wenn Sie pausieren.« Es handelte sich in diesem Falle um das Lied *Meinem Kinde* von Richard Strauss (»Du schläfst, und sachte neig' ich mich über dein Bettchen und segne dich«), und meine junge Sopranistin erwiderte: »Aber ich war nicht woanders; ich war hier und habe mich ganz schrecklich konzentriert.« Sie sagte es mit solcher Vehemenz, daß die Zuhörer schmunzelten. »Ja«, sagte ich, »Sie haben so verbissen ausgesehen, daß ich dachte, wenn das

Baby jetzt wagt aufzuwachen, kriegt es eins auf den Hintern.« Da mußte meine Schülerin mit den anderen mitlachen.

Einmal saß in Stockholm an mehreren Tagen unter den Zuhörern ein Vertreter des finnischen Fernsehens und forderte mich dann auf, im nächsten Jahr einen solchen Kursus in Helsinki abzuhalten. Ich nahm an, schon um Madeleine Uggla eine Atempause zu gönnen. Dieses Engagement unter dem Protektorat des Fernsehens dauerte wieder vierzehn Tage, und ich fand mich unter den Fittichen von drei Damen: Anja Marvia von der Finnischen Rundfunkanstalt, der Fernsehproduzentin Brita Helenius und der begabten Pianistin Meri Louhos als Kommentatorin. Die meiste Zeit waren die Aufnahmeapparate auf uns gerichtet, aber das störte weiter nicht, aus drei Gründen: alles wurde auf Band aufgenommen und konnte redigiert werden, und Brita Helenius (sozusagen die finnische Patricia Foy) war so musikalisch, daß sie mit Gewißheit die weniger guten Stellen löschen würde; zweitens nahmen einige der Besten meines Stockholmer Kurses teil; und drittens – das war mir das wichtigste – ging alles spontan, das heißt, die Programme waren neu. Wir probten nicht *zusammen,* bevor die Kameras liefen; es war ein Kursus, kein Konzert.

Einen Kursus vor der Aufnahme zu proben, ist ein Mißgriff. Dieser Fehler wurde begangen, als ich für das Fernsehen der BBC einen Kursus hielt. Mein Freund Walter Todds und ich setzten das Programm fest, und ich probte mit den Sängern und Spielern, ehe die Sendung begann. Ich verbesserte, ich machte Vorschläge – das war grundverkehrt. Als Bänder und Filme liefen, waren die jungen Leute so eifrig und taten so schnell, was ich ihnen bereits gesagt hatte, daß für mich wenig Neues zu sagen blieb. Die Sache wurde noch schlimmer, als eine Kamera oder ein Mikrophon ausfiel und wir noch einmal von vorn anfangen mußten, mit dem Ergebnis, daß ein eklatanter musikalischer Fehler, den ich korrigiert hatte, wiederholt werden mußte, worauf der junge Mann, dem er unterlaufen war, sagte: »Mir widerstrebt es, den Schnitzer noch einmal zu machen; ich will es versuchen, aber es wird jetzt, da ich es besser weiß, nicht sehr überzeugend sein.«

Nein, eine einstudierte Probe ist ein Widerspruch in sich; alle solche Veranstaltungen müssen *impromptu* sein.

Ich hoffe, daß mein Fernsehkursus in Finnland eine gute Schau abgab; doch wie der Zauberer, der überall nur einen Abend gastiert, nahm ich Reißaus, ehe er gesendet wurde. (Soll ich sagen, ehe man mir hinter die Schliche kam?) Zu meiner Entschuldigung möchte ich anführen, daß ich meinen finnischen Gönnern noch immer freundschaftlich verbunden bin; und was meine Klasse betrifft, so schenkte sie mir am Abschiedsabend eine prächtige Orofors-Glasvase, die so schwer ist, daß ich sie kaum heben kann.

Trotzdem bin ich nicht davon überzeugt, daß Meisterkurse besonders »telegen« sind. Ich habe den von mir hochverehrten Maestro Pablo Casals im Fernsehen einen öffentlichen Kursus in Puerto Rico leiten sehen und hatte wenig Gewinn davon. Das gleiche könnte man von dem Kursus von Paul Tortelier sagen, obwohl er zugegebenermaßen ein eindrucksvolleres Profil hat als Casals oder ich.

Von meinen amerikanischen Kursen während meiner gelegentlichen Besuche in den USA ist nicht viel anderes zu berichten. Sie waren gut organisiert und verliefen erfreulich und reibungslos.

Im Jahre 1965 wurde ich nach Japan eingeladen, um dort Einzelkurse in Liedinterpretation zu geben. Die Qualität des Liedgesangs verblüffte mich teilweise, bis ich mich daran erinnerte, daß Gerhard Hüsch große Lehraufträge in Japan hatte und daß eine berühmte australische Lehrerin, Mme. Schopfer (eine Freundin von Mrs. Stein, Marion Thorpes Mutter), in Tokio wohnte. Meine Kurse wurden nach einem Unterrichtstag in der Kunsthochschule von Tokio und vier anderen Musikakademien dieser brausenden und übervollen Stadt abgehalten. (Wenn ich fragte, wie weit dieses oder jenes Institut von meinem Hotel entfernt war, sagte man mir:

»Ungefähr eine Meile, und Ihr Taxi wird fast eine halbe Stunde brauchen; aber es ist weniger anstrengend, als zu Fuß zu gehen.«)

Die Kurse selber gingen etwas schwerfällig voran, denn jedes meiner Worte mußte für ein Publikum von zweitausend eifrigen und todernsten jungen Leuten ins Japanische übersetzt werden. Ich bemühte mich, die Atmosphäre so weit wie möglich aufzuheitern, doch hing dies weitgehend von der Persönlichkeit der Vortragenden ab; waren sie entspannt, ging es gut – waren sie verkrampft und humorlos, machte es Schwierigkeiten.

Auf meinem Kalender standen sieben Liederabende mit japanischen Künstlern – in Tokio, Yokohama und Osaka. Einer war mit dem Bariton Eishi Kawamura, dessen Ruf verdientermaßen nach Europa und Amerika gedrungen ist. Er hat mein Herz nicht nur mit seinem machtvollen Gesang und seinem vorzüglichen Deutsch erwärmt, sondern auch mit einer Flasche besonders köstlichen japanischen Whiskys, die er mir verehrte. (Gibt es etwas, das die Japaner nicht machen können? Sie fabrizieren amerikanischen Kaugummi, englische Toffees und Muffins und schottischen Whisky.)

Vielleicht hatte ich an meinen Londoner Kursen in der South Bank Summer Season in den folgenden Jahren die größte Freude. Die Maschinerie hinter der Szene funktionierte perfekt – *molto legato* – dank der taktvollen und geschickten Art, mit der Mrs. Sonia Harris schwierige Details meisterte. Und es war außerordentlich erfreulich, einige getreue Anhänger zu begrüßen, die ohne Rücksicht auf Entfernungen einen Kursus nach dem anderen besuchten, besonders meinen lieben Freund Bo Ohlgren aus Stockholm, der jahrelang an meinen Kursen teilgenommen hatte.

Bei diesen Zusammenkünften war es immer begeisternd, zu spüren, wie von Tag zu Tag der Kontakt zwischen den jungen Menschen und mir enger wurde. Wir machten alle gelegentlich Fehler; doch jeder erkannte, daß der andere sein Bestes tat.

Wenn ich auf ein Leben mit Konzerten, Schallplattenaufnahmen, Vorlesungen und (soweit ich dafür Zeit hatte) Privatstunden zurückblicke, möchte ich sagen, daß mir von all diesen Tätigkeiten keine mehr Freude und Befriedigung gegeben hat als diese Meisterkurse.

Meine Geburtstagsplatte

»Als Gerald Moore nach einer Schallplattenaufnahme noch eine Weile mit dem Aufnahmeleiter Suvi Raj Grubb zusammensaß, machte er beiläufig die Bemerkung: ›Wenn Sie so alt sein werden wie ich ...‹ Grubb blickte erstaunt auf; er hatte immer gedacht, Moore sei vielleicht ein paar Jahre älter als er, und nun konnte er seinen Ohren kaum trauen, als er hörte, dieser werde am 30. Juli 1969 seinen siebzigsten Geburtstag feiern. Sofort kam ihm der Gedanke an einen Festbeitrag besonderer Art – doch es blieben ihm nur wenige Monate ...«

Diese Zeilen stehen in dem Begleittext Edward Greenfields zu der Schallplatte, die Grubb zur Feier meines Geburtstags produzierte.

Bevor er die Sache ins Rollen brachte, mußte er die Einwilligung David Bicknells von der EMI einholen. David, mit dem ich seit Jahren befreundet bin, gab ohne weiteres seinen Segen, sagte jedoch zu Suvi: »Ich glaube nicht, daß Sie es in einer so kurzen Zeit schaffen werden.«

Die Tatsache, daß er es schaffte, ist in erster Linie ein Beweis dafür, wie sehr Suvi Grubb von allen geschätzt wird, die mit ihm gearbeitet haben.

Er ist ein ungewöhnlicher Mann. Mir war immer ein Rätsel gewesen, wie ein Inder sich eine solch tiefe Kenntnis der westlichen Musik aneignen konnte, denn die indische Musik ist unharmonisiert und moduliert nicht. Doch die Antwort, die er mir gab, als ich ihn fragte, war überraschend einfach:

seine Familie ist christlich, und er ist mit Kirchenliedern aufgewachsen. Die erste Schallplatte, die er sich kaufte, war Webers *Aufforderung zum Tanz* (arrangiert von Berlioz), und die erste Symphonie, die er hörte, war Beethovens *Neunte* – beides Aufnahmen mit dem Philadelphia Orchestra unter Leopold Stokowski. (Seltsamer Zufall: das erste gute Orchester, das ich mit fünfzehn Jahren in Toronto kennenlernte, war das nämliche und unter demselben Dirigenten.)

Nun vertiefte Grubb sich in die abendländische Musik, studierte Harmonie und Kontrapunkt und hörte jede Platte, derer er habhaft werden konnte; doch erst als mein lieber Freund Solomon einen Klavierabend in Delhi gab, hatte Suvi Gelegenheit, einen berühmten Künstler kennenzulernen.

Es war natürlich ganz folgerichtig, daß es ihn mit seiner klugen und reizenden Frau nach Europa zog. In London erfuhr er, daß der Philharmonia Choir Baßstimmen suchte, wurde von Wilhelm Pitz zum Probesingen zugelassen und sang die Arie »Wer mag den Tag seiner Zukunft erleiden« aus Händels *Messias*. Er wurde angenommen und kam mit Walter Legge in Kontakt. Das war der Wendepunkt in Suvis Laufbahn, denn Walter suchte gerade einen Assistenten. Er bat den Inder zu sich nach Hause und unterzog ihn einer gründlichen Prüfung.

»Nennen Sie mir die Opuszahlen von Beethovens Klaviersonaten!« Dies wurde unverzüglich und mühelos beantwortet.

»Summen Sie das Eröffnungsthema von Beethovens opus 69!« (Legge sagte nicht, daß es eine Cellosonate war.) Grubb sang das Cello-Thema.

»Wie viele Sätze hat die Waldstein-Sonate?« (Eine Fangfrage: der sogenannte zweite Satz ist nämlich nur die Einleitung zum Rondo – *Allegretto moderato*.) Die korrekte Antwort muß »zwei« lauten. Und das war es, was Suvi sagte.

Das Frage- und Antwortspiel setzte sich noch eine Weile fort, bis Legge den jungen Inder aufforderte, sein Assistent zu werden, was dieser mit Freuden annahm.

Grubb erzählt mit Begeisterung von seiner Arbeit unter Walter Legge und ist voller Bewunderung für dessen unermüdliche Geduld, die keine Mühen scheut, bis die größte menschenmögliche Vollkommenheit erreicht ist. Im Laufe der Jahre übernahm Suvi Grubb immer größere Aufgaben, bis er schließlich Produktionsleiter wurde, als Legge seinen Wohnsitz in die Schweiz verlegte.

Mehr und mehr setzten die Künstler Vertrauen in diesen so wenig anmaßenden, doch autoritativen Musiker – so sehr, daß Lotte Klemperer eines Tages zu ihm sagte: »Sie haben eine besondere Art, mit meinem Vater umzugehen. Sie wissen, wann Sie aufhören müssen.« Und Otto Klemperer fragte per Telephon vom Dirigentenpult zum Abhörraum: »Ist es so, wie es mir gefallen würde?«

Die Einspielung des Duetts *Cinque, dieci* zwischen Susanne und Figaro aus *Figaros Hochzeit* bereitete Schwierigkeiten. Dreimal wurde es aufgenommen (Klemperer waren zu häufige Wiederholungen ein Greuel), und nach dem dritten Versuch rief Grubb den Dirigenten an, der den Hörer ans Ohr hielt, ohne ein Wort zu sagen. »Dr. Klemperer«, sagte Suvi, »das Zusammenspiel von Streichern und Stimmen ist hier und da noch holperig. Ich glaube, wir sollten es noch einmal machen.« Klemperer legte den Hörer auf, ohne zu antworten, und rief: »Sir Evans« (es war kein Geringerer als der Bariton Geraint Evans), »sind Sie zufrieden?« »Ja«, erwiderte Geraint. »Reri Grist, sind Sie zufrieden?« »Aber ja.« »Meine Herren«, wurde das Orchester gefragt, »sind Sie zufrieden?« »Jawohl!« kam im Chor die Antwort. »Ich selber«, sagte Klemperer, »bin auch zufrieden, aber wir werden es noch einmal machen, weil Mr. Grubb es so wünscht.«

Daniel Barenboim, Giulini, Fischer-Dieskau, Perlman, Richter, Gilels – sie alle sind glücklich, wenn sie sich auf den ruhigen Mann aus Indien verlassen können, sooft sie bei der EMI Aufnahmen haben.

Das also war Suvi Raj Grubb, der es auf sich nahm, meine Geburtstagsplatte in einem Viertel der Zeit herzustellen, die ein solches Unternehmen sonst braucht – bei meinen Freunden zu sondieren, ob sie bereit wären mitzuwirken, ihre verschiedenen Termine abzustimmen und ihre Programme festzusetzen. Die ruhmreiche Schar bestand (in alphabetischer Reihenfolge) aus Victoria de los Angeles, Janet Baker, Daniel Barenboim, Dietrich Fischer-Dieskau, Nicolai Gedda, Léon Goossens, Yehudi Menuhin, Gervase de Peyer, Jacqueline du Pré und Elisabeth Schwarzkopf. Neville Cardus, der ebensogut über Musik wie über Kricket schreiben kann, hätte es eine Weltmeister-Elf genannt – wenn Sie gestatten, daß Gerald Moore den elften Platz einnimmt.

Natürlich war dies nicht die »Schlagordnung« bzw. Reihenfolge der Aufnahmen; denn, wie Edward Greenfield in seinem Text zu der Platte weiter schreibt, die Schwierigkeit lag »nicht darin, die Zustimmung der Künstler zu erhalten – sie waren alle Feuer und Flamme –, sondern in dem Studium von Konzertterminen und Luftfahrplänen, um eine Reihe von Aufnahmen innerhalb weniger Monate zu arrangieren. Es spricht für die Stellung, die London heute in der Musikwelt einnimmt, daß es möglich war, alle Künstler sozusagen auf Heimatboden dingfest zu machen – in dem Studio der EMI in St. John's Wood.« Ich möchte hinzufügen, daß es nicht weniger für die Überredungskunst Suvi Raj Grubbs spricht.

Ein einziger Beitrag wurde nicht extra aufgenommen – der von Elisabeth Schwarzkopf. Sie hat zwar gelernt, gleichzeitig auf zwei Hochzeiten zu tanzen; aber es klappt doch nicht immer, und als es soweit war, befand sie sich in Amerika und von dort auf dem Wege nach Japan und Australien. Zum Glück konnte sich Grubb mit Walter Legge in Verbindung setzen, der ihm sagte, daß Elisabeth früher die fünf *Wesendonck-Lieder* von Wagner mit mir aufgenommen hätte. Daraus sollten wir, schlug er vor, *Träume* für die Geburtstags-Kollektion nehmen. (Wagner hat das Lied als Studie zum *Tristan* geschrieben.)

Es erfordert höchste Meisterschaft, mit seinen langen,

schmachtenden Phrasen, die bei Elisabeth völlig entspannt klingen. Hier zeigt sich die Kunst zu verbergen, wieviel Kunst darin steckt, ein entscheidender Test für eine Sängerin. Um ein Beispiel für die verschiedenen Herausforderungen zu geben, denen es in diesem Lied zu begegnen gilt: »Träume spenden ihren Duft«, *mezza voce* gesungen, muß so langgezogen werden, wie es der Atem gestattet, und steigt Note für Note an bis *Duft;* und der Zauber geht verloren, wenn die Sängerin den Höhepunkt nicht als den sanftesten Ton der Melodie bringen kann. Es ist eine berühmte Passage, die in der Oper jeder vorausahnt; aber dort ist die Sängerin in die warme und volle Orchesterbegleitung gehüllt, in der sie unbemerkt Luft holen kann. Mit Klavierbegleitung ist sie exponiert, und nur eine Schwarzkopf ist einer solchen Situation gewachsen. Ich erkannte Walter Legges Siegel an der Wahl dieses Stückes – wenn ich nicht irre, dachte er wohl auch, daß ich den Anschlag hätte, den das Lied erfordert. Der Klavierpart muß entmaterialisiert klingen – nicht wie ein Schlaginstrument; es ist *Molto legato* vorgeschrieben, und die wiederholten Akkorde geraten leicht zu kräftig, wenn man das Haltepedal nicht mit äußerster Behutsamkeit gebraucht. Der Spieler soll an die Klangfarbe gedämpfter Streichinstrumente denken, und seine Finger sollen in der Oberstimme der Begleitung das Wort »Träume« andeuten. (Duparcs *Extase* verlangt einen ähnlichen Anschlag; doch Wagners wiederholte und vollere Akkorde sind ungleich schwieriger zu bewältigen.) Wenn ich es jetzt wieder anhöre, finde ich mein Nachspiel ganz annehmbar, besser als das Vorspiel, mit dem ich nicht zufrieden bin. Aber immer wieder bewundere ich die Virtuosität der Schwarzkopf.

Victoria de los Angeles hatte nur einen freien Tag während ihres einzigen Londoner Aufenthaltes; sie hätte im Mai oder Juni mehr Zeit gehabt, aber das wäre für eine Platte, die im Juli erscheinen sollte, zu spät gewesen. So mußte ihr Beitrag zwischen zwei Orchesteraufnahmen am Nachmittag und Abend eingeschoben werden; achtzig Stühle und mindestens vierzig Notenpulte, die Mikrophone und das Dirigentenpult mußten beiseite geräumt werden, um für unsere Mikrophone und meinen Flügel Platz zu schaffen – und als wir fertig waren, mußte alles wieder zurückgeräumt werden. Suvi Grubb gewährte uns eine Dreiviertelstunde für zwei spanische Lieder. Wir begannen pünktlich – wieder stand der Gatte Enrique Magriña mit dem unerläßlichen Glas Wasser bereit – und hörten nach genau fünfundvierzig Minuten auf. Suvi nannte es später ein »rasches Sandwich«.

Ich war hocherfreut, daß Victoria spanische Lieder sang. Grubb ließ damit die erste Plattenseite beginnen. Und was für ein mitreißender Anfang war *Malagueña,* ein spanisches Volkslied, von Joaquin Nin arrangiert! »Als ich Marbella verließ, ließ ich ein Mädchen zurück, dessen Schönheit die Sonne verdunkelte – sogar mein Pferd weinte« – so lauten die ersten Zeilen; doch die Musik ist von zügelloser Vitalität und blühender Farbigkeit; man kann sich vorstellen, wie prachtvoll Victorias mediterranes Timbre klang, als sie das sang! Was mich betrifft, so legte ich mich mit Behagen ins Zeug – das Pferd tat mir leid, aber ich genoß die kunstvollen Verzierungen des Klavierparts, der wie das Klirren von zwanzig Gitarren und das Klappern von ebensoviel Kastagnetten klang.

Ich habe an anderer Stelle anläßlich der spanischen Lieder von Manuel de Falla geschrieben, daß Musik dieses Genres oft keine Beziehung zu den Worten zu haben scheint; und vielleicht ist diese Malagueña ein Beispiel dafür. Da ist etwa in einem Volkslied davon die Rede, daß ein Jüngling und seine Liebste sich mit Geschirr bewerfen, und sie tun dies zur Begleitung einer äußerst einschmeichelnden Musik; in einem anderen hört man zu der sanften Melodie eines Wiegenliedes den Dialog zwischen einem sterbenden Mädchen und ihrer Stiefmutter, die sie vergiftet hat.

Der 30. Dezember 1968 war ein triumphaler Tag; drei Künstler spielten ihre Beiträge ein, und jedem wurde eine ganze Stunde gewährt. (Sie standen geduldig an wie im Wartezimmer eines Zahnarztes, wenn auch die Behandlung nicht so schmerzhaft war.) Und was für Namen: Janet Baker, Yehudi Menuhin und Gervase de Peyer.

Wir sollten um zehn Uhr morgens mit Yehudi beginnen, und ich stellte mich pünktlich und fröhlich ein – doch wer war längst da? Yehudi, der seit einer halben Stunde übte. Seine *morceaux* waren Ravels *Habanera* und Debussys *La fille aux cheveux de lin,* die er als kundiger Joga-Mann auf dem Kopfe stehend hätte spielen können. Es sind zweifellos reizende Stückchen; aber man könnte fragen, weshalb die Meisterschaft dieses Mannes mit solchen, mit Verlaub zu sagen, Bagatellen vergeudet wurde.

Als Yehudi noch ein Teenager war, sagte er mir, seine Aufgabe als Künstler sei, große Werke zu spielen; und obwohl es auch kleine Stücke von ihm auf Schallplatten gibt, hat er sie selten in seine Konzertprogramme aufgenommen. Sein Feld ist das Violinkonzert, die Sonate, Soli von Bach oder Bartók. Das Leben des Menschen Menuhin hat sich parallel zu seiner Künstlerlaufbahn entwickelt, denn er hat einen Interessenkreis, der weit über den eines routinierten Violinvirtuosen hinausgeht. (Ich erinnere mich eines Stoßseufzers Fritz Kreislers über die Monotonie des Virtuosenlebens: Reise – Hotel – Konzertsaal – Reise – Hotel – Konzertsaal *ad infinitum*.) Menuhin hat einen großen Teil seines Lebens dem Wohl der Menschheit gewidmet; man denke an die von ihm gegründete Schule in Stoke d'Abernon, an sein zeitraubendes und verantwortungsvolles Amt als Präsident des International Music Council, einer Unterorganisation der UNESCO. Während ich diese Zeilen schreibe, nimmt er ein »Ferienjahr«, in dem er vier oder fünf Vorträge vorbereitet, die man ihn für verschiedene gute Zwecke zu halten gebeten hat.

Es wäre fraglos mehr nach Yehudis Geschmack gewesen, mit mir eine Sonate einzuspielen, doch hätte dies schon die Hälfte einer Schallplatte beansprucht. Ohne Bedenken, oder besser gesagt mit seiner gewohnten Großzügigkeit, ordnete er sich dem Gesamtplan unter und bereitete diese Stückchen ebenso sorgfältig vor wie etwa die Chaconne von

Bach. Das war der Grund, weshalb er so eifrig übte, als ich das Studio betrat.

Nachdem er fertig war, blieb er noch im Abhörraum, wie ich später erfuhr, um sich an der reinen Schönheit von Janet Bakers Stimme zu erfreuen. Sie hat einen ganz persönlichen, unverwechselbaren Klang. Ich wurde einmal von der EMI gebeten, die Schallplatte eines Tenors abzuhören, der die Firma beschuldigte, seine Einspielung einer Opernarie mit dem Namen eines anderen Sängers veröffentlicht zu haben. Ich kannte beide Künstler und lauschte aufmerksam, um herauszubekommen, wessen Stimme es tatsächlich war; die Platte wurde mehrfach gespielt, doch ich konnte zu keiner Entscheidung kommen. So etwas wäre bei dem einzigartigen Stimmcharakter Janet Bakers schlechterdings unmöglich.

David Bicknell übergab mir als Geschenk der EMI einen Stereoapparat. Er brachte mehrere Platten mit, um ihn auszuprobieren, und begann mit einer Arie aus Mendelssohns Oratorium *Elias,* gesungen von Janet Baker. »Nach meiner Überzeugung«, sagte er, »ist sie die größte Sängerin der Welt.«

Seltsamerweise ist mein geliebter Schubert auf meiner Geburtstagsplatte nicht vertreten. Ich war nicht sicher, ob Janet Lieder von ihm singen wollte; aber ihre Wahl fiel auf Mahler – warum nicht, denn sie ist als ideale Mahler-Interpretin bekannt. Sie sang *Frühlingsmorgen* und *Scheiden und Meiden.*

Ich war über Janets Mitwirkung gerührt, denn ich wußte, daß sie an jenem frostigen Wintermorgen erkältet war; und niemand hätte ihr einen Vorwurf gemacht, wenn sie zu Hause geblieben wäre. Ich nahm es nicht nur als Kompliment, sondern als Zeichen der Freundschaft. (Ich möchte aber darauf hinweisen, daß auf den Platten keine Spur ihrer Indisposition wahrnehmbar ist.)

Der aufmerksame Leser wird jetzt vielleicht bemerken, daß von Proben bisher nicht die Rede war. Ihm sei versichert, daß wir nicht gepfuscht haben; die Lieder mit Elisabeth, Victoria und Janet hatten wir schon oft vorgetragen, und für Yehudis Stücke bedurfte es keiner feierlichen Untersuchungen oder tiefschürfenden Diskussionen. Mit Gervase de Peyer verhielt es sich etwas anders. Wir sollten Webers *Thema und Variationen* für Klarinette und Klavier spielen, das längste Stück der Platte, das über neun Minuten dauert. Ich hatte mit Gervase zuletzt vor zehn Jahren konzertiert, zusammen mit dem spanischen Cellisten Gaspard Cassado, in Brahms' Trio für Klarinette, Violoncello und Klavier. Das Stück von Weber, für das wir uns entschieden hatten, war neu für mich, während Cassado es genau kannte und herrlich spielte. Er war mir eine große Hilfe, als wir es probten – in den schnellen Variationen ist das Zusammenspiel äußerst tückisch. Wir konnten es in der vereinbarten Stunde nicht zu unserer vollen Zufriedenheit abschließen (ist man überhaupt jemals zufrieden?), doch Suvi Grubb verschaffte uns noch einen kurzen zusätzlichen Termin am Nachmittag, und die Solo-Variationen für das Klavier nahm ich am nächsten Tage auf.

Im neuen Jahr mußte ich nach Skandinavien, um meinen Meisterkursus abzuhalten, und danach fuhr ich nach Berlin, wo ich mit Fischer-Dieskau Aufnahmen hatte. Es waren Lieder von Richard Strauss, und Dieter schlug zwei davon, die man auf keinen Fall »abgedroschen« nennen konnte, für unsere Platte vor: *Hochzeitlich Lied* und *Weißer Jasmin*. Das erste hat eine anmutige Melodie und eine Begleitung mit zarten, köstlichen (und schwierigen) Verzierungen, die des Sängers Schilderungen nachahmt; er beschreibt die duftenden Akazien und flatternden Rosen, er vergleicht die Locken der Braut mit den Blättern einer Blutbuche, und plötzlich, wenn auch mit verzeihlicher Dringlichkeit, sagt er: »Komm, mein Kind, komm, wir gehen zur Ruh.« Das Lied hat drei Strophen; es scheint also, daß die Braut nicht von solcher Ungeduld verzehrt wird wie ihr Gatte.

Dieter und ich haben im Laufe des Jahres 1969 alle Strauss-Lieder eingespielt – ein tollkühnes, aufregendes Unternehmen, das ich in meinem Kapitel über Schallplattenaufnahmen erwähnte.

Suvi und ich hatten reiflich überlegt, was als *Finale* am geeignetsten wäre. Ein Vorschlag (nicht meiner) ging dahin, daß ich etwas allein spielen sollte; aber ich hatte das Gefühl, das würde aus dem Rahmen fallen. Dann kam der rettende Gedanke: ein Duett vierhändig mit Daniel Barenboim! Die Cellistin Jacqueline du Pré hatte einen Termin am 1. April, um mit mir zusammen die *Elégie* von Fauré aufzunehmen – könnte da nicht Danny, ihr Mann, mitkommen und schnell mit mir einen slawischen Tanz von Dvořák hinlegen? Und so geschah es!

Ich kann nichts Besseres tun, als abermals Edward Greenfield zu zitieren:

»Jacqueline du Pré und Daniel Barenboim, Mann und Frau, kamen ins EMI-Studio ... um ihre Beiträge aufnehmen zu lassen ... Barenboim hatte an diesem Tage schon sechs Stunden mit dem English Chamber Orchestra geprobt, unmittelbar vor dem Beginn ihrer gemeinsamen Welttournee; aber er zeigte keine Spur von Ermüdung, als er mitten in Jacquelines Fauré-Aufnahme in den Abhörraum kam.

Hinter seinem Beitrag stand eine Art Komplott. Wenn Barenboim mit seinem Vater (der auch zugegen war) vierhändig spielt, hat er meistens den *Primo*-Part; doch diesmal, in Dvořáks Slawischem Tanz in g-moll, bestand er darauf, den *Secondo*-Part zu spielen. Er wollte sicher sein, so erklärte er, daß Moore die Melodie spielte. Und dann, nach dem ersten Durchspielen, kam die Pointe, die er sich ausgedacht hatte; er drehte sich um und stellte mit triumphalem Lächeln und zu Moores freudiger Verwirrung die klassische Frage: ›Bin ich zu laut?‹

Mehr als aus allen Worten eines Kritikers geht aus dieser, aus einem besonderen Anlaß entstandenen Aufnahme hervor, was das Eigentümliche an Moores Spiel ist. Während eines Playbacks rief Barenboim entzückt aus: ›Was für ein wundervoller Ton!‹ – die spontane Huldigung eines Pianisten an einen anderen. ›Das ist bei einem Steinway immer so‹, antwortete Moore in seiner trockenen Art; doch er wußte ganz gut, wie echt und herzlich das Kompliment war.«

Ich freute mich, wieder einmal mit Jackie zu spielen, dieser ungewöhnlichen Künstlerin – sie befeuert jeden, der mit ihr in Berührung kommt. Eins jedoch erstaunte uns beide: Danny sagte, er höre die *Elégie* von Fauré zum ersten Mal.

Auf dem Photo von uns sieht man Jackie, wie sie lachend ihren Cellobogen durch ein Loch im Notenblatt steckt, ein Loch, das nicht durch Abnutzung entstanden ist, obwohl die Blattränder schon ein wenig ausgefranst sind, sondern durch die Schere. Ich hatte zwei Takte herausgeschnitten, um sie für einen Artikel, den ich über dieses klassische Cellostück geschrieben habe, photographieren zu lassen.

Am nächsten Abend war Nicolai Gedda an der Reihe, und seine Aufnahme war ein weiteres »Sandwich«, denn der berühmte Tenor kam zwischen zwei Vorstellungen an der Covent Garden Opera. Er sang zwei Titel von Tschaikowsky (natürlich auf russisch, einer der sechs Sprachen, die er fließend spricht), *Ständchen des Don Juan* und *Inmitten des Balles.* Das Ständchen ist vielleicht nicht sehr spanisch, doch die Attitüde des Edelmannes wird blendend durch einen kühnen Gesang und eine prahlerisch polternde Klavierbegleitung illustriert.

Die Idee für die Geburtstagsplatte kam Suvi Grubb im Restaurant *Geneviève*; und dahin begaben wir uns auch, als wir fertig waren, mit Nicolai Gedda und Gervase de Peyer als vierten im Bunde, um ein wenig zu feiern.

Bleibt nur noch ein Künstler zu nennen, mein alter Freund Léon Goossens. In seiner Glanzzeit wurde er gepriesen wie kein anderer Oboist zuvor. (Ein begeisterter Verehrer sagte zu mir: »Er hält seine Oboe wie ein Zepter.« Dabei hätte nicht einmal Lee sein Instrument blasen können, wenn er es so gehalten hätte!) Seine Kollegen bewunderten den Mut, den er mit einem glanzvollen Comeback bewies, als er nach einer bösen Lippenverletzung durch einen Autounfall wieder zu spielen begann.

Wir waren gute Kameraden als Mitwirkende an einem Gastspiel von Sir Arthur Bliss in Rußland, und Lee hat niemals vergessen, wie ich ihn einmal »auf den Arm nahm«. Er kam nach einer Probe mit dem Leningrader Orchester zu spät zum Lunch und sagte: »Die Holzbläser haben mich nicht losgelassen; sie wollten Photos von mir und ein paar von meinen alten Rohrblättern.« Ich sagte schnell: »Sie werden halt Rohrblätter sammeln!« Lee lachte mit den anderen mit.

Aber jetzt konnte er es mir heimzahlen – während unserer Aufnahme des *Siciliano* aus der Kantate Nr. 29 von Bach. Die ganze Verantwortung für die weit gespannten *Legato*-Linien liegt in diesem Stück bei der Oboe, und Goossens machte das ganz wunderbar. Die Begleitung ist denkbar einfach; trotzdem schlug ich in einer Wiederholung, bei der wir die klangliche Balance testeten, versehentlich einen falschen Ton an. Lee stoppte, wandte sich an Grubb und murmelte mit seiner sanften Stimme: »Sagten Sie achtzigster Geburtstag?« Das saß!

Tiefe Dankbarkeit schulde ich diesen Meistern, die ihre unvergleichliche Kunst zur Verfügung stellten, um mir auf so einzigartige Weise zu gratulieren, und natürlich nicht weniger Suvi Raj Grubb, nicht nur für seinen grandiosen Einfall, sondern auch für seine unermüdliche Geduld und erstaunliche Geschicklichkeit, mit der er dieses Puzzlespiel von Terminen und Programmen bewältigte.

Electrola (die deutsche Tochtergesellschaft der EMI) brachte auf Betreiben ihres ehemaligen Produktionsleiters, meines Freundes Fritz Ganss, aus demselben Anlaß gleichfalls eine Schallplatte heraus mit Titeln, die während der vorangegangenen Jahre in Berlin und München eingespielt worden waren. Alle Künstler waren Sänger: Victoria des los Angeles, Christa Ludwig, Anneliese Rothenberger, Elisabeth Schwarzkopf, Walter Berry, Dietrich Fischer-Dieskau, Nicolai Gedda, Hermann Prey. Die Platte trägt den Titel *Meister des Liedes*.

Jackie

Unter der Schirmherrschaft des »Arts Council of Great Britain« wurde ein Stipendium für Cellisten »zum Gedächtnis von Madame Guilhermina Suggia« geschaffen, ungefähr ein Jahr nach dem Tode der portugiesischen Cellistin. John Barbirolli, der Cellist gewesen war, bevor er Dirigent wurde, Lionel Tertis, Arnold Trowell und andere namhafte Musiker bildeten unter dem Vorsitz von Eric Thompson das Preisrichterkollegium des jährlich stattfindenden Wettbewerbes.

Als Jacqueline du Pré 1956 zum ersten Mal in Erscheinung trat, war sie elf Jahre alt und kaum größer als ihr Cello; doch ihre Zuhörer waren fasziniert, nachdem sie kaum eine halbe Minute gespielt hatte. Ich hörte sie erst bei ihrem dritten Vorspiel vor diesem Gremium; damals war sie dreizehn, und uns allen war klar, daß sich hier ein Genie ankündigte. Dann hörte ich dieses erstaunliche Kind in drei aufeinanderfolgenden Jahren, und ihr Talent entfaltete sich strahlend wie ein Feuerwerk.

Was für eine Verantwortung für einen Musiker, ein solches Mädchen unter seine Fittiche zu nehmen! Ihr Lehrer war William Pleeth, und sie ist ihm bis heute für seinen Unterricht dankbar. Hier ein Auszug aus seinem Empfehlungsschreiben, als sie zum ersten Mal vor der Suggia-Stiftung spielte:

»Sie ist das hervorragendste cellistische und musikalische Talent, dem ich bis jetzt begegnet bin; dazu kommt noch eine unglaubliche geistige Reife. Ich bin der Meinung, daß sie eine große Karriere machen wird und dazu jede Unterstützung verdient.«

Ich zitiere den Brief nicht nur, um Jackie ein Kompliment zu machen, sondern auch aus Hochachtung vor Pleeths Großzügigkeit und Selbstlosigkeit. Ein Lehrer hat alle Jubeljahre einmal einen ungewöhnlich begabten Schüler und möchte ihn (oder sie) nicht gern aufgeben, denn der Ruhm eines solchen Schülers strahlt auf den Lehrer zurück. Vor langer Zeit empfahl ich einmal einer jungen Cellistin, zu Casals zu gehen, und sie war Feuer und Flamme; aber es kostete einen Kampf, ihre Londoner Lehrerin dahin zu bringen, sich von ihr zu trennen. »Was kann Casals ihr geben, das sie nicht auch bei mir lernen kann?« fragte sie mich. Und ich kannte eine begabte junge Sängerin mit einer prachtvollen Opernstimme; doch als ich ihr sagte, sie müsse ein Jahr eine Opernschule besuchen, erhielt ich zur Antwort: »Ich werde nie meinen jetzigen Lehrer verlassen.« An einer solchen Einstellung sind nicht die Schüler schuld, sondern die Lehrer.

Was Jacqueline du Pré betrifft, so kann man sagen, daß sie von William Pleeth einen ausgezeichneten Unterricht empfangen hat; und als die Zeit reif war und die Gelegenheit sich bot, half er ihr auch, ihr Schifflein in weniger geschützte Gewässer zu steuern.

Mit diesem Gleichnis meine ich nicht, daß sie eine schwere Zeit hatte, als sie nach Moskau fuhr, um ihr Studium bei Mstislaw Rostropowitsch fortzusetzen – im Gegenteil, er war, wie immer, eine Quelle der Inspiration für das Mädchen; und als sie nach England zurückkehrte, tat sich eine internationale Karriere vor ihr auf. Sie hatte sich geistig und körperlich, musikalisch und technisch entwickelt. Unter einer ruhigen Oberfläche lag die ganze Sensibilität und Ausdrucksstärke des fertigen Künstlers. Und als Werkzeug besaß sie einen meisterlichen Bogenarm und eine starke und sichere linke Hand; die Intonation war untadelig, und sie hatte einen wundervollen Ton.

Ich habe häufig mit Guilhermina Suggia gespielt (man nannte sie oft die Teresa Carreño des Cellos); aber ich glaube, Jackies Ton hatte mehr Fülle und Stärke. Das sage ich nicht, um die portugiesische Künstlerin herabzusetzen – sie hätte es selber zugegeben, so neidlos erkannte sie die Fähigkeiten ihrer Kollegen an. Sie spielte ganz wie eine Frau, während dieses englische Mädchen die Kraft eines Mannes hatte. (Einen »großen« Ton zu erwerben wird bei manchen Cellisten zu einer fixen Idee, und oft erreichen sie es – wie Sänger, die ihre Stimme überanstrengen – nur auf Kosten der Tonqualität. Als der Dirigent des Washington Symphony Orchestra, der Holländer Hans Kindler, noch Solocellist war, behauptete er, jeden anderen Cellisten an der Größe seines Tones zu erkennen. »Können Sie sich an X erinnern?« fragte ich ihn einmal, und er antwortete nach kurzem Überlegen: »Ach ja, ich erinnere mich. Sehr kleiner Ton.«)

Kraft jedoch war vermutlich das letzte, an das Jackie dachte, wenn sie spielte; denn sie war ganz einfach von der Musik besessen und stürzte sich völlig unbefangen in sie hinein. Beinahe hätte ich geschrieben »mit grimmiger Konzentration«; doch das wäre falsch, denn ich habe sie mit Daniel Barenboim bei öffentlichem Auftreten oft ein Lächeln oder einen begeisterten Blick austauschen sehen, wenn das Wechselspiel von Cello und Klavier sie besonders beflügelte.

Als Danny ihr auf einer kleinen Privatgesellschaft vorgestellt wurde, soll er gesagt haben: »Sie sehen gar nicht wie eine Musikerin aus.« Daraufhin wurde der Wunsch geäußert, die beiden sollten auf der Stelle etwas zusammen spielen, um des jungen Mannes Skepsis zu entkräften. Ich bin nicht befugt zu berichten, daß es den Pianisten vom Stuhl gerissen hat, denn ich war nicht dabei; es ist jedoch eine historische Tatsache, daß das Team du Pré-Barenboim in diesem Augenblick ins Leben trat, daß es sich zu einer dauernden Partnerschaft entwickelte und daß die beiden Mann und Frau wurden. Jackie nahm sogar den jüdischen Glauben an, da sie wußte, daß Danny ein überzeugter Israeli war. Eine volle und rückhaltlose Bindung – bei dieser jungen Frau gibt es keine Halbheiten.

Es gab auch keine Halbheiten, als sie von multipler Sklerose befallen wurde. Es war keine allmähliche Erkrankung, die ihr noch ein paar Jahre künstlerischer Arbeit gestattet hätte, bevor sie diese Wunderhände und -arme attackierte; sie schlug vollständig und mit verheerender Schnelligkeit zu. Und hier hat ihre Seelengröße unser aller Liebe gewonnen, denn Jackie hat eine Ausstrahlung über jede körperliche Behinderung hinweg.

»Wartet einen Augenblick«, rief Barenboim nach einem seiner Konzerte, »in einer Minute kommt ein wunderschönes Mädchen« – und da war sie in ihrem Rollstuhl und blickte ihren Mann mit Liebe und Stolz an und verbreitete Fröhlichkeit um sich.

Und für Danny, den berühmten Musiker, der in der ganzen Welt begehrt ist als Pianist und Dirigent, steht seine Frau an erster Stelle und an zweiter seine blendende Karriere. Daher nimmt er, um von Jacqueline nicht zu weit entfernt zu sein, nur Engagements an, die ihn höchstens zwei bis drei Tage und ein bis zwei Flugstunden von ihr fernhalten – Paris, Berlin oder Mailand. Er und seine Frau sind noch immer vollkommene Partner; man kann ihnen kein größeres Kompliment machen. Er ist ihrer würdig.

Erst kürzlich hörte ich Jackies melodische Stimme im Radio, und ihre Hochherzigkeit und Schönheitsliebe offenbarten sich, als sie zu ihrem Gesprächspartner sagte, sie hoffe in Poesie ausdrücken zu können, was sie nicht mehr durch die Musik mitteilen könne. »Aber ich habe Glück gehabt, denn das Cellorepertoire ist klein, und ich hatte die Freude, fast alles zu studieren und zu spielen, was ich wollte.« Was für ein ehrfurchtgebietender Lebensmut!

Ich werde immer die Augenblicke im Herzen bewahren, in denen ich mit dieser wunderbaren Künstlerin zusammen war; es waren viel zu wenige, doch ich bin dankbar für jeden.

Wortbrüchig

Ich schlug mir mannhaft an die Brust, als ich mich in einem früheren Kapitel rühmte, dem Prinzip zu folgen »Zier dich nicht, wenn du abtreten willst, sondern gehe gleich!« – doch hier muß ich bekennen, daß ich wortbrüchig wurde, nicht nur einmal, sondern sogar dreimal.

Nach meinem Gastspiel in den USA mit Fischer-Dieskau im Jahre 1967 ging ich müßig, bis ich zwei Jahre später einen Sommerkursus in Darlington übernahm. Die dortigen Abendkonzerte waren denkwürdig; ich hörte Alfred Brendel, das Amadeus-Quartett, Neville Marriner mit der Academy of St. Martin-in-the-Fields und meine liebe Janet Baker. Wie man sieht, gelingt es Sir William Glock und John Amis, die besten Künstler der Welt heranzuziehen, und das fachmännische Publikum besteht aus Lehrern und eifrigen, quasi-professionellen Studenten. Es ist eine wunderbare Atmosphäre, und man wird Verständnis dafür haben, daß ich unmöglich die Einladung ablehnen konnte, Janet zu begleiten. Ich habe es nicht bereut, und, was wichtiger ist, auch Janet nicht, nicht einmal während des Konzertes.

Aber das war nur mein erster Wortbruch.

1974 wurde ich von der UNESCO aufgefordert, für einen Wettbewerb des International Music Council zu spielen. Yehudi Menuhin ist dessen Präsident, und auf seine persönliche und dringende Bitte nahm ich die Einladung an. Es ist unmöglich, Yehudi eine Absage zu erteilen, vorausgesetzt, die Verpflichtung ist frei von Verwaltungskram.

Gleich nach unserer Ankunft in Paris waren wir auf einem Empfang Gäste der Deutschen Grammophon Gesellschaft, und kaum war ich wieder zu Atem gekommen, da geriet ich in tiefe Bedrängnis. Ich wurde mit Régine Crespin, Yehudi Menuhin und Mstislaw Rostropowitsch vor einem großen Wandteppich photographiert, der ein mittelalterliches Krikketspiel darstellen sollte. Jedenfalls behauptete das unsere Gastgeberin Elisabeth Köhler, und sie bat mich, den drei Unschuldslämmern, die mir gar nichts getan hatten, das Spiel zu erklären. Ich besah mir den Teppich und konnte nicht klug aus ihm werden; die Spielgeräte waren nicht zu erkennen, und aus der Haltung der Leute ließ sich eher schließen, daß sie sich auf einen Hofball oder einen der Rosenkriege vorbereiteten. Ehe ich auch nur einen halben Satz stottern konnte, merkte ich, daß mich mein Zuhörer-Trio für verrückt hielt. Und eingedenk der Maxime, daß der Angriff die beste Verteidigung ist, sagte ich zu meiner Gastgeberin, die drei hätten für derartige exklusive Dinge nicht die nötige Vorbildung. Ich erklärte das Spiel für beendet und entließ die Klasse.

Es gab zwei Konzerte, das erste im Saal der Vereinten Nationen, wo Yehudi die Sonate für Violine solo von Bartók spielte. Sie ist eine *tour de force,* verlangt vom Spieler ungewöhnliche Kraft und Konzentration, und auch dem Hörer wird allerhand zugemutet. Dann folgte indische Musik, Gesang mit eigener Begleitung auf der Sitar. Auch Tabla und Baya (Trommel) traten in Erscheinung. Malcolm Arnold hatte mir einmal ganz ungläubig erzählt, daß die indische Musik niemals moduliere, und so lauschte ich mit ungewohnter Beharrlichkeit und wünschte, es möge geschehen, was nicht geschah – es ist kaum zu fassen, daß die Grundtonart so lange, so sehr, sehr lange beibehalten wird. Da ich Yehudis Interesse dafür kannte, fragte ich mich, ob diese Musik mit der hinduistischen Philosophie in Verbindung steht, in die er sich vertieft hat; doch wenn sie einem meditative Ruhe einflößen soll, so habe ich die Botschaft nicht vernommen –

ich wurde im Gegenteil immer nervöser, während es unbarmherzig weiterging. Wir saßen neben Wilhelm Kempff und seiner Frau und versuchten uns gegenseitig moralisch zu stützen, von der Gewißheit getragen, daß wir nach der Pause Rostropowitsch hören würden, wenn wir es überlebten.

Der berühmte russische Cellist wurde mit minutenlangem Beifall empfangen. In der Pause hatten die Leute vom Fernsehen große Lampen aufgestellt, dem Podium beängstigend nahe, und sie gingen alle an, als der Künstler auftrat. Er nahm Platz, wies mit dem Bogen lächelnd auf die Lampen und schüttelte sanft den Kopf, um damit zu sagen, er könne unter diesen Umständen unmöglich Bach spielen. Die Fernsehleute waren hartnäckig; offenbar war ihnen noch keiner begegnet, der nicht auf den Bildschirm übertragen werden wollte. Rostropowitsch war ebenso standhaft, ohne dabei seine gute Laune zu verlieren. Endlich wurde eine Lampe gelöscht, unter dem Beifall des Publikums – wir standen wie ein Mann hinter dem Künstler. Nach ungefähr einer Minute eine weitere Lampe – noch stärkerer Beifall. Der Applaus schwoll an, je mehr Lampen ausgingen; und erst als die normale Beleuchtung wiederhergestellt war, begann Rostropowitsch sein Instrument zu stimmen. Es war die wohltuende Demonstration eines Künstlers, der wußte, was für Bedingungen einem Bach gemäß waren, und er erhielt sie ohne einen Wutanfall. In Wirklichkeit dauerte es natürlich länger als in dieser kurzen Erzählung, und manche Primadonna – männlich wie weiblich – hätte das Podium aufgebracht verlassen. Hier wurde uns gezeigt, wie man es ohne Theater und ohne das Publikum zu verärgern machte. Dann spielte Rostropowitsch die D-dur-Suite von Bach. Seine Herzenswärme erfüllt sein ganzes Musizieren, und wie die innere Ruhe und Überlegenheit seines Spiels auch sein äußeres Leben bestimmt, geht aus der kleinen Szene hervor, die ich soeben beschrieben habe. Wer, der diesen Vortrag gehört hat, wird ihn je vergessen? Ich glaube, nie hat eine Bach-Suite einen solchen Beifallssturm ausgelöst.

Das Konzert am nächsten Abend in der Salle Pleyel brachte ein gemischtes Programm, an dem meine drei Freunde, die ich mit der Kricket-Geschichte verwirrt hatte, mitwirkten, dazu Kempff und Fischer-Dieskau, mit dem ich nur eine Gruppe von Schubert-Liedern zu spielen hatte. Der Abend wurde mit einer Party im Hause von Nadia Boulanger beschlossen.

Ich hatte zwar anregende Erlebnisse in Paris, doch ich kann nicht behaupten, daß ich bei dieser Gelegenheit die Seine-Metropole entflammt hätte: ich war ein trauriger Versager als Kricket-Propagandist und in schlechter Form als Begleiter von Fischer-Dieskau.

Im Herbst 1975 bat man mich auf Veranlassung von Neville Marriner, eine Sängergruppe für die *South Bank Summer Music* im nächsten August zusammenzustellen. Das Programm der Abendmusik sollte Lieder, Duette und Quartette von Mendelssohn und Schubert umfassen. Da ich mit Marriner befreundet bin und ihn sehr bewundere, sagte ich zu unter der Bedingung, daß ich nicht als Mitwirkender genannt würde. Glücklicherweise wußte ich, wo ich mich nach Künstlern umsehen konnte, denn erst wenige Wochen vorher hatte ich eine besonders schöne Aufführung von Wolfs *Italienischem Liederbuch* gehört, mit der Sopranistin Felicity Lott, dem Bariton Richard Jackson und dem Pianisten Graham Johnson. Der letztere ist ein Schüler von Geoffrey Parsons, und das ist eine hinreichende Empfehlung. Diese drei bildeten mit der Mezzosopranistin Ann Murray, die ich kannte, und dem Tenor Anthony Rolfe-Johnson ein Ensemble. Auf meine Empfehlung wurden diese jungen Leute für das Konzert engagiert; und ich kann ohne Übertreibung sagen, daß sie einen beachtlichen Erfolg hatten. Ich zweifle nicht an ihren glänzenden Aussichten, wenn alles gut geht.

Nun kommt der Schlußakt meines Wortbruchs. Die letzte Gruppe unseres Programms war Schumanns *Spanisches Liederspiel,* das zu vier Singstimmen eine vierhändige Klavierbegleitung verlangt. Meine jungen Freunde baten mich, zwei Hände, meine eigenen nämlich beizusteuern, und mich neben Graham Johnson ans Klavier zu setzen; nach einigem Hin und Her willigte ich unter der Bedingung ein, daß mein Name nicht in den Anzeigen und auf dem Programm erschiene.

Trotzdem wurde ich herzlich begrüßt, als ich auf das Podium der Queen Elizabeth Hall trat, was mich natürlich freute; aber noch größere Freude empfand ich darüber, daß diese jungen Künstler mich bei ihrem Debut als Ensemble dabeihaben wollten und daß sie so großen Erfolg hatten.

Das war mein letzter Wortbruch.

Seitdem bilden die vier Sänger das Herz eines von Graham Johnson gegründeten Ensembles, das sich *The Songmakers' Almanac* nennt und überall in ausverkauften Sälen auftritt.

Daß ich, wenn auch nur in sehr bescheidenem Maße, in Verbindung mit diesen vortrefflichen jungen Musikern gestanden habe, bereitet mir eine besondere Genugtuung.

Eine erstaunliche Persönlichkeit

Unsere erste Begegnung mit Mstislaw Rostropowitsch fand einige Jahre vor dem Pariser Konzert statt, das ich im vorigen Kapitel beschrieben habe; es war beim King's Lynn Festival.

Wir machten uns wie immer das Vergnügen, nach meinem bescheidenen Beitrag ein paar Tage länger in Lynn zu bleiben, und diesmal um so lieber, als wir den berühmten russischen Cellisten hören konnten, der mit einem Teil des London Symphony Orchestra fünf klassische Cellokonzerte spielen und dirigieren sollte – drei von Vivaldi und je eins von Tartini und Boccherini. Er wurde von London herübergefahren und stürzte sich sofort in eine dreistündige Orchesterprobe in der St. Nicholas Church, einem idealen Ort für Konzerte dieser Art. Damals bat uns Ruth, Lady Fermoy, die Leiterin des Festivals, wir möchten uns dieses legendären Mannes annehmen (wir waren gleichfalls ihre Gäste), da sie eine Menge in der Stadt zu erledigen habe.

Nach der anstrengenden Probe fuhren wir Rostropowitsch zu Lady Fermoys Haus, wo er sich sogleich in sein Zimmer einschloß und pausenlos besessen übte, bis wir ihn wieder zum Konzert nach King's Lynn brachten. Auf diesen beiden Fahrten begannen wir, diesen großen Künstler zu verstehen und zu schätzen, dessen geistige Lebendigkeit, Kraft und ansteckende Herzlichkeit uns das Gefühl gaben, ihn schon lange zu kennen.

Es war ein Coup für King's Lynn, ihn zu verpflichten,

denn er kam damals nur selten und immer nur für kurze Zeit nach England. Vielleicht hatten seine Freunde Benjamin Britten und Peter Pears ihren Einfluß geltend gemacht, um Ruth Fermoy, die sie sehr verehrten, einen Gefallen zu tun. Kein Wunder, daß Lionel Tertis, der König der Bratscher, der zum Fermoy-Kreis gehörte, die Fahrt von London nach Lynn nicht scheute! Doch ach, armer Lionel! Er zog sich eine schwere Erkältung zu und mußte – er war immerhin neunzig Jahre alt – in seinem Hotelzimmer bleiben.

Nach dem Konzert gingen wir mit Lillian Tertis zu Rostropowitsch, der sogleich nach Lionel fragte. Als ich dessen Abwesenheit erklärte, fragte er, ob er ihn sehen könne. Wir fuhren also ins Hotel, und Lillian führte Mstislaw hinauf, während wir in der Halle warteten.

Als er wieder unten war, sagte ich: »Jetzt möchten Sie sicher gern einen Drink.«

Sein Englisch war damals etwas eingeschränkt, doch er antwortete ohne Zögern: »Das gleiche wie Sie.«

»Nun, ich trinke einen Whisky mit Soda.«

»Das gleiche wie Sie.«

»Einen großen oder einen kleinen?« (Ich kannte ihn noch nicht so genau.)

»Das gleiche wie Sie.«

»Ich bestelle mir einen großen.«

»Das gleiche wie Sie.«

Dann verabschiedete er sich mit gewaltigen Umarmungen von uns dreien, stieg in das Auto, das ihn nach London brachte, und winkte uns lebhaft durch das offene Fenster zu, bis der Wagen verschwunden war. Keine Spur von Müdigkeit war ihm nach der großen Anstrengung des Tages anzumerken gewesen.

Die menschliche Wärme, die Rostropowitsch ausstrahlte, ist auch in seiner Kunst spürbar. Lionel Tertis erinnerte sich der freundschaftlichen Geste, solange er lebte, und sprach dankbar davon, als wir ihn zum letzten Mal vor seinem Tode sahen.

South Bank Summer Music 1971

Ehe John Denison Direktor der Royal Festival Hall wurde – ein Amt, das er bis 1976, mehr als ein Jahrzehnt, ausübte –, war er musikalischer Leiter des Arts Council. Als Mitglied des Musikausschusses imponierten mir immer wieder sein erstaunliches Verwaltungstalent und das Geschick, mit dem er die zahllosen mit dem Amt verbundenen Probleme meisterte. Der Gedanke an die Schreibtischarbeit, die ihn täglich erwartete, macht mich noch heute schaudern. John war Musiker gewesen; als junger Mann war er erster Hornist im Orchester der BBC und spielte im London Philharmonic Orchestra. Doch was sage ich *war gewesen?* Wer einmal Musiker ist, bleibt es sein Leben lang, und darum hatte auch jeder Künstler bei ihm an der South Bank das Gefühl, unter der Obhut eines Kollegen und Fachmannes zu stehen. Er leitete die Konzerte reibungslos, mit fester Hand und gewinnendem Charme.

South Bank Summer Music war seine Idee, ein typischer Denison-Einfall. Er wollte im August eine kurze Konzertreihe in der Queen Elizabeth Hall veranstalten, die mit den Promenadenkonzerten nicht konkurrieren, sondern sie ergänzen sollte. Er betrachtete es als ein freundschaftliches Treffen begabter junger Musiker und betraute für die ersten drei Jahre 1968 bis 1970 Daniel Barenboim mit der künstlerischen Leitung. Diese solle, erklärte er mir, immer auf drei Jahre begrenzt sein, und als er André Previn aufforderte, den nächsten Turnus zu übernehmen, sagte André, er brauche Zeit, sich einen Plan für 1972 bis 1974 auszudenken; und so wurde ich gebeten, das Vakuum zu überbrücken.

»Ich glaube, Ihre dem Lied und der vokalen Kammermusik gewidmete Saison von 1971 war einzigartig«, schrieb mir John, »und wenn Sie behaupten wollen, daß Sie nur ein Lükkenbüßer waren, so sage ich, daß die Vorsehung die Hand im Spiele gehabt haben muß, um es möglich zu machen.«

Es war eine ausgezeichnete Wahl, die Serie mit Barenboim beginnen zu lassen. Der internationale Ruf des hervorragenden jungen Pianisten und Dirigenten, der noch in den Dreißigern war, sorgte dafür, daß Kollegen aus aller Welt herbeieilten, um unter seiner Leitung zu musizieren. Vor dem Beginn seiner letzten Saison erklärte er noch einmal auf einer Pressekonferenz Denisons Idee des Dreijahresturnus. Als er fertig war, rief ich: »Mr. Barenboim, ich möchte mir eine Frage erlauben. Fühlen Sie sich zu alt, um weiterzumachen?« Ich kann mich nicht erinnern, ob ich eine Antwort erhielt.

Obwohl meine Mitwirkung, als ich 1971 dieses Amt übernahm, sicher werbewirksam war, lag die Verantwortung bei Anthony Steel, dem Planungsdirektor. Ich hatte viel mit ihm zu tun, und er strahlte eine beruhigende Wirkung aus – er war stets gelassen und erweckte immer den Eindruck, es ginge alles wie am Schnürchen, auch wenn sich die unvermeidlichen Zwischenfälle ereigneten, von denen er mir nichts sagte.

Ich nahm natürlich an allen Vorbesprechungen teil, doch sobald die Spielzeit begann, brauchte ich mich um keinen Verwaltungskram mehr zu kümmern; ich hatte auch alle Hände voll zu tun mit meinen dreistündigen Kursen an jedem Nachmittag, so erfreulich sie waren. Und selbstverständlich saß ich mit großem Vergnügen jeden Abend bei den Konzerten in der Queen Elizabeth Hall.

In diesem Jahr wurde der Name des Festivals geändert; es hieß jetzt *South Bank Summer Song 1971*. Ich wurde »künstlerischer Mitarbeiter« genannt, ein Amt, das jedermanns Billigung zu finden schien, mit einer vernichtenden Ausnahme. Diese eine schändliche Stimme, die nur ich zu hören bekam und die mir versicherte, ich sei das schwächste Glied in der Kette berühmter Künstler, erfordert eine Abschweifung.

In *Bin ich zu laut?* sagte ich von mir selber, daß ein Elefant niemals vergißt; deshalb muß ich den Leser, dessen Geduld ich in Anspruch nehme, bitten, mit mir in die ferne und dunkle Vergangenheit zu tauchen – ein Schritt über ein halbes Jahrhundert –, damit er versteht, wie heikel es um diesen meinen dunklen Punkt bestellt ist.

Eine altjüngferliche Tante, deren Interesse an mir sich stets in herabsetzender Weise manifestierte, hatte die Gewohnheit, mich ständig und beharrlich zu fragen: »Wann wirst du endlich Solopianist?« Der Pfeil – ich wußte, es sollte einer sein – wurde mit einem engelhaften Lächeln abgeschossen, das mehr, als Worte es können, ausdrückte, ich sei offenbar nicht von dem Stoff, aus dem große Männer gemacht werden. Diese Anzüglichkeiten bewirkten jedoch das Gegenteil von dem, was sie sollten, denn ich fand ein herzloses Vergnügen daran, ihr Trotz zu bieten und »nur« Begleiter zu bleiben. Obwohl auch in dieser Eigenschaft mein Name in Musikerkreisen allmählich recht bekannt wurde, ließ sich meine neunzigjährige Tante davon nicht imponieren und blieb jederzeit zum Angriff gerüstet. »Ich lese gerade«, sagte sie, »daß Soundso in der Queens Hall einen Violinabend mit einem anderen Pianisten gibt. Wie kommt es« – und sie rückte sich behaglich in ihrem Sessel zurecht, ihr süßes, aber höhnisches Lächeln auf den Lippen –, »wie kommt es, daß *du* nicht spielst?«

Meine liebe Tante hat längst das Zeitliche gesegnet, aber – wie mir jedesmal zu verstehen gegeben wurde, wenn ich Zeichen von Selbstzufriedenheit zeigte – keiner ist unersetzlich. Und so wurde die alte Dame von einer ihrer Freundinnen ersetzt, die ich gelegentlich treffe und die sich zur Aufgabe gemacht zu haben scheint, zu zermalmen, was mir an Selbstvertrauen geblieben ist. Als sie hörte, ich solle künstlerischer Mitarbeiter für das Jahr 1971 werden, sagte sie während Dannys Saison zu mir: »Phantastisch, die Anziehungskraft von Mr. Barenboim! Aus persönlicher Verehrung für den Menschen und Künstler strömen berühmte Künstler aus der ganzen Welt herbei, um an seinen Konzerten mitzuwirken.« Das stimmte ganz und gar, und ich unterschreibe es gern (gehöre ich doch selber zu Barenboims Bewunderern), aber es war ein Stachel dabei, der mich ins Herz treffen sollte, hinter dem seraphischen Lächeln ein höhnisches Grinsen, das ich mir hinter die Ohren schreiben sollte. Gemeint war: »Zu dir werden sie bestimmt nicht strömen.« Charles Morris, auch ein Neunziger, schrieb:

> »Doch in London fliegen die Teufel so schnell umher – kommt ein neuer geflogen, kennt man den alten nicht mehr.«

Meine Tante hatte eine würdige Nachfolgerin gefunden.

Ja, ich war glücklich, zu Barenboims Team zu gehören. Anfang 1969 hatte er mich aus New York angerufen und mich gebeten, im August einen zweiwöchigen Meisterkursus für Sänger und Begleiter abzuhalten; doch mußte ich ablehnen, da ich schon für die Darlington Summer School verpflichtet war, die bereits mit Bewerbern verhandelte. Aber ich sagte für das nächste Jahr 1970 zu.

Die Themen für meine Saison 1971 waren, auf John Denisons Vorschlag, vokale Kammermusik (Ensemblegesang) und Einzelgesang. Ohne allzusehr ins Detail zu gehen, möchte ich einen Überblick über die Programme geben, und ich beginne mit den Sopranstimmen, wenn auch die Reihenfolge der Vorführungen eine andere war.

> »Ich wollte, ich wäre ein Vöglein,
> ein Hänfling im sonnigen Hag.
> Ich säß in den Apfelbaumzweigen
> und sänge den ganzen Tag.«

Diese Strophe von William Smyth wurde von Beethoven für Gesangsduett, Violine, Cello und Klavier vertont. (Es gibt davon eine Schallplatte mit Victoria de los Angeles, Dietrich Fischer-Dieskau, Eduard Drolc und Irmgard Poppen; und ich erwähne sie deshalb, um auf die Cellistin hinzuweisen, die verstorbene Irmgard Poppen, mit der Enid und mich eine tiefe Zuneigung verband. Sie war die schöne, vollendete und treu ergebene Frau Fischer-Dieskaus und die Mutter seiner drei wohlgeratenen Söhne.)

Das Liedchen soll keineswegs als Motto für meine Konzerte stehen, aber ich zitiere es in Verbindung mit einer Freundin, die für mich Schwedens Reinkarnation der Jenny Lind ist. (Jenny Lind wird in Groves *Dictionary of Music and Musicians* beschrieben als »ein heller, hinreißender und auffallend sympathischer Sopran ... geachtet und bewundert von allen, die sie kannten, die Mutter einer Familie ...«) Diese Lobpreisung paßt genau auf Elisabeth Söderström, ihr heutiges Gegenstück.

Vor einigen Jahren wirkte ich beim King's Lynn Festival mit, und Ruth Fermoy bat mich, Miss Söderström vom Bahnhof abzuholen. Ich führte sie zum Wagen und wollte gerade zurückgehen, um mich um ihre Koffer zu kümmern, da hörte ich plötzlich »My Fair Lady« leise die Melodie des Hänfling-Liedchens singen, das ich für Solostimme und Klavier arrangiert hatte. Die Huldigung entzückte mich, denn ich fühlte, daß sie mehr für mich als für Beethoven bestimmt war. Seitdem hat mich Elisabeth immer wieder bezaubert, besonders in ihren Abenden mit Martin Isepp auf dem *South Bank Summer Song,* für die sie eigens von Stockholm angereist kam.

Ein anderes Konzert gaben Sheila Armstrong mit Radu Lupu und Gerald English mit John Constable. Lupu spielte drei Intermezzi von Brahms; doch vor allem war ich auf seine Liedbegleitungen gespannt. Ich hatte seine Laufbahn mit großem Interesse verfolgt, seit er den Van-Cliburn-Wettbewerb in Forth Worth in Texas gewann, wo ich im Preisrichterkollegium saß. Seine Begleitung Sheilas, die ich zuerst bewundert hatte, als ihr das Kathleen-Ferrier-Stipendium zuerkannt wurde, war untadelig, und es machte ihm sichtlich Freude, für sie zu spielen.

Ich bin noch nicht fertig mit den Sopranen, denn wir hatten noch Heather Harper an einem Bach-Abend mit Mitgliedern der Academy of St. Martin-in-the-Fields, dirigiert von George Malcolm, der auch das Cembalo spielte. Bei Miss Harpers Vortrag bedauerte ich zutiefst, daß ich sie nicht öfter begleitet hatte. Ich habe sie häufig gehört, und ihr Gesang mit Peter Pears und Dietrich Fischer-Dieskau in Brittens *War Requiem* in der Kathedrale von Coventry wird mir unvergeßlich bleiben. Aber ich hatte wenigstens noch eine erfreuliche Zusammenarbeit mit ihr, als wir beide an der Radiosendung von William Waltons Zyklus *A Song for the Lord Mayor's Table* mitwirkten. Sie ist eine der großartigsten englischen Sängerinnen.

Nach den hohen Sopranstimmen die Mezzosopranistin Teresa Berganza, von ihrem Gatten Felix Lavilla begleitet. Ihr Programm bestand aus *Arie antiche* und modernen spanischen Liedern. Wie reich ist doch Spanien mit Sängerinnen wie Victoria de los Angeles, Teresa Berganza, Montserrat Caballé! Mit der letzteren habe ich nie zusammengearbeitet, mit Victoria sehr oft, wie meine Leser wissen, und mit Teresa einmal. Sie wird stets von ihrem Mann am Flügel begleitet und ich spielte nur ausnahmsweise für sie, als ich die Fernsehaufnahme *Great Singers of the World* machte. Wir sind immer noch gute Freunde.

Nun zu den Tenören. Die Reihe eröffnete Peter Pears mit Julian Bream als Begleiter und Solist auf der Laute und Gitarre. J.B. Steane schreibt in *The Grand Tradition**: »Die Stimme von Peter Pears ist eine der ausgeprägtesten unseres Jahrhunderts, und man könnte sie (wie die Stimme Richard Taubers) unnachahmlich nennen, hätte sie nicht so viele Nachahmer gefunden.«

* Duckworth, 1974

Robert Tear und Thomas Hemsley, Tenor und Bariton wie im viktorianischen Duett, sind ebenfalls hervorragende Künstler von beachtlicher Vielseitigkeit in Oper und Konzert; sie sangen mit Angela Beale und Oriel Sutherland Duette und Quartette. Diese nüchterne Feststellung wird Tear und Hemsley sicher nicht gerecht; sie hätten bestimmt Liederabende gegeben, wenn ich sie darum gebeten hätte, doch mit der Großmut wahrer Künstlerschaft fügten sie sich in das Gesamtprogramm ein und gingen ganz im Ensemble auf.

Robert Tears Wirkungsfeld scheint unbegrenzt; während der Niederschrift dieses Kapitels traf ich Sir William Walton zum Lunch, und er meinte, als die Rede auf Tear kam, daß bis jetzt niemand Tear in der Sprechrolle in *Façade* je erreicht habe – das ist ein bemerkenswertes Lob, denn das Werk wurde 1926 komponiert, und seitdem haben sich zahllose Sänger und Schauspieler daran versucht.

Thomas Hemsley ist einer unserer führenden Baritone, ein vorzüglicher und sensibler Künstler, mit dem ich viele Jahre konzertiert und Radiosendungen und Schallplattenaufnahmen gemacht habe. Martin Isepp und Brian Lamport waren die Begleiter.

Margaret Price, eine andere frühere Kathleen-Ferrier-Stipendiatin, war zunächst für dieses Ensemble angekündigt; aber sie mußte absagen, und Miss Beale übernahm kurzfristig ihre Partie. Hier konnte Anthony Steel seine ganze Kaltblütigkeit beweisen. (Das erinnert mich an die Frau des Star-Tenors, die fünf Minuten vor Beginn der Vorstellung in Covent Garden in die Garderobe von Thomas Beecham platzte und ausrief: »Sir Thomas, mein Mann kann nicht singen – er hat keine Stimme!« »Das ist mir durchaus bekannt, gnädige Frau«, gab der Dirigent gelassen zur Antwort, »aber weiß er es selber?«)

Das Konzert, dem ich mit besonderer Spannung entgegensah, war der Abend mit Benjamin Luxon und David Willison mit Liedern von Schubert, Schumann und Wolf. Nur einmal, in der letzten Periode meiner Konzerttätigkeit, habe ich

Luxon begleitet; seitdem habe ich ihn in der Oper als vorzüglichen Sänger und Schauspieler gehört und gesehen, doch dies war meine erste Gelegenheit, ihn in einem Liederabend zu hören. Seine Wiedergabe von Schuberts drei *Gesängen des Harfners* und des *Ganymed* war meisterhaft. Die *Gesänge des Harfners* sind ein Prüfstein für den Künstler, und die Art und Weise, wie Luxon diese Lieder und danach Schumanns *Dichterliebe* sang, bewegte mich tief. Den Humor der Wolf-Lieder *Storchenbotschaft* und *Zur Warnung* brachte er köstlich zur Geltung. Er wurde ebenbürtig von David Willison begleitet, was er dankbar anerkannte.

Zuletzt kam Fischer-Dieskau mit Aribert Reimann als Partner am Klavier. Ich glaube, er hätte keinem anderen als mir zuliebe auf diesem Summer Song Festival gesungen. Er hatte nur eine Bedingung gestellt, nämlich ein Programm seiner Wahl vorzutragen. »Von mir aus«, sagte ich zu Anthony Steel, »kann er den Leitartikel der *Times* singen oder das Kursbuch, wenn er nur singt.« Aber ich zitterte doch ein wenig, als ich sein Programm las: die Komponisten waren Schönberg, Alban Berg, Webern und Fortner. Doch keine Sorge – er errang wie immer einen Triumph. Alle waren ganz aus dem Häuschen – ob des Gesanges oder der Lieder wegen, kann ich nicht sagen. Doch dieser Zauberkünstler brachte die Komponisten in einem solchen Licht, daß sogar einem Stockkonservativen wie mir die Augen oder vielmehr die Ohren aufgingen.

Noch drei Konzerte sind anzuführen: eine bezaubernde Auswahl italienischer und englischer Liebeslieder, gesungen vom *Purcell Consort of Voices* unter Grayston Burgess; *The Scholars* mit mehrstimmigen geistlichen Liedern von Byrd; und eine Erstaufführung der *Herrick Songs* von Christopher Brown sowie Negro-Spirituals und Jazz.

Den dritten Abend wage ich kaum zu erwähnen – er hieß *Ein Abend mit Gerald Moore,* und unter meinem Namen stand in Klammern als Köder: »Ein Glas Wein inbegriffen«. Ich staunte, wieviel durstige Leute es gab.

Auf André Previns Regime folgte Neville Marriner, der noch eine Saison vor sich hat, während ich diese Zeilen schreibe, und als dessen Nachfolger ist Itzhak Perlman ausersehen, der die *South Bank Summer Music* in die achtziger Jahre hinüberführen soll.

Wettbewerbe

Unsere berühmten Musikschulen in London und in der Provinz kennen zwar schon lange Stipendien auf der Grundlage von Stiftungen; doch soviel ich weiß, gibt es den Wettbewerb mit verlockendem Preis und Lorbeerkranz in England erst seit dem Zweiten Weltkrieg. Die bedeutendsten Wettbewerbe in unserem Lande, mit denen ich zu tun hatte, sind die *Kathleen Ferrier Scholarship,* die *Leeds International Pianoforte Competition* und, die jüngste von allen, der *Benson and Hedges Gold Award* für Konzertsänger in Aldeburgh.

In Europa hat man Wettbewerbe für Klavier, Violine und Gesang schon lange: den Chopin-Wettbewerb in Warschau, den Tschaikowsky-Wettbewerb in Moskau, die Internationalen Wettbewerbe in Wien und Genf; und neuerdings den Liszt-Bartók-Wettbewerb in Budapest, den Artur-Rubinstein-Wettbewerb in Tel Aviv, und viele andere. Sie alle sind mit großen Geldpreisen dotiert oder bringen den ersten und zweiten Preisträgern lukrative Engagements, was ebenso wichtig ist.

Einige Zeitgenossen verurteilen diesen modernen Trend nach so vielen Wettbewerben. »Als ich jung war, gab es so etwas nicht; wir mußten arbeiten und arbeiten und warten, bis wir anerkannt wurden.« Das stimmt genau. »Warten« ist nämlich der springende Punkt. Gewiß, wenn ein Preis und das, was er mit sich bringt (Engagements und Ruhm), einem jungen Berufsmusiker, der es verdient, den Start erleichtert, ist nichts dagegen einzuwenden. Wahrscheinlich würden die

Sieger dieser Veranstaltungen auch ohne Preis »arrivieren«, doch erst nach einer beträchtlichen Periode des Wartens im Abseits. Hätte sich Kathleen Ferrier nicht entschlossen – ganz spontan und fast nur zum Spaß –, beim Carlisle Festival 1937 für die *Silver Rose Bowl* zu konkurrieren, dann hätten wir vielleicht nie etwas von ihr als Sängerin gehört. Daß sie den Preis gewann, bedeutete einen Wendepunkt in ihrem Leben. 1953 war sie weltberühmt – und starb. Wie gut, daß sie nicht »im Abseits« hatte warten müssen!

In meiner Jugend habe ich mich bei Klavierprüfungen alles andere als ausgezeichnet. Ich bekam zwar ein oder zwei Bescheinigungen, doch schnitt ich bei solchen Gelegenheiten immer schlecht ab. Ich hatte die Gewohnheit, mit offenem Mund zu spielen, was ziemlich idiotisch aussah, bis mir eines Tages eine heilsame Lehre erteilt wurde. Herbert Fryer, ein Lehrer des Royal College of Music, war der Prüfer – meine Altersgruppe bestand aus Acht- bis Neunjährigen –, und ohne daß ich es merkte, verließ er den Tisch, auf dem ihm gerade sein Tee serviert worden war, stellte sich hinter mich, während ich spielte, und steckte mir eine Erdbeere zwischen die geöffneten Lippen. Was ich dabei lernte, war dies: wenn man richtig atmet und den Mund geschlossen hält, bekommt man keine Erdbeeren.

Nachdem ich selber die Qualen dieser Prüfungen erlitten habe, bin ich voller Mitgefühl für die armen kleinen Kerle, wenn ich über sie urteilen soll.

Die Verwandlung von einem unschuldigen, blöde gaffenden Knaben, der Milch trank und im Kirchenchor Sopran sang, zu einem Preisrichter mit verkniffenen Lippen und Erfahrung auf fast allen Gebieten der Musik, Volkstänze ausgenommen, dauerte annähernd vierzig Jahre. Vermittels meiner Zauberfeder habe ich den Leser in einem kurzen Absatz über vier Dekaden hinweggetragen. Der Richter gerät nicht in Bedrängnis, wenn es darum geht, ein Zertifikat oder einen Preis zu vergeben; er weiß sofort, ob der Kandidat achtzig Punkte von hundert (»mit Auszeichnung«) oder nur sechzig

(»bestanden«) verdient. Ich sage »sofort«, und ich meine damit: wenn er wegen übermäßig vieler Studenten in Zeitnot ist, dann sind diejenigen, die er kurz abfertigt, die guten und zweifelsfreien; unter keinen Umständen wird er sich bei den Unbestimmten beeilen und bei denen, von denen er weiß, sie werden versagen: sie bekommen ihr volles Maß an Zeit, damit sie die Chance haben, verlorenes Terrain wiederzugewinnen.

Wenn mit dem Zertifikat ein Geldpreis oder ein Stipendium verbunden ist, wächst die Verantwortung. Beim *Feis Ceoil* (dem Wettbewerb in Dublin) waren in der Klavierklasse zwei kleine Mädchen den anderen voraus. Um zu entscheiden, wer den ersten und wer den zweiten Preis erhalten sollte, ließ ich sie noch einmal spielen. Der einen – sie hatte lange Ringellocken – unterlief ein kleiner Gedächtnisfehler, und so sprach ich der anderen den Preis zu. Nachdem ich das Resultat verkündet hatte und dem Ausgang des Saales zuging, wandte sich eine Dame an mich, offenbar die Mutter des Lockenköpfchens, und machte mir heftige Vorwürfe, daß ich ihrem Kinde wegen eines »kleinen, kleinen Versehens« nur den zweiten Preis gegeben hatte.

Jeder Wettbewerb dient einem anderen Zweck. Die *Kathleen Ferrier Memorial Scholarship* vergibt einen Geldpreis, der so hoch ist, daß der Gewinner mindestens ein Jahr im Ausland studieren kann; und die Kuratoren haben das lebhafteste Interesse an den Fortschritten des Stipendiaten, ohne ihm oder ihr irgendwelche Bedingungen zu stellen.

Wenn ich den Ferrier-Preis zuerst nenne, so deshalb, weil er mir als Kathleens persönlichem Freund und Kollegen besonders nahe steht. Ich war von Anfang an dabei, wenn es auch mein Verleger Hamish Hamilton war, der ihn ins Leben rief. Er hatte dabei die moralische Unterstützung von Kathleens Schwester Winifred und von Roy Henderson, der der jungen Sängerin Unterricht erteilt hatte, als sie von Lancashire nach London gekommen war. Die erste Trägerin eines Ferrier-Preises war Janet Baker, doch das geschah unter der

Schirmherrschaft der *Daily Mail*. Hamiltons Idee war ein Stipendium; sie wurde bald danach in die Tat umgesetzt und hat sich gut bewährt.

Fraglos ist das Renommee, das mit dem Gewinn eines solchen Wettbewerbes verknüpft ist, beträchtlich und hat sich als ein entscheidendes Sprungbrett für einen Berufssänger erwiesen. Fast alle Gewinner in mehr als zweiundzwanzig Jahren (die Ausschreibung findet jährlich statt) haben das Vertrauen der Jury gerechtfertigt, und einige von ihnen sind international berühmt geworden. Das bestätigten mir jüngst wieder zwei von ihnen, Elizabeth Harwood und Sheila Armstrong, als ich sie daraufhin ansprach. Zweifellos hätten sie es mit ihren Gaben schließlich auch so »geschafft«, aber es hätte sie mehr Zeit gekostet. Das gleiche kann man mit Bestimmtheit auch von Victoria de los Angeles und Jennifer Vyvyan, beide Preisträgerinnen von Genf, sagen; von Lupu und Perahia, Gewinner der *Leeds Pianoforte Competition;* von Ashkenazy, Ogdon und Lill, Gewinner des Tschaikowsky-Wettbewerbes in Moskau.

Die Kandidaten werden nur mit Nummern bezeichnet und sind den Juroren namentlich unbekannt. Im Francisco-Viñas-Wettbewerb in Barcelona, an dem ich mehrere Male teilgenommen habe, hört die Jury die Vorrunde; wir sitzen am Saalende hinter einem Wandschirm und sehen die Kandidaten nicht, so daß keine Schönheit unsere Augen zu Lasten unserer Ohren bezaubern kann. (Sophia Loren zum Beispiel würde automatisch in die zweite Runde kommen, wenn es keinen Wandschirm gäbe.) Dieser Wandschirm – allerdings nur für die Vorrunde – ist eine Besonderheit des Wettbewerbes in Barcelona, ich habe ihn sonst nirgends angetroffen.

Vor langer Zeit sagte mir Harold Samuel, der große Bach-Experte (man erzählte von ihm, er könne jedes Klavierwerk von Bach auf Anhieb aus dem Gedächtnis spielen), es sei ihm unmöglich, ein gerechtes Urteil abzugeben, wenn er sich keine Notizen mache, besonders bei einer größeren Zahl von Kandidaten, und ich bin immer seinem Rat gefolgt.

Einmal hatte er es mit einer großen Junior-Klasse zu tun – insgesamt etwa fünfundzwanzig –, und er hatte schon die meisten angehört. Er klingelte nach dem nächsten und sagte ohne aufzusehen: »Spielen Sie bitte die Bach-Gavotte«. Da kam plötzlich eine solche Katzenmusik vom Klavier, ein fürchterliches Durcheinander von Tönen, ein Klangbrei, mit der ganzen Hand angeschlagen, daß Samuel vom Stuhl aufsprang. Die Augen fielen ihm beinahe aus dem Kopf, als er Dame Myra Hess erblickte, die sich über die Tasten beugte und vor Lachen schüttelte. Die Prüfungen mußten für fünf Minuten unterbrochen werden.

Aber Notizen oder keine Notizen, gelegentliche Irrtümer und Fehlurteile sind unvermeidlich. Beide, Juror und Kandidat, sind nur Menschen, und wenn auch der Kandidat naturgemäß der nervösere von beiden ist, so weiß jeder von ihnen, daß die Entscheidung endgültig ist – es gibt keine Berufung. Da hatte zum Beispiel in Barcelona eine junge Dame einen Sonderpreis gewonnen, und als ich ihr empfahl, sich um das Kathleen-Ferrier-Stipendium zu bewerben, sagte sie: »Aber da war ich ja im letzten Frühjahr und bin nicht durch die zweite Runde gekommen.« Da konnte ich nichts sagen. Ich verrate ihren Namen nicht, aber ich kann glücklicherweise melden, daß sie eine erfolgreiche Karriere in Oper und Konzert gemacht hat.

Die Jury des Ferrier-Stipendiums setzt sich aus hervorragenden Musikern zusammen; die Besetzung wechselt jährlich, aber aus irgendeinem mir unbekannten Grunde muß ich immer den Vorsitz führen. Mehr als einmal habe ich dem Publikum für den freundlichen Empfang gedankt, den es uns Juroren zuteil werden läßt, wenn wir das Podium betreten (eines Tages werden wir ein Tonband der Meistersinger-Ouvertüre abspielen, wenn wir den Mittelgang der Wigmore Hall hinabschreiten), und gleichzeitig meine Zweifel geäußert, ob wir noch so beliebt sind, wenn das Resultat verkündet wird. Tatsächlich war ich kürzlich so tollkühn, die Halle durch den Haupteingang zu verlassen, und wurde im

Foyer mit dem Vorwurf attackiert: »Jeder einzelne im Saal, mit Ausnahme der Jury, wußte, daß Nummer 93 Sieger war oder hätte sein sollen. Sie hatte den lautesten und längsten Beifall.« Da mir solche Proteste von früheren Gelegenheiten her bekannt waren, hatte ich meine Antwort parat: »Madame, wir besitzen hier leider keine Geräte, um die Lautstärke des Applauses nach Dezibel oder seine Länge mit der Stoppuhr zu messen.« Moral: Man verlasse den Saal durch die Bühnentür.

Der internationale Klavierwettbewerb von Leeds entstand auf Betreiben zweier tatkräftiger Musikerinnen, Marion Thorpe, deren Vater der bekannte Wiener Musikforscher Erwin Stein gewesen war, und Fanny Waterman, die den Ruf hat, zu den besten Musikpädagogen in England zu gehören.

Dieser Wettbewerb ist weltbekannt und steht denen in Moskau und Warschau nicht nach. Er wurde 1963 gegründet und wird alle drei Jahre abgehalten; seine Internationalität geht aus der Liste der Preisträger hervor: Michael Roll aus Großbritannien, Rafael Orozco aus Spanien, Radu Lupu aus Rumänien, Murray Perahia aus den USA, und der letzte Name, der noch auf diese Ehrentafel kommen soll, ist ein russischer.

Die Geldpreise an sich sind nicht das ein und alles des Wettbewerbs von Leeds, obwohl sie ansehnlich sind; folgenreicher für die Sieger (und in geringerem Maße auch für die zweiten Preisträger) ist, daß sich ihnen nun Gelegenheiten bieten, mit erstklassigen Orchestern zu spielen und zahlreiche Klavierabende zu geben. Nur ein Berufspianist von beträchtlichem Talent und einem entsprechenden Ruf kann es wagen, sich zu beteiligen. Schon die »Vorrunde« ist eine harte Nuß, doch der Name des Siegers geht alsbald wie ein Lauffeuer um die Welt.

In der Jury zu sitzen ist eine große Verantwortung, und ich fühlte mich sehr geehrt, als ich 1975 dazugebeten wurde. Es war ein zusätzliches Vergnügen für mich, daß ich (nicht zum ersten Male) unter dem Vorsitz von Edward Boyle fungieren durfte. Lord Boyle ist eigentlich Amateurmusiker, doch sein geradezu enzyklopädisches Wissen und seine tiefe Liebe zur Musik machten den größten Eindruck auf die anderen Juroren, auf die er bei all seiner Bescheidenheit inspirierend wirkte. Auf seinen Vorschlag geht zurück, daß die Preisrichter auch die »berufliche Verläßlichkeit« des Kandidaten berücksichtigen, in der Erkenntnis, daß ein Musiker nicht nur gut spielen, sondern auch den Anforderungen des Konzertlebens gewachsen sein muß.

Der Sieger von Leeds 1975 war der russische Pianist Dimitri Aleksejew. Über ihn gab es keine Meinungsverschiedenheit; die Jury stimmte einstimmig für ihn. Nur über die Reihenfolge der fünf weiteren Preise wurde diskutiert, doch ich darf sagen, es lief ohne Feindseligkeiten ab.

Ein Sprung zurück ins Jahr 1966, als ich in die Jury des internationalen Van-Cliburn-Klavierwettbewerbs in Forth Worth, Texas, berufen wurde. Auch dieser Wettbewerb ist nur für Pianisten höchsten Ranges; er hat zwar nicht ganz den Ruf von Leeds und der anderen beiden Wettbewerbe, aber er bietet den höchsten Geldpreis.

In der Jury traf ich mehrere alte Bekannte: Boyd Neel, Dekan der Music University in Toronto; Beveridge Webster, Lehrer an der Juilliard School of Music in New York; Friedrich Wührer, den angesehenen deutschen Pianisten; die bezaubernde Alicia de Larrocha aus Spanien und andere namhafte europäische Musiker. Den Vorsitz führte mit unser aller Zustimmung Dr. Howard Hanson von der Eastman School of Music in Rochester, N. Y.

(Obwohl er nicht zur Jury gehörte, war der Musikkritiker der *Washington Post*, Paul Hume, bei allen Vorführungen zugegen. Dazwischen spielten Beveridge, Boyd und ich ein paar Robber Bridge mit ihm. Nachdem er über eine junge Pianistin ein ungünstiges Urteil abgegeben hatte, wurde er vom Vater des Mädchens mit einem Boxhieb bedroht – der Vater war kein geringerer als Harry Truman, der Präsident der Vereinigten Staaten.)

Wir hatten aus Höflichkeit eine Lokalberühmtheit, den Dirigenten des Symphonie-Orchesters von Fort Worth, Ezra Rachlin, hinzugeladen, und er hatte mehr zu sagen, vorzuschlagen und zu widersprechen als wir alle zusammen. Er schien zuerst sogar Anspruch auf den Vorsitz zu erheben, und der von uns hochgeschätzte Dr. Hanson, ein erfahrener Musiker, drohte mit seinem Rücktritt, was wir einmütig verhindern konnten. Als sich die Wogen geglättet hatten, erhielt Rachlin die Aufgabe, die Programme anzusagen, und da er seine Stimme als einziger während des ganzen Wettbewerbs erhob, war er zufrieden und kündigte alles klar und deutlich an.

Unsere jeweiligen Entscheidungen wurden von einem Computer ausgewertet, es war das erste Mal, daß ich einem solchen Apparat bei einem Wettbewerb begegnet bin. Die erste Runde umfaßte, wenn ich mich recht erinnere, fünfzig oder mehr Pianisten; es gab vier »Vorläufe« vor der Schlußrunde, in der sechs Pianisten, die durchgekommen waren, ein Klavierkonzert spielen mußten. Aus diesen ging der Endsieger hervor; für die Juroren wurde die Entscheidung mit jeder Runde schwieriger. Man wird bemerken, daß ich die Arbeit der Jury hervorhebe und nichts von der Mühe und dem Schweiß der jungen Prüflinge sage; das geschieht nicht aus Mangel an Großmut und Verständnis, sondern weil Sympathie (oder Menschlichkeit, wenn Sie so wollen) außer acht bleiben müssen – der Spieler darf nur nach seiner Darbietung und nichts anderem beurteilt werden. An einen Kandidaten aus Israel oder Vietnam, der in seiner Heimat unter furchtbarem Druck lebt, immer gewärtig, sein Studium plötzlich unterbrechen zu müssen, werden die gleichen Maßstäbe gelegt wie an einen Teilnehmer aus Los Angeles oder London.

Der Sieger von 1966 war Radu Lupu. Von Anfang an erkannte ich in ihm einen Künstler mit einem so ungewöhnlichen Geist und Ideenreichtum, daß ich immer stärker beeindruckt wurde, je öfter ich ihn hörte. Seine Punkte im Computer hoben ihn eindeutig vor den anderen hervor. Ich habe bei manchen Wettbewerben die Mitglieder der Jury die Köpfe zusammenstecken sehen, ob diesem oder jenem der Preis zustände; aber so etwas gab es in Fort Worth nicht; ich jedenfalls behielt meine Meinung für mich. Als das Resultat bekanntgegeben wurde, war jedermann in der Jury zufrieden, so klar waren die Ziffern – jeder außer Ezra Rachlin, der als einziger anderer Meinung war, uns alle für verrückt erklärte und den Preis einem andern geben wollte. Ich sagte: »Es ist entschieden, wir sind uns einig.« Rachlins Favorit war jedoch ein sehr guter Pianist gewesen, der über eine unglaubliche Fingerfertigkeit verfügte und Zweiter geworden war. Als wir in den Saal zurückgingen, wo sich die Sieger vorstellen sollten, sagte ich zu Rachlin: »Sie sind mit dem Ergebnis nicht zufrieden?« – »Da haben Sie verdammt recht«. Konziliant, wie es nun einmal meine Art ist, sagte ich: »Ihr Mann hätte bestimmt gewonnen, wenn wir einen Spieler nur nach seiner Schnelligkeit beurteilen würden.«

Im ganzen war mein Besuch in Fort Worth erfreulich und wurde auch durch die kleine Kontroverse mit Mr. Rachlin nicht getrübt, mit dem ich sonst auf gutem Fuß gestanden hatte. Aber zwei Jahre später spürte ich eine leichte Abkühlung, und das betrifft die Verwaltung (jenes mir so teure Wort!) des Van-Cliburn-Wettbewerbes.

1966 wurden wir von Mrs. G. W. Lankford betreut, auf die auch die Zusammensetzung der Jury zurückging. Ich hatte sie schon bei anderen Wettbewerben in Europa kennengelernt, und nun erfuhr ich, daß sie gestorben war – und wer folgte ihr im Amte nach? Kein anderer als Ezra Rachlin, der Mann, der das Tempo liebte. Zwischen den beiden Wettbewerben – sie fanden alle vier Jahre statt – war Rachlin, wie vorher Mrs. Lankford, in Europa auf der Jagd nach jungen Talenten gewesen. Eines Morgens las ich in der *Times* ein Interview mit ihm, in dem er ganz unverschämt erklärte, die Jury von 1966 sei unglaublich schlecht gewesen. Man kann sich meine Genugtuung vorstellen, als ungefähr ein Jahr später der Sieger des Wettbewerbs in Leeds bekanntgegeben wurde, deren Jury ich nicht angehört hatte. Und wer war es? Radu Lupu. Vielleicht waren meine geschätzten Kollegen in Fort Worth doch nicht so ganz vernagelt gewesen.

Jeder Berufsmusiker weiß, daß das wichtigste, wenn er das Podium betritt, noch ehe der erste Ton erklingt, die Konzentration ist; er darf nur an das denken, was er jetzt zu tun hat. Er muß eine Botschaft übermitteln, und zwar im nächsten Augenblick. Wenn man eine Vorlesung hält, ist es verhältnismäßig einfach, seine Hörer zu fesseln, vorausgesetzt, man hat etwas Interessantes zu sagen. Der Musiker, der Mittler zwischen Komponist und Publikum, hat nun in der Tat etwas Interessantes zu sagen, denn sein Text ist von einem Meister geschrieben.

Oft besteht der Unterschied zwischen einem bedeutenden Künstler und einem zweitklassigen darin, daß dieser länger braucht, um in Schwung zu kommen – er ist nicht konzentriert genug. Konzentration ist die Hauptsache!

Es ist so ähnlich, wie es bei dem Artisten des alten Varietés war. Seine Nummer ist auf eine Dauer von genau zehn oder zwölf Minuten abgestimmt; er kann sich nicht den Luxus leisten, sich einzuspielen und allmählich in Fahrt zu kommen (obwohl es heute durch die Hilfe des Mikrophons leichter ist). Doch der Artist alten Stils mußte sein Publikum sofort beim Genick packen. Und auch der Interpret ernster Musik muß seine Autorität sofort zur Geltung bringen.

Manche von uns, wenn sie unbefriedigend gespielt haben, reden sich darauf aus, sie hätten aus Nervosität nicht ihr Bestes geben können. Unsere Nerven haben uns an der vollen Konzentration gehindert – eine faule Ausrede für einen Berufsmusiker, und er sollte sich schämen, sich damit zu trösten. Man beneidet die Künstler, die selbstsicher behaupten, sie seien frei von dieser Beschwerde; aber man glaubt ihnen auch nicht ganz. Ich bin zu dem Schluß gekommen, daß es gegen dieses Übel kein Mittel gibt, doch will ich wenigstens den Rat hinzufügen, immer daran zu denken, daß man sich durch äußerste Konzentration die Nervosität wenigstens etwas vom Leibe halten kann.

Warum predige ich dergleichen in einem Kapitel, das »Wettbewerbe« überschrieben ist? Weil es nützlich zu lesen ist für alle diejenigen, die eine Musikprüfung machen müssen oder sich um einen der glanzvollen Musikpreise bewerben. Auch Preisrichter und Prüfer sind Menschen und unterliegen wie alle anderen dem unmittelbaren Eindruck.

Lionel Tertis saß, schon in seinen Neunzigern, neben mir, während wir im Wettbewerb für das Suggia-Stipendium einen jungen Cellisten von etwa vierzehn Lenzen hörten. Der Knabe hatte kaum eine Minute gespielt, da flüsterte mir der temperamentvolle Tertis zu: »Der Junge schläft!«

Überraschungen

Während des Krieges begründete Dame Myra Hess die *Lunch-Hour Concerts,* die Mittagskonzerte, in der National Gallery, und es gab kaum einen erstklassigen Musiker im Lande, der nicht gern dort auftrat. Kann man sich irgendeinen anderen britischen Künstler ihres Rufes denken, der ein solches Projekt hätte ins Leben rufen und ihm so unendlich viel Zeit und Mühe hätte widmen können? Sie selber muß – nach meiner Schätzung – mindestens dreihundertmal mitgewirkt haben, und es war immer ein Ereignis.

Nach dem Kriege wurde ich eingeladen, auf dem jährlichen Festessen am St. Cecilia's Day (zugunsten des Musiker-Unterstützungsfonds, für den diese Konzerte stattfanden) zu sprechen. Dame Myra Hess führte den Vorsitz, und ich sagte, mit Bezug auf diese historischen Mittagskonzerte und in Anspielung auf die am Trafalgar Square gelegene National Gallery: »Man spricht immer von den vier Löwen am Sockel der Nelsonsäule, aber die Leute können nicht zählen. Es gibt fünf Löwen auf dem Trafalgar Square – Myra ist der fünfte.«

Ich wollte es nicht im gleichen Absatz erwähnen, doch es muß gesagt werden: der Künstler, der nach Myra Hess am häufigsten in diesen Konzerten gespielt hat, war der Autor dieses Buches – ich habe über hundert Auftritte gezählt. An einem solchen hatte Myra eine Überraschung für mich – sie war groß darin, einen unerwartet zu verblüffen, wovon ich im vorigen Kapitel ein Beispiel gab. Dieses Konzert fand im Luftschutzkeller statt, wohin wir uns nur zurückzogen, wenn die Luftangriffe allzu schlimm wurden. Ich spielte mit der vortrefflichen Cellistin Eileen Croxford, als plötzlich nach der ersten Sonate und noch ehe wir das Podium verlassen konnten, Myra herbeieilte. Nach einer reizenden kleinen Ansprache überreichte sie mir einen georgianischen Silberbecher, auf dem graviert war: »Für Gerald Moore zu seinem 75. Konzert in der National Gallery. In Liebe und Dankbarkeit. Myra, 6. Juli 1943.«

In ihrer späteren Zeit fiel es dieser hervorragenden Pianistin schwer, einige Stücke ihres Repertoires im Gedächtnis zu behalten, und sie zog es vor, nach Noten zu spielen. Das ist weiter keine Schande, denn es behebt die Unsicherheit; aber das Publikum war sicher erstaunt, als Myra darauf aufmerksam machte und sagte: »Ich finde es so gemütlicher«. Sie brachte es so charmant heraus, daß man sie darum doppelt gern hatte.

Das größte Aufsehen allerdings erregte Myra, ohne ihr Zutun, in Holland, und ich will es, so gut ich kann, mit Peter Diamands Worten erzählen, denn er war dabei, oder fast dabei, als es geschah. Diamand hatte mehrere Jahre unsere Edinburgher Festspiele geleitet; doch zur Zeit dieses Vorfalls war er Direktor des Holland Festivals, und dies ist seine Geschichte:

»Während unseres Festivals wohnte Myra beim britischen Botschafter in Den Haag, mit dem sie befreundet war. Er gab ihr zu Ehren eine Party, und sie erbot sich, einen einstündigen Klavierabend zu geben, bevor man sich zum kalten Buffet begab. Ich war auch eingeladen, doch da ich bis über die Ohren in Arbeit steckte und Myras Spiel gut genug kannte, beschloß ich, erst nach dem Konzert zu erscheinen. Ich richtete es so ein, daß ich gerade in dem Augenblick kam, als die Gäste sich zum Buffet hin bewegten, und mich unter sie mischen konnte. ›Ein schönes Konzert, nicht wahr?‹ sagte ich zu einem Herrn, der neben mir stand.

›Gewiß, gewiß‹, antwortete dieser, ›aber haben Sie an einem Klavierabend schon so etwas erlebt?‹

›Ja – sehen Sie – ich saß ganz hinten und habe nichts Besonderes bemerkt – doch ich bin ja auch sehr kurzsichtig.‹

›Aber, Mr. Diamand, Sie müssen doch einen schönen Schreck bekommen haben!‹

›Nein – eigentlich nicht.‹

Ziemlich verwirrt wandte ich mich an einen anderen Bekannten: ›Wie hat Ihnen Myra Hess gefallen?‹

›Nun, ich gehe seit fünfzig Jahren zu Klavierabenden, doch so etwas ist mir noch nicht vorgekommen – Ihnen vielleicht?‹

›Sehen Sie sich meine Brille an‹, sagte ich, ›die dicken Gläser ... Sie können sich vorstellen, wie kurzsichtig ich bin; und dann saß ich ziemlich weit hinten.‹

Er sah mich an, als sei ich nicht recht gescheit, und ich zog mich hastig zurück. Mir war ganz komisch zumute, als ich endlich einen alten Freund sah, den ich fragen konnte: ›Um Gottes willen, was ist heute abend hier passiert?‹

›Mein lieber Peter, das hättest du sehen müssen! Der Flügel ist mit einem Bein durch das Podium gebrochen – es gab einen solchen Krach, daß wir alle dachten, eine Bombe kommt herunter. Wie haben wir uns erschreckt! Ein Glück, daß Myra nichts geschehen ist.‹«

Wenn ich diese Geschichte erzähle, füge ich gern hinzu, daß Peter Diamand sich gerade damals vorgenommen hat, es mit der Wahrheit in Zukunft immer ganz genau zu nehmen.

Sir Thomas Beecham

Peter Diamands Amtszeit als Leiter der Edinburgher Festspiele begann einige Jahre bevor ich dort, rund fünfzehn Sommer lang, aktiv wurde.

Es war in Edinburgh (und eine Art Selbstbelobigung), daß mir eine Bemerkung entschlüpfte, die Sir Thomas Beecham sehr belustigte, obwohl ich sie selber nicht besonders komisch fand. Im allgemeinen verhielt es sich nämlich umgekehrt, und es war Tommy, der mit vollkommener Nonchalance für Heiterkeit sorgte.

Ich war nach einer Matinee mit einem Geiger in der Freemasons Hall zum Lunch mit Freunden im Caledonian Hotel verabredet. Dort stieß ich unerwartet auf T. B., den ich nach seiner Rückkehr von einer längeren Tournee durch Australien und Amerika noch nicht gesehen hatte. Da er mich im Cut erblickte, fragte er mich, wo ich gespielt hatte, und ich konnte nicht umhin, ihm von meiner Unterhaltung in der Garderobe zu erzählen, wo mich der Garderobenmann, während er mir den Rock abbürstete, fragte:

»Waren Sie bei einer Hochzeit, Sir?«

»Nein, ich war bei einem Konzert.«

»Ist es gut gewesen, Sir?«

»Nun – *ich* bin gut gewesen.«

Zu meiner Überraschung schüttete sich T. B. aus vor Lachen und wollte die Geschichte gleich noch einmal hören.

Über die witzigen Einfälle und die Schlagfertigkeit von Sir Thomas ist schon viel geschrieben worden. Er war jeder Situation gewachsen. In seinem Buch *A Mingled Chime** lesen wir, wie er als junger Dirigent mit seinem Orchester nach Cheltenham kam, um in dem dortigen Mädchencollege zu spielen. Die ganze Schule hatte sich zu seiner Begrüßung auf dem Hof aufgestellt, und ein hübsches junges Mädchen trat hervor, umarmte ihn mit überraschender Herzlichkeit und küßte ihn. Tommy sagte zu der Direktorin: »Was für reizende Sitten haben Sie doch an Ihrer Schule! Wer war das bezaubernde junge Mädchen?« »Das«, antwortete die Direktorin kühl, »war Ihre Schwester.«

Ich bin sicher, daß T.B. seine Schwester sofort erkannt hatte. Aber die fast klösterliche Atmosphäre, die feierliche Parade schweigender Mädchen muß ihn gereizt haben, eine kleine Bombe loszulassen.

Viele von Beechams Geistesblitzen waren für uns, die seine Stimme kannten und seinen unnachahmlichen Gesichtsausdruck sahen, natürlich noch wirkungsvoller als für seine Leser. Zum Beispiel der Augenblick im Fernsehen, als er über das Buch interviewt wurde, das er über Frederick Delius geschrieben hatte. »Konnte Delius von den Erträgnissen seiner Orangenfarm in Florida leben, Sir Thomas?« »Gott behüte, nein. Er hat sein kleines Einkommen aus der Farm und das Geld, das er von seinem Vater bekam, ergänzt, indem er den jungen Damen von Florida Stunden gab. Er lehrte sie Komposition, Klavierspielen ... und (längere Pause) noch andere Sachen.«

Wenn man es liest, findet man es vielleicht gar nicht so komisch. Doch als ich hörte, wie Beecham die Worte »noch andere Sachen« herausbrachte, und sah, wie er die Augen himmelwärts rollte, und dazu seinen tiefernsten Gesichtsausdruck – da mußte ich um so mehr lachen.

»Ich verstehe nicht ganz, was Sie sagen, Sir Thomas«, sagte ein anderer Interviewer im Radio, »haben Sie Zahnweh?« »Nein, ich habe einen Bonbon im Mund.«

* Hutchinson, 1944

Diese Unverfrorenheit! Es war mehr die Art, wie er es sagte, als das, was er sagte.

Eine Beecham-Anekdote ist meines Wissens bisher nicht im Druck erschienen; mir hat sie der verstorbene Harold Williams erzählt, ein bewundernswerter Sänger und guter Freund.

T. B. war in Australien und dirigierte vier Aufführungen von Händels *Messias* in den Hauptstädten unter dem Protektorat der Australian Broadcasting Company. Alle Vorbereitungen einschließlich der Werbung lagen in den Händen von Roy Lamb, einem hochmusikalischen Mann (er nahm auch mich unter seine Fittiche, als ich in Australien gastierte), der bei allen Konzerten Beechams anwesend war, mit Ausnahme der letzten *Messias*-Aufführung in Brisbane, als er dringend in die Zentrale der Australian Broadcasting Company zurück mußte.

Während des Konzertes fragte Beecham – der wie immer ohne Partitur dirigierte – flüsternd den Bariton-Solisten: »Was kommt jetzt?«

»The Lamb (das Lamm)«, erwiderte Harold Williams.

»Unmöglich.«

»Wie meinen Sie?«

»Es ist doch nach Sidney gefahren.«

Die anderen haben es natürlich nicht mitbekommen, aber Williams hatte die größte Mühe, seine ernste Miene zu bewahren.

Music Magazine 1944–1973

Am Sonntag, dem 21. Mai 1944, wurde *Music Magazine* zum ersten Mal gesendet. Die Redakteure der Sendungen waren Julian Herbage und Anna Instone. Julian Herbage sagte von sich selber bescheiden, er habe »einen ziemlichen Anteil an den Musikprojekten der BBC und einen allumfassenden musikalischen Geschmack« – tatsächlich war er ein Gelehrter und Kenner der englischen Musik des siebzehnten und achtzehnten Jahrhunderts (er hatte Opern, Oratorien und Maskenspielmusiken von Purcell, Händel, Arne und anderen herausgegeben und dirigiert) und überdies ein feinsinniger Komponist. Anna Instone, die Leiterin der Schallplattenprogramme der BBC, kann man als Expertin bis in die Fingerspitzen bezeichnen; ihr gewaltiges Plattenarchiv war sozusagen ihr zweites Zuhause.

Ähnliche Sendungen waren schon vorher mit Feuereifer versucht worden, doch immer wieder war ihnen, ehe das Team Herbage-Instone die Sache in die Hand nahm, die Puste ausgegangen. Julian und Anna mit ihrer langen praktischen musikalischen Erfahrung dachten ein Jahr gründlich nach, ehe sie ans Werk gingen; sie legten Pläne vor und entwarfen Programme, die von ebensoviel Sorgfalt wie Mut zeugten. Julian war der rechte Mann für die taktische Seite, und Anna verstand sich auf die Produktion. Als Dritten engagierten sie Alec Robertson, der mit seiner natürlichen Art der geeignete Mann für diese ungezwungene Sendereihe war; er hielt seinen Hörern keine Ansprachen, sondern plauderte mit ihnen.

Eins der ersten Probleme, die unsere drei zu lösen hatten, war die wichtige Frage der Kennmelodie, und man konnte sich nicht einigen, bis man schließlich Elgars Triumphmarsch aus *Caractacus* wählte. Ob es Julians oder Annas Vorschlag war, ist nicht überliefert; wahrscheinlich war einer dafür und der andere dagegen, und Alec verhielt sich unentschieden. Doch es erwies sich, daß *Caractacus* zu kriegerisch für eine zwanglose Sendung war, zu pathetisch für den Sonntagmorgen, wo eine gewisse Intimität erwünscht ist. »Es dauerte keine zwei Stunden«, schreibt Julian Herbage, »da war Gerald Moore im Studio und improvisierte eine Klavier-Transkription von Schuberts Lied *An die Musik*. Von der Platte, die an diesem Tage entstand, haben wir seitdem viele Kopien abgespielt.«

Meine Klavierfassung des Schubert-Liedes war in der Tat eine Improvisation, doch bezeugt diese Feststellung nicht irgendeine besondere Geschicklichkeit meinerseits. Ich spielte ganz einfach die Singstimme mit der rechten und die Begleitung mit der linken Hand, ohne eine einzige Note zu ändern. Jeder Musiker hätte das tun können. Allerdings war ich mit dieser wunderbaren Melodie besonders verbunden, da ich sie ständig in meinen Vorlesungen anführte, so sehr, daß sie in *Face the Music*, einer beliebten Fernsehsendung mit musikalischen Ratespielen, von den Teilnehmern ohne weiteres identifiziert werden konnte – wenn auch der Moderator in einem deutlichen Beiseite trocken bemerkte, »ich dachte, sie sei von Gerald Moore«.

Vorproduzierte Sendungen kann man, wie jeder weiß, redigieren, schneiden und neu zusammensetzen, wobei einzelne Teile ausgemerzt oder wiederholt werden können; doch beim *Music Magazine* verzichtete das Redaktionsteam darauf. Philip Hope-Wallace, ein häufiger Mitarbeiter, schrieb mir dazu:

»Wir sendeten ›live‹, nach strapaziösen Proben, ob nun das Ergebnis hohem professionellem Standard entsprach oder eher amateurhafte Unbekümmertheit ausstrahlte. Julians fanatische Genauigkeit wurde von Annas unerschütterlichem Enthusiasmus ergänzt. Die letzte Probe vor der Direktübertragung war meistens dem Ideal so nahe wie überhaupt möglich. Und dann kamen die Patzer, die Tücken des Objekts und die lächerlichen und unglücklichen Zufälle ...«

Die Sprecher konnten reden, worüber sie wollten, solange es von Musik handelte. Es waren gewöhnlich drei oder vier in der Sendung, von denen jeder etwa eine Viertelstunde sprechen durfte, und ihre Themen sollten nicht miteinander in Zusammenhang stehen. Wenn zum Beispiel einer ein »Kalendermann« war und den Jahrestag eines berühmten Musikers feierte, so mochte ein anderer einen Vortrag über ein neues Werk eines zeitgenössischen Komponisten halten, den er mit Musikbeispielen (auf dem Klavier gespielt oder Schallplatten entnommen) bereicherte. Schließlich konnte ein dritter – etwa Joan Chissell, die Musik-Rezensentin der *Times* – einen kritischen Kommentar über Schallplatten-Neuerscheinungen bringen.

War ein Thema besonders aktuell, um so besser. Eines Tages waren die Zeitungen voll von dem schandbaren Benehmen des Publikums in Rom, als Maria Callas in einer Gala-Aufführung von Bellinis *Norma* in Anwesenheit des italienischen Staatspräsidenten nach der Pause nicht weitersingen konnte. Die große Sängerin kämpfte den ganzen ersten Akt hindurch gegen eine Krankheit an; da ihre Temperatur stieg und ihre Heiserkeit zunahm, gab man in der Pause bekannt, daß sie aufhören müsse. All dies stand in den Schlagzeilen und war kaum ein Gegenstand für einen Kommentar im *Music Magazine*. Nach drei Tagen wurde eine andere Sopranistin aus Neapel geholt, die die Partie der Norma in der zweiten Vorstellung der Oper singen sollte, und am nächsten Sonntag schaltete sich Julian Herbage mit der Meldung ein: »Wie wir hören, ist in Rom die ›*Norma*-le‹ Versorgung wiederaufgenommen worden.«

Humor war also nicht verpönt, wohl aber alles, was nach Fachdünkel oder gönnerhafter Herablassung roch. Dies unterstreicht Martin Cooper, ein überaus geschätzter Mitarbeiter dieser Sendungen, der mir auf meine Anfrage hin die nachstehenden Zeilen zum Abschied von *Music Magazine* schrieb:

»Für alle, die mitwirkten, war *Music Mag* eine Art Klub. Man lernte die ›Mitglieder‹ bald kennen, und die einzige Furcht des Rezensenten war, er könne in dasselbe Programm kommen wie ein Komponist, dessen letztes Opus er nicht eben begeistert besprochen hatte. Anna und Julian Herbage waren unermüdlich freundliche und einfallsreiche Gastgeber – ich denke nur an die Schnelligkeit, mit der einmal ein Glas Portwein besorgt wurde, als mich ein Hustenanfall schüttelte. Anna und Julian hatten umfassende musikalische Interessen und waren stets bereit, ihren Gesichtskreis zu erweitern; und auch die neue Musik, für die wahrscheinlich beide keine große Sympathie hatten, wurde ohne Bedenken gebracht. Der einzige Frevel, glaube ich, den man bei ihnen begehen konnte, war Dünkel. Ich werde nie die erheiternden Szenen im Studio vergessen, als ein Rezensent gegen das bessere Urteil, das man von ihm hätte erwarten können, durchaus eigene Klavierkompositionen spielen wollte, um seinen Vortrag zu illustrieren.

Die unbefangene Atmosphäre, die lockere Programmfolge und die Absage an jede trockene Gelehrsamkeit – alles sollte auch dem nicht vorgebildeten Hörer verständlich sein – waren ein Erbe aus den frühen Tagen des Rundfunks, als Alec Robertson und Christopher Stone zwanglos über Musik plauderten; damals durfte der Hörer das Gluckern des Sodawassers, das ins Whiskyglas gegossen wurde, und das Anstreichen des Zündholzes und das Ziehen an der Pfeife hören. Dieser Stil gehört zweifellos der Vergangenheit an; und noch in jüngster Zeit brachte *Music Magazine* manchmal Programme, die man, und zwar mit Recht, wie ich glaube, als veraltet bezeichnen kann – Erinnerungen alter Kämpen an die Renaissance des Volksliedes oder Beiträge ernsthafter und untadeliger, aber auch humorloser oder – noch schlimmer –

›witziger‹ Experten über Musikerziehung. Doch wie auch immer – bis jetzt hat man noch keine neue Form für die alte gefunden, und meiner Ansicht nach bedarf es auch heute einer einzigartigen Persönlichkeit oder eines Teams wie Anna und Julian Herbage, um etwas zu schaffen, das bei der jüngeren Generation von Musikliebhabern den Platz einzunehmen vermag, den *Music Mag* bei der älteren hatte.

Ja, nach neunundzwanzig Jahren wurde *Music Magazine* aus dem Programm genommen. Drei oder vier Monate vor dem Ende mußte ich noch eine neue Platte der Kennmelodie einspielen, da die letzte abgespielt war. Wie gut erinnere ich mich an Annas Worte bei dieser Gelegenheit: »Ich hoffe, man wird höheren Orts nicht bemerken, wie lange wir das schon machen, und befinden, daß wir zu lange da waren.« Aber ihre Befürchtungen trafen ein, und trotz seiner andauernden Beliebtheit war es Schluß mit *Music Magazine*.

Als Ausdruck des Dankes und der Bewunderung für die großartige Arbeit, die Mr. und Mrs. Julian Herbage geleistet hatten, gab Alan Blyth ein Abschiedsessen. Julian und Anna hatten in der ersten Zeit des *Magazine* geheiratet, und es war eine sehr glückliche Ehe, wenn auch Julian sie gern »eine Ehe aus Bequemlichkeit« nannte. Eine Menge Musikkritiker waren auf der Party, verständlicherweise, denn sie hatten das Rückgrat des Programms gebildet. Wäre ich ein junger Musiker gewesen, hätte es mir sicher vor Ehrfurcht die Sprache verschlagen; doch da ich ebenso wie *Music Magazine* in die Jahre gekommen war, stand ich meinen Mann. Außerdem waren alte Freunde dabei – Joan Chissell, Alec Robertson, Desmond Shawe-Taylor, Martin Cooper, Philip Hope-Wallace und viele andere.

Philip hielt die Festansprache und würdigte die beiden Ehrengäste auf seine witzige und beredte Art. »Ich wollte eigentlich«, sagte er danach, »kurz und herzlich sein – aber zum Schluß wurde ich selber von Rührung übermannt.« Aber er war nicht der einzige, der gerührt war. Uns allen war die

Kehle zugeschnürt, als wir eine Institution verabschiedeten, die eine so bedeutsame Rolle in der Geschichte der Musiksendung gespielt hatte.

Politiker und Musik

In seinem Buch *Music – A Joy for Life** erzählt Edward Heath, daß sein Steinway der erste Flügel war, der seit dem Rücktritt Balfours im Jahre 1905 in die Downing Street Nr. 10 gebracht wurde. Ich habe während meines Lebens sehr oft Töne aus diesem berühmten Hause vernommen, aber sie waren alles andere als Klänge göttlicher Harmonie. Große Politiker sind im allgemeinen nicht wegen ihrer Liebe zur Musik berühmt, doch gibt es Ausnahmen.

Als ich 1937 in Berlin war, um mit deutschen Sängern Aufnahmen zu machen, hörte ich, diese seien von Generalfeldmarschall Göring in Auftrag gegeben worden. Später machte ich nach einem Konzert, in dem Maggie Teyte französische Lieder sang, die Bekanntschaft General de Gaulles; er sprach kenntnisreich über diese Lieder und dankte mir für meine *sensibilité* – wobei der skeptische Leser vielleicht denken wird, ich könne ihm viel verzählen.

Aber keinem dieser Herren ist es je gelungen, in Downing Street Nr. 10 zu residieren. Deshalb komme ich auch gleich zu Neville Chamberlain, dem ersten Premierminister, mit dem ich je sprach. Es war 1938 in der deutschen Botschaft in London, nach Mr. Chamberlains »Sieg« in München. Der Botschafter von Dirckson war ein reizender Mann, der mir nicht nur eine ansehnliche Gage für meine Begleitung einer deutschen Sopranistin zahlte (ich muß zu meiner Schande ge-

* Sidgwick and Jackson Ltd., 1976

stehen, daß ich ihren Namen vergessen habe), sondern mich auch einlud, mit unserem Premierminister zu speisen. Nach einem kurzen Liedervortrag beglückwünschte Mr. Chamberlain meine schöne Kollegin, aber da sie kein Wort Englisch verstand, blieb ihm nichts anderes übrig, als sich mir zuzuwenden. Er schenkte mir seine ganze Aufmerksamkeit und stellte intelligente Fragen über Musik; wenn sie ihn gelangweilt haben sollte, dann war er ein vollendeter Schauspieler.

Mein zweiter Premierminister (in der Reihenfolge ihres Auftretens) war Clement Attlee, den ich bei einer Wohltätigkeits-Matinee in der Royal Festival Hall kennenlernte. Mein Freund Solomon, der große Pianist, und ich hatten jeder etwas gespielt und wurden dann Mr. Attlee vorgestellt, der gerade am Buffet Tee trank. Ob unser Aussehen so erschrekkend war, weiß ich nicht; aber als er unsere Namen hörte, fielen ihm Tasse und Untertasse auf den Boden. »Dramatisch«, sagte Solomon, als er dem Premierminister die Hand schüttelte, »und ungenießbar«, fügte ich hinzu, als ich die kleine Pfütze zu unseren Füßen sah.

Als Edward Heath Premierminister wurde, waren natürlich viele Musiker (und ich hätte gedacht, Musiker jeder politischen Couleur) erfreut darüber, daß der Erste Minister der Krone Amateurpianist, Orgelspieler und Dirigent und vor allem ein begeisterter Musikfreund war. Ich äußerte meine Genugtuung darüber zu einem anderen Musiker auf einem St. Cecilia-Festessen, bei dem Mr. Heath Ehrengast war. »Ist es nicht wunderbar, einen Musikliebhaber als Premierminister zu haben?«

»Durchaus nicht«, knurrte er, *staccato e marcato*.

Ich sagte ihm offen, er stelle die Politik vor die Musik, doch bei mir sei es umgekehrt. Sicher, dachte ich, wird dieser Miesepeter verschwinden, ehe die Reden anfangen; doch nein, er blieb, und trotz einer brillanten und witzigen Ansprache des Hauptgastes war er peinlich darauf bedacht, ein finsteres Gesicht zu machen.

Hört man Edward Heath in einer politischen Sendung und dann in einer Unterhaltung mit Musikern, dann könnte man glauben, es seien zwei verschiedene Personen. Die EMI feierte ihren fünfundsiebzigsten Geburtstag mit einem Galakonzert in der Royal Festival Hall, und bei dem anschließenden Dinner sprach Mr. Heath. »Das war eine prachtvolle Tischrede«, sagte ich zu ihm, »Sie waren in blendender Form«; und er sagte: »Ich fühle mich viel wohler, wenn ich zu Leuten wie Ihnen sprechen kann, als wenn ich es mit der Bande auf der anderen Seite des Flusses zu tun habe. Aber sagen Sie nicht, daß ich es gesagt habe.« Und so schweige ich fein still.

Sein musikalisches Wissen ist wirklich erstaunlich. Edward Boyle gab eine Party, auf der ich Elisabeth Schwarzkopf mit Liedern von Schubert, Schumann, Wolf und Strauss begleitete. Eins der Lieder war *Zueignung* von Richard Strauss. Nun hatten Elisabeth und Walter eine alte Platte gehört, auf der der Komponist selber begleitet und – aus gutem Grund – in der dritten Strophe von der Originalpartitur abweicht. Das Lied erreicht seinen leidenschaftlichen Höhepunkt mit den Worten »Heilig, heilig«, und diese höchste Note erlaubte der Komponist ursprünglich nur als Synkope. Offenbar hat Strauss es sich später anders überlegt, denn er gewährt auf der besagten Platte dem Sänger den Einsatz im Volltakt, so daß »Heilig« zu einer rhapsodischen Klimax wird. Elisabeth und Walter hatten diese Version übernommen, und so spielten wir es auf Lord Boyles Party. Danach kam Mr. Heath auf mich zu, bat, die Partitur zu sehen, und wollte wissen, was wir mit unserem »Heilig« gemacht hätten. Er gab sich erst zufrieden, als ich ihm von der Schallplatte berichtete und der Änderung, die der Komponist darauf vorgenommen hatte.

Edward Heath spricht in seinem Buch von der Freude, mit der er einige unserer besten Künstler begleitet hat. Ich denke, die Freude wird gegenseitig gewesen sein; auch der prominenteste Cellist oder Geiger spielt nicht alle Tage mit einem

Jacqueline du Pré und Gerald Moore bei der Aufnahme der Geburtstagsplatte

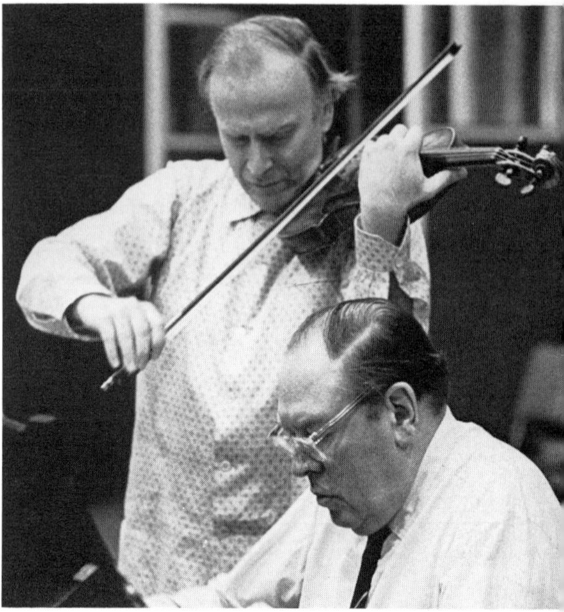

Gerald Moore und Yehudi Menuhin
(Aufnahme der Geburtstagsplatte)

Gerald Moore und Daniel Barenboim (Aufnahme der Geburtstagsplatte)

robe mit Dietrich Fischer-Dieskau

erald Moore, Régine Crespin, Yehudi Menuhin und
stislaw Rostropowitsch (Paris 1974)

Gerald Moore

Premierminister. Sogar Pablo Casals erzählte mir mit heimlichem Vergnügen, daß er einmal in Osborne von Königin Victoria begleitet wurde.

Ich konnte jedoch nicht verstehen, warum Mr. Heath so überrascht war, als er in einer Händel-Sonate vier Takte überspringen mußte, weil seinen Violinpartner das Gedächtnis im Stich ließ. Du meine Güte – wir »Profis« sind die geistesgegenwärtigsten Leute von der Welt. Wir verstehen uns aufs Springen wie Gemsen.

Und weil gerade davon die Rede ist, kann ich es nicht lassen, ein paar Sätze über dieses Thema aus meinem Buch *Bin ich zu laut?* zu zitieren:

»Coenraad V. Bos begleitete Elena Gerhardt in Hugo Wolfs *Lied vom Winde,* als die Sängerin in der Mitte des Liedes unvermittelt fast zwei Seiten ausließ. Dank der Geistesgegenwart des Pianisten merkte das Publikum diesen gewaltigen Sprung nicht, und es verlangte stürmisch eine Wiederholung. ›Die werden sich nicht schlecht wundern‹, flüsterte Bos der Gerhardt zu, ehe sie wieder begannen, ›daß das Lied länger geworden ist!‹«

An einem schönen Juliabend fuhren wir nach Chequers* zu einer Geburtstagsfeier für Mr. Heath, der uns im Rosengarten empfing und bemerkte, daß wir fast Nachbarn seien. Das stimmt, wenn auch unser Anwesen ein bißchen kleiner ist als Chequers. Wir saßen neben Clifford und Lucille Curzon und genossen ein Konzert von Gina Bachauer. Als es zu Ende war, rief Robert Armstrong, Mr. Heaths Privatsekretär: »Premierminister, würden Sie bitte noch einen Augenblick warten?« Wir blieben alle sitzen, während eine Schallplatte auf das *gramophone cabinet* (Plattenspieler) im Hintergrund des Musikzimmers aufgelegt wurde. Es erklang – nichts; irgendein technischer Defekt verursachte eine zwei- oder dreiminütige Stille, die ich mit den Worten brach: »Premierminister, mit Ihrem Kabinett stimmt etwas nicht!«

* Sommersitz des britischen Premierministers in Buckingham

Das amüsierte die Herren Heath und Curzon, aber ich weiß nicht, wie die anderen Minister der Krone, die anwesend waren, reagierten.

Schließlich konnte man die Platte hören. Es war eine Huldigung an unseren Gastgeber, die Sir Georg Solti organisiert hatte, und sie begann mit *Alla bella Despinetta,* dem Sextett aus *Cosi fan tutte.* Dann folgten vier Sänger, die in verschiedenen Sprachen »Happy birthday, dear Ted« sangen, mit einem gemeinsamen Finale auf Englisch. (Bei den Künstlern handelte es sich um die Mitwirkenden einer Plattenaufnahme von *Cosi fan tutte*, die gerade produziert wurde.) Die Platte, die dem Premierminister überreicht wurde, nannte alle Künstler, einschließlich des »Begleiters am Cembalo, G. Solti«.

In diesem Kapitel habe ich mich nach Herzenslust damit brüsten können, in die Vorzimmer der Staatsmacht hineingeschnuppert zu haben, oder, um es genauer auszudrücken, ich habe in dem Vorrecht des Autobiographen geschwelgt, berühmte Namen fallen zu lassen. Zumindest darf ich sagen, daß ich mit Edward Heath befreundet bin; doch wenn man mich fragte »wie befreundet?«, würde ich die gleiche Antwort geben wie Politiker, wenn ihnen ein Reporter zu dicht auf den Leib rückt: »Das ist eine Suggestivfrage.« Ich will mich deshalb aus der Affäre ziehen wie der Schauspieler Leslie Henson gegenüber John McCormack, der sehr hartnäckig sein konnte, wenn er einen über den Durst getrunken hatte. Er wollte wissen, ob Henson mit dem Romancier Compton Mackenzie gut bekannt sei, und als dies bejaht wurde, fragte er beharrlich weiter: »Aber kennen Sie Monty sehr, sehr, sehr gut?« »Nur ein sehr, wenn ich bitten darf«, erwiderte der Schauspieler ungeduldig, »letzten Endes springt für mich dabei nicht viel heraus.«

Eine Tasse Tee

Rudolf Bing, einer der prominentesten Operndirektoren unserer Zeit, leitete mehrere Jahre die Edinburgher Festspiele, ehe er nach New York zur Metropolitan Opera ging, doch seinen Ruf hat er in Glyndebourne begründet. In seinem Buch *5000 Nights at the Opera** gibt es einen reizenden Abschnitt – neben vielen anderen – über seinen ersten Besuch dieses bezaubernden Ortes in den Sussex Downs. Einen besonders starken Eindruck scheint ihm Childs gemacht zu haben, der vollkommene Butler seines Gastgebers John Christie.

»P. G. Wodehouse hätte ihn zum Muster seines Jeeves nehmen können. Einmal suchte ich Christie und konnte ihn nicht finden. Ich fragte Childs, ob er wisse, wo er sei, und er sagte es mir. Es war ein ganz unerwarteter Ort. ›Childs‹, sagte ich, ›woher wissen Sie, daß er dort ist? Haben Sie ihn gefragt, bevor er ging?‹ Childs antwortete: ›Ein guter Butler fragt niemals seinen Herrn, wohin er geht; aber er weiß es immer.‹ Als ich das erste oder zweite Mal in Glyndebourne übernachtete, weckte mich Childs mit der abscheulichen englischen Unsitte des ›early morning tea‹, jener ersten Tasse Tee, die einem ans Bett gebracht wird, ehe man noch die Augen aufgeschlagen hat, und sagte: ›Frühstück um acht Uhr dreißig, Sir.‹ – ›Guten Morgen, Childs. Wie spät ist es jetzt?‹ – ›Neun Uhr, Sir‹, antwortete er.«

* Hamish Hamilton, 1972

Die abscheuliche englische Unsitte! Wie recht hat Rudy Bing! Zu welcher Tageszeit auch immer ich ein Provinzhotel betrete – immer werde ich bei der Anmeldung durch die stereotype Frage irritiert: »Wünschen Sie ›early morning tea‹?«

So ging es mir einmal nach einer nächtlichen Bahnfahrt. Ich hatte mich eingetragen und strebte dem Frühstückszimmer zu, als mir die Empfangsdame nachrief: »Wünschen Sie...« – wie eine alte Schallplatte. Ich drehte mich um und fragte: »Soll ich in mein Zimmer gehen und mich ins Bett legen, damit Sie ihn mir bringen können?« Sie erwiderte kühl: »Wünschen Sie ihn vielleicht morgen früh?« Ich merkte, daß ich es mit ihr verdorben hatte, und infolgedessen wurde mir eine wichtige Nachricht über einen Probetermin, die im Büro für mich lag, nicht übermittelt. Ich vergeudete zwei Stunden damit, auf den Anruf eines Kollegen zu warten, der mich natürlich sofort fragte: »Hat man es dir denn nicht ausgerichtet?« Hätte ich ihm erklären sollen, daß sich die Empfangsdame bei meiner Ankunft weit mehr Sorgen machte über den »early morning tea« für den nächsten Tag?

Gelegentlich verstehe ich sogar die Mormonen, bei denen der Tee verpönt ist. Ihr Glaube verbietet ihnen, Tee, Kaffee und andere Stimulantien, natürlich auch »harte« Getränke, zu sich zu nehmen. Doch es gibt Grenzen, über die hinweg ich ihnen nicht folgen kann. Ich habe mehrere Male an der Brigham Young University in Utah Vorträge gehalten. Meine Vorlesung begann um elf, ich wurde ziemlich früh in Salt Lake City abgeholt und etliche dreißig Meilen durch ein liebliches Tal zu der Stätte der Gelehrsamkeit in Provo gefahren. Als wir uns der Universität näherten, verspürte ich das »Elf-Uhr-Gefühl«, so daß ich den jungen Fahrer fragte, ob es möglich wäre, eine Tasse Tee zu bekommen. »Das ist auf dem Campus ganz ausgeschlossen«, sagte er, »es widerspricht unseren Grundsätzen.« Ich erhielt jedoch eine Erfrischung geistiger Art, denn der Direktor forderte die Hörer in dem riesigen Auditorium zu einem Gebet auf, daß es mir in der nächsten Stunde nicht an Kraft und Erleuchtung fehlen möge, um meine Botschaft zu übermitteln. Es war außerordentlich liebenswürdig von ihm, aber eine Tasse Tee wäre auch nicht unpassend gewesen.

Es war ein sehr aufmerksames Publikum, und ich habe nie glücklichere und zufriedenere junge Leute gesehen. Schließlich werden die Mormonen für ihren Verzicht ja auch entschädigt: eine Tasse Tee oder Kaffee ist ganz gut und schön, aber Polygamie ist natürlich viel vergnüglicher.

Viele Künstler (und auch ich) wohnen nicht gern privat, wenn sie auf Gastspielreisen sind, auch nicht bei Freunden; in einem Hotel ist man ungezwungener, kann Mahlzeiten und Getränke bestellen, wie man möchte, kann schlafen, lesen, kommen und gehen, wann man will. Der Pianist Benno Moiseiwitsch erlag beinahe einem Herzanfall, als er gezwungen war, die Gastfreundschaft einer Dame im Norden Englands anzunehmen. Es war im Krieg, und alle Hotels und Pensionen waren besetzt. Seine Gastgeberin war eine reizende Frau, aber wuchtig, überwältigend und von einer lärmenden Begeisterung, durchaus nicht Bennos Typ. Am Morgen nach seinem Konzert platzte sie um acht Uhr in sein Zimmer, in einem schlechtsitzenden Morgenrock und mit einem Tablett. »Ihr early morning tea!« trompetete sie triumphierend.

Als mir Benno die Geschichte erzählte, fügte er hinzu, dies sei der größte Schreck gewesen, den er während des ganzen Krieges bekommen habe.

Lobgesang

In diesem Kapitel möchte ich einige der Schubert-Lieder vorstellen, die ich besonders liebe, die aber so gut wie unbekannt sind oder zu unrecht geringgeschätzt werden. In den fünfzig oder mehr Liedern bleiben die sehr bekannten Goethe-Lieder oder die wundervollen Heine-Vertonungen unberücksichtigt, ebenso populäre Stücke wie *Die Forelle* oder *An die Musik.* (Mit den Heine-Liedern und den Zyklen auf Texte von Wilhelm Müller befasse ich mich an anderer Stelle*.)

Da die Mandyczewski-Ausgabe so etwas wie eine Rarität und schwer zugänglich geworden ist, gehe ich nach den sieben Bänden der Edition Peters vor.

Band I

Über diesen Schatz muß ich hier nicht viele Worte verlieren, denn ihn kennt und liebt ein jeder. Der Band umfaßt die drei großen Zyklen *Die schöne Müllerin, Winterreise* und *Schwanengesang;* dazu vierunddreißig einzelne, insgesamt also zweiundneunzig Lieder. Wenn Schubert keine anderen Lieder komponiert hätte, wäre ihm schon unsere Verehrung gewiß; doch in der kurzen Spanne, die ihm auf dieser Erde gegönnt war, fand er Zeit, noch Hunderte von Liedern zu schreiben.

* Schuberts Liederzyklen, Rainer Wunderlich Verlag, Tübingen 1975

Meeres Stille ist eine Goethe-Vertonung aus dem Jahre 1815. »Tiefe Stille herrscht im Wasser, ohne Regung ruht das Meer, und bekümmert sieht der Schiffer glatte Fläche ringsumher.« Die Todesruhe läßt den kommenden Sturm ahnen.

Obwohl die Vortragsbezeichnung *Sehr langsam* lautet – für den Sänger ist noch *ängstlich* hinzugefügt –, kommen auf den Takt nicht vier, sondern nur zwei Taktschläge. Die Phrasen sind lang und müssen mit fast ausdrucksloser Glätte gesungen werden; die Atmosphäre atemloser Spannung wird zunichte, wenn der Sänger selber ohne Atem ist. Verzierungen sollten ohne Hast gebracht werden. Es ist wichtig, daß die erste Note jedes Taktes der Singstimme mit dem zuletzt angeschlagenen Ton des langsam arpeggierten Akkordes der Begleitung zusammenfällt. Eine ansteigende Phrase darf nicht *crescendo* gebracht werden – alles ist *pianissimo*.

Elena Gerhardts Vortrag dieses Liedes war unvergeßlich.

Am Strome nach dem Text von Johann Mayrhofer ist ein anderes Beispiel für Schuberts Vorliebe für Wasser-Musik. Diesmal geht es in gemächlichem Flusse dem Meere zu. »Ist mir's doch, als sei mein Leben«, reflektiert der Sänger, »an den schönen Strom gebunden. Hab' ich Frohes nicht an seinem Ufer und Betrübtes hier empfunden? Ja, du gleichest meiner Seele ... fließest zu dem fernen Meere ... mich drängt's auch in mildere Lande, finde nicht das Glück auf Erden.«

Dieses reizende Lied hat die Form A-B-A; der lebhafte Mittelteil deutet die Ausgelassenheit des Jünglings an und die Anfechtungen, denen er unterworfen ist, die indessen nicht zu ernst genommen oder zu sehr dramatisiert werden dürfen. Zwar steht da ein *ff*, und der Sturm wird angedeutet, aber das soll man nicht übertreiben, denn die vorherrschende Stimmung geht vom Anfangs- und Schlußteil aus (erste und dritte Strophe) mit ihrem ruhigen und friedlichen Dahinfließen. Es erinnert an Paul Bourgets *Beau soir* in Debussys Vertonung:

»Car nous nous en allons, comme s'en va cette onde elle à la mer, nous au tombeau.«

Mayrhofer sagt zwar, das Glück sei nicht auf Erden zu finden; doch Schubert schiebt solche Gedanken beiseite und sieht den Reflex des Sonnenlichts auf dem Wasser.

Der Schiffer in Mayrhofers Gedicht liebt es, »dem Sturme zu trotzen mit männlicher Brust ... die Kleider durchweichet, der Regen im Guß ... Ich hasse ein Leben, behaglich entrollt ...« Ich muß gestehen, daß ich für solche trutzigen Leute nicht viel Sympathie aufbringe; aber paradoxerweise spiele ich das Lied gern. Möge der Sänger getrost versichern, daß er an einem derartigen Leben Geschmack findet, solange der Pianist fröhlich auf seinem Klavier drauflosspielen und seinen Sternen danken kann, daß er sich auf festem Boden befindet. Es ist ein Stück, das immer stürmischen Beifall findet.

Der Zwerg ist eine Schauergeschichte vom selben Dichter, der auch *Nacht und Träume* schrieb, Matthäus von Collin. Der Hofzwerg fährt mit seiner Geliebten, der Königin, auf das Meer hinaus, erdrosselt sie und wirft ihre Leiche ins Wasser, weil sie ihn mit ihrem Gatten, dem König, betrogen hat. Vor der Untat weinen sie beide, und sie sieht offenbar ein, daß ihre Untreue eine so schreckliche Strafe verdient hat. Was den Zwerg mit diesen eigenartigen Moralbegriffen angeht, so ward er nicht mehr gesehen.

Trotz der abgeschmackten Story ist die Musik (Schubert soll sie in einem Zug heruntergeschrieben haben) packend. Im Klavierbaß ertönt ein beethovensches Schicksalsmotiv (fünfte Symphonie), dem unaufhörlich pochende Sechzehntel in der rechten Hand zugeordnet sind. Es sind echte Sechzehntel, aber mit Hilfe des Haltepedals klingen sie wie ein Tremolo. Der Sänger erhebt die Stimme, als werde er von den schwarzen Schwingen der unheilverkündenden Einleitungstakte getragen. Wenn er ein schicksalsschwangeres *pia-*

nissimo beibehält, beherrscht er die Lage, so daß die plötzlichen *sforzandi* desto bestürzender kommen, denn er hat Reserven für die Höhepunkte. Hierzu bedarf es einer kräftigen Baritonstimme, die jedoch bei Stellen wie »da küßt der Zwerg die bleichen Wangen« und »an keiner Küste wird er je mehr landen« zu kaum mehr als einem Hauch reduziert werden kann.

Mayrhofers *Schlummerlied* oder *Schlaflied* hat einen ähnlichen und durchaus schubertschen Charakter wie *Die Sterne* (Leitner) und *Der liebliche Stern* (Schulze); sie haben alle einen Zauber, eine überirdische Monotonie, die einen gefangen hält, so daß man bedauert, wenn sie zu Ende sind. Hier ist Schubert in seinem geliebten Wald, auf das Rieseln des Baches lauschend, der Mutter Erde verbunden, völlig entspannt und im Einklang mit der Natur. Das lyrische *legato* des Sängers wird durch die *pizzicato*-Akkorde der Begleitung (zuerst in der rechten, dann in der linken Hand) feinfühlig hervorgehoben. Es muß sehr sanft gesungen werden, und wenn der Hörer so überwältigt ist, daß er einnickt, sollte der Sänger nicht allzu gekränkt sein.

Nachtstück ist abermals von Mayrhofer. In dem eindrucksvollen, zögernden Anfang wird erzählt, daß der Mond mit dem Nebel auf den Bergen kämpft, und es paßt dazu, wenn es quasi rezitativisch gesungen wird, mit Freiheit des Ausdrucks. Aber die Stelle »so nimmt der Alte seine Harfe und schreitet und singt waldeinwärts« klingt alsdann fest und selbstbewußt, die Stimmung wird entschlossen, und wir werden in sieben kurzen Takten auf die herrliche Melodie vorbereitet, die nun kommt. Es ist eine weitgespannte, edle Melodie (und wenn eine gute Fee mir die Gabe zu singen verliehe, würde ich dies singen wollen): »Du heilge Nacht, bald ist's vollbracht, bald schlaf ich ihn, den langen Schlummer, der mich erlöst von allem Kummer.« Über einer fließenden, harfenartigen Begleitung beschwört der Alte den Himmel mit einer Stimme, die gelassen und ehrfürchtig dahinströmt, mit einer Sanftheit, die innere Kraft verrät.

»O laßt ihn ruhen in Rasengruft«, fährt das Gedicht fort, und als er schweigt, ersetzen die raschelnden Blätter die begleitende Harfe und lullen ihn in seinen ewigen Schlaf.

Richard Capell kritisiert an diesem Lied den nicht überzeugenden Text; sonst würde er es zu den schönsten Liedern Schuberts zählen. Aber ich bin lieber, wenn mein Herz ergriffen ist, ganz naiv – und das sollte auch die Einstellung des Vortragenden sein, wenn er überzeugend sein will. Für mich ist es ein ganz großes Lied.

Normanns Gesang aus Walter Scotts *Lady of the Lake* ist eine jener Balladen, die den unausstehlichen Mann der Tat preisen, der sich im Kampfgetümmel und Schwertgeklirr auszeichnet, aber noch Zeit findet, von der Rückkehr zu seiner Braut zu träumen, von deren Seite er vor der Kirchentür durch den Ruf zur Schlacht gerissen wurde – und es besteht kein Zweifel, daß seine Mary mit geduldigem Verständnis auf seine siegreiche Rückkehr warten wird.

Meine Aversion gegen die Gefühle, die in diesem Lied zum Ausdruck kommen, hindert mich nicht, es in diese Sammlung aufzunehmen; denn es besitzt mit seiner ungestümen, dämonischen Kraft eine besondere Faszination.

Jeder Takt hat einen widerborstigen, drängenden Rhythmus; nicht das zierliche Trippeln eines Reitpferdes in Einzelnoten, sondern der Galopp eines Schlachtrosses, mit vollen Akkorden und gelegentlichen holpernden *sforzandi*.

Das geht (in der Edition Peters) über sieben Seiten, und dem Pianisten droht ein Krampf im rechten Unterarm, wenn er nicht bemerkt, daß ihm zahlreiche *piano*-Zeichen zu Hilfe kommen. Auch der Sänger kann frohlocken, denn an diesen Stellen ist seine Stimme zu hören. Die gesungene Melodie ist nicht starr an den Klavierpart gebunden; sie hat genügend Passagen wie »Maria, Holde, sein«, wo sie sich von der strengen Gleichförmigkeit der Begleitung befreien kann.

Lied des gefangenen Jägers aus Scotts *Lady of the Lake*. Ich behaupte nicht, daß dies ein Spitzengewächs Schuberts ist, aber es ist angenehm zu singen und zu spielen und mitreißend zu hören. An den Sänger stellt es keine großen Anforderungen – die Gesangslinie ist auf den Umfang einer Oktave beschränkt –, infolgedessen muß er die Neigung unterdrücken, die laute und stürmische Begleitung zu überschreien; sein Partner sollte ihm dabei helfen, indem er sich etwas Zurückhaltung auferlegt. Das Stück – durchweg im Polonaisenrhythmus, ist zu kurz, um langweilig zu werden.

An den Mond (Hölty). »Enthülle dich, daß ich die Stätte finde, wo oft mein Mädchen saß ... Dann, lieber Mond, dann nimm den Schleier wieder und traur' um deinen Freund, und weine durch den Wolkenflor hernieder, wie dein Verlaßner weint!«

Schon das dreitaktige Klaviervorspiel sagt uns, daß wir es mit einem erhabenen Lied zu tun haben. Wenn die Stimmung auch ruhig ist, muß der celloartige Baß in den einleitenden Takten eindrucksvoll gespielt werden, um so mehr, als diese Melodie nicht wiederkehrt.

Sanft und lieblich wie ein Silberwölkchen gleitet die Gesangsmelodie dahin, scheinbar unberührt von der Beschwörung des Sängers. Sie erscheint entfernt, weil sie hoch über dem tiefen Baß der Begleitung schwebt. Der Sänger verstärkt diese Illusion, indem er jedes *crescendo* auf den drei kritischen ansteigenden Phrasen (»wo Phantasien und Traumgestalten...«) vermeidet. Man ist versucht, in diesen Augenblicken den Klang zu verstärken, was natürlich leichter ist, als das angemessenere *mezza voce* beizubehalten.

Das Stück hat die Form A-B-B-A, und in den beiden mittleren Abschnitten steigt der Mond herab zur Erde (wenn man mir diesen Ausdruck verzeiht) und enthüllt sich. Diese Abschnitte sind *alla breve* und kontrastieren mit dem langsamen Zwölfachteltakt der Hauptmelodie. Sie kehrt in der letzten Strophe noch trauriger als in der ersten wieder, wenn der

Einsame bittet, in Tränen und in Dunkelheit gelassen zu werden.

Dithyrambe (Schiller) erfordert musikalische Finesse und Sprachbeherrschung. Die Vortragsbezeichnung lautet *Geschwind, feurig*, aber das Lied ist so voller Bonhommie, daß *lebhaft* besser wäre als *feurig*. Die drei Strophen sind großartiger Schubert. Die Schillerschen Verszeilen werden zum Teil wiederholt, um die musikalische Form auszufüllen.

»Nimmer, das glaubt mir, erscheinen die Götter, nimmer allein. Kaum daß ich Bacchus, den Lustigen habe, kommt auch schon Amor, der lächelnde Knabe, Phöbus, der herrliche, findet sich ein ... Sagt, wie bewirt' ich, der Erdgeborene, himmlischen Chor? ... O füllet mit Nektar, o reicht mir die Schale!«

Die fünftaktige Einleitung ist entschieden bacchantisch mit freigebig verstreuten übermütigen *sforzandi*. Rhythmus ist der Lebensfunke, das tragende Element des ganzen Liedes; beispielhaft im vorletzten Takt des Vorspiels, wo der Pianist sich sehr zügeln muß; er hält den ungestümen Vorwärtsdrang zurück (mehr *rubato* als *rallentando*), um die *Geschwind*-Bewegung erst im letzten Takt obsiegen zu lassen, damit der Einsatz seines Partners nicht behindert wird. Das hat ohne Nachlassen der Energie zu erfolgen und mit einem aggressiven *staccato*. Der Sänger attackiert uns förmlich; »Nimmer, das glaubt mir, erscheinen die Götter ...« – da schießt er jedes Wort auf uns ab, so daß auch der Hörer, der kein Wort Deutsch versteht, die Triebkraft des Satzes begreift. Perfekte Aussprache und meisterhafte rhythmische Beherrschung sind die Schlüssel zum Vortrag dieser Dithyrambe; besonders wichtig ist es auf der zweiten Seite, wo der Sänger im *piano* Verzierungen zu singen hat; hier muß das Tempo zurückgehalten werden, weil sonst die Verzierungen mit Sicherheit schwerfällig werden und ihre Heiterkeit verlieren. Gegen Ende jeder Strophe sinkt die Singstimme unter das Liniensystem, aber die Energie des Sängers darf nicht sinken: hier kann ihm der Pianist helfen, wenn er die Anweisung *forte* nicht zu wörtlich nimmt.

Das Heimweh. Schubert hat außer diesem nur ein zweites Gedicht von Johann Pyrker vertont, *Die Allmacht;* doch da dieses gewaltige Lied sehr bekannt ist, gehe ich hier nicht darauf ein. *Heimweh* reicht sicher nicht an jenes heran, doch gibt es auf seinen acht Seiten einige schöne Momente.

»Ach, der Gebirgssohn hängt mit kindlicher Liebe an der Heimat! Wie, den Alpen geraubt, hinwelket die Blume, so welkt er, ihr entrissen, dahin.« So beginnt das Lied; und die Geister des Unglücklichen scheinen sich bei der bloßen Erwähnung der Bergheimat zu erheben, um am Ende jeder Phrase wieder mutlos dahinzuschwinden; zweimal wiederholt Schubert mit Nachdruck »ihr entrissen, dahin«. Die zweite Strophe enthält ein reizendes Zwiegespräch zwischen der Singstimme mit ihren Achteln und den Triolen der Klavierbegleitung; die Stimmung ist traulich und idyllisch, wenn der Sänger die Hütte schildert, in der er geboren wurde, die Wälder und grünen Weiden. Doch wenn er von seinen Bergen spricht, wo sich Gipfel auf Gipfel türmt, erhebt sich auch die Musik zu einem majestätischen *ff.* Dieser Höhepunkt wird durch ein allmähliches *crescendo* vorbereitet. Die leichtfüßigen Triolen der zweiten Strophe haben sich in gewichtige Akkorde verwandelt, als wir von der Alm auf die Berge stiegen; doch nun kommen wir zu dem muntersten Abschnitt des Liedes, und die Musik ändert ihren Charakter völlig; es ist ein Scherzo im Dreivierteltakt und im Dur der Grundtonart. Schubert leistet sich einige amüsante Effekte: zu den Worten »Er höre das Muhen der Kühe« drängt sich plötzlich ein f in A-dur, das das Muhen nachahmt; und wenn der Heimwehkranke in seiner Phantasie die Hirten und Sennerinnen jodeln hört, gestattet der Komponist dem Pianisten einen regelrechten Jodler. Der letzte Abschnitt kehrt zur Stimmung des ersten mit seinem ungestillten Heimweh zurück.

Auf der Bruck (Schulze). Das Lied mit seinem unaufhaltsamen Vorwärtsdrang und den hämmernden Pferdehufen erinnert den Pianisten – wenn sein Handgelenk zu schmerzen beginnt – an den *Erlkönig* mit seinen wiederholten Akkorden und Oktaven. Der Reiter allerdings hat nur den einen Gedanken: an die Seite seiner Geliebten zurückzukehren; und er ermahnt sein Pferd: »Frisch, trabe sonder Ruh und Rast, mein gutes Roß, durch Nacht und Regen.« Es versteht sich beinahe von selbst, daß der Sänger desto schneller eilen möchte, je schwieriger die Begleitung ist, und man muß gestehen, daß er dazu in diesem frohen und überschwenglichen Lied guten Grund hat. Die zahlreichen Freudenausbrüche haben indessen eine stärkere Wirkung, wenn er sich vor Augen hält, daß das Lied großenteils (wie der *Erlkönig*) im *p* und *pp* verharrt, und dem kann er Rechnung tragen, ohne an Vitalität einzubüßen, wenn er auf Klarheit der Aussprache achtet.

»Was scheust du dich?« fragt der Reiter sein Roß, eine Frage, die der Begleiter ohne weiteres beantworten könnte. Tatsächlich muß er die rasch wiederholten Akkorde der rechten Hand, die ihm zu schaffen machen, abgesehen von den gelegentlichen *sforzandi,* leicht spielen; es dominiert der Baß, der kanonartig fröhlich einen halben Takt hinter der Singstimme einhergeht.

Die Sterne (Leitner). Wieder breitet Schuberts Genius seinen Zauber über uns aus, und man fragt sich abermals: »Wie macht er das nur?« Kein anderer Liederkomponist verblüfft uns derart durch die äußerste Einfachheit, mit der er solche Wunder bewirkt.

Ein Pianist, der zum erstenmal an *Die Sterne* herangeht, sieht vier Seiten, gleichförmig in Struktur und Rhythmus und mit einfacher akkordischer Begleitung; aber zuweilen trügt bei Schubert der Anschein. Wenn der feinfühlige Begleiter das fließende *legato* in der aufsteigenden Gesangsphrase »Wie blitzen die Sterne so hell durch die Nacht« und dann das anmutig absteigende »Bin oft schon darüber vom Schlummer erwacht« hört, bemerkt er, daß es sanft und leicht gesungen wird, mit einem geringfügigen *crescendo* beim Anstieg und einem entsprechenden *decrescendo* beim Abstieg. Das ist der Schlüssel für ihn – sein Ton wird ebenso leicht und luftig wie der seines Partners und fließt ebenso sanft dahin. Ein sorgsamer Gebrauch des Haltepedals ist wichtig, zuwenig wirkt unruhig und abgehackt, zuviel schafft eine Verschwommenheit, die das »hell« des Sängers entwertet. Konzentriertes Hören und eifriges Probieren sind beim Studium dieses Stückes unerläßlich.

Ich möchte eigens auf den Doppelschlag hinweisen, der jeweils bei dem Dominantseptakkord zwei Takte vor dem Eintritt der Singstimme im Vorspiel und in den Zwischenspielen steht; um ihn mit Anmut vorzutragen, sollte man im Tempo nicht zu starr sein.

Für den Sänger verläuft die Modulation von Es-dur (der Grundtonart) nach C-dur so sanft, daß sie selbstverständlich wirkt. Er sollte jedoch unsere Aufmerksamkeit auf die Rückkehr zur Grundtonart (»sie üben im stillen ...«) lenken, indem er auf die erste Silbe von »üben« einen kleinen Nachdruck legt. Eine ähnliche Situation entsteht bei der Rückkehr von Ces-dur zur Grundtonart bei »und tragen oft Küsse ...«.

»So sei denn gesegnet, du strahlige Schar« ist Kern dessen, was der Dichter zu sagen hat.

Ein Minimum an Material – aber für Schubert ist es ausreichend, uns in Bann zu schlagen.

Himmelsfunken (Silbert). Auch dies ist eine Beschwörung, die durch die Sterne und die weiche Nachtluft hervorgerufen wird. Das trunkene Herz sehnt sich nach Himmelsfrieden.

Das Lied hat eine faszinierende Unbestimmtheit; durch die häufige Wiederholung des f am Anfang macht uns Schubert glauben, die Grundtonart sei C-dur; und erst in den letzten Takten merken wir, daß sie G-dur ist. Das ist nicht nur von akademischem Interesse, sondern es hüllt das kleine Lied in geheimnisvolles Dunkel und erfüllt den Sänger mit Ehrfurcht. Eine Modulation zu dem entfernten B-dur bei »das trunkene Herz vergeht« greift tatsächlich ans Herz, wenn die Stimme sich erhebt, als würde die Seele selbst erhoben. (Man sollte die Möglichkeit eines unaufdringlichen *portamento* auf »Herz« erwägen, doch es darf außer dem Sänger eigentlich niemand merken – der Hörer wird angerührt werden, ohne zu wissen warum.)

Das Lied ist sparsam in den Mitteln, es ist einfach, es ist eben Schubert.

Band III

Memnon. Wie in *Nachtstück* sucht Mayrhofer auch in diesem Gedicht den ewigen Frieden zu erfassen, der in dieser Welt nicht zu finden ist. Hier erreicht Schuberts Musik, obwohl das Lied zwei Jahre früher geschrieben ist, noch größere Höhen.

Eine Statue in Theben, die des Amenophis III., hält man für die des Memnon, eines äthiopischen Königs, der mit den Trojanern gegen die Griechen kämpfte und von Achill getötet wurde. Die Legende sagt, daß die Säule bei Sonnenaufgang singende Töne hervorbringt, um Memnons Mutter Eos (die Morgenröte) zu begrüßen. »Mit dir, des Morgens Göttin, mich zu einen und weit von diesem nichtigen Getriebe ... ein stiller, bleicher Stern herab zu scheinen.«

Kein Lied verlangt stärkere Konzentration vom Sänger und vom Begleiter als dieses. Man muß das Schweigen *fühlen,* ehe man mit dem Vorspiel beginnt. *Schwärmerisch* heißt die Vortragsbezeichnung und *sehr langsam*; trotzdem muß *alla breve* gespielt werden – zwei sehr langsame Schläge pro Takt. Es ist die Altstimme in diesem Klaviervorspiel, die sich allmählich dem Ohr einprägt, und sie muß eindrucksvoll gebracht werden, da sie nur noch einmal erscheint und sehr schön ist. Die Oktaventriolen sind eingeschoben. Der Beginn des Gesangs »Den Tag hindurch nur einmal mag ich sprechen« ist gedämpft, doch der Ton wird größer und wärmer, »wenn durch die nachtgebor'nen Nebelmauern Aurorens Purpurstrahlen liebend brechen.« Die anfangs untergeordneten Oktaven in der Begleitung werden jetzt ein wichtiger Bestandteil der Modulation von der Grundtonart Des-dur zu F-dur, und die Musik vermittelt den Eindruck scheinbarer Glückseligkeit zu den Worten »Für Menschenohren sind es Harmonien«. Die vokale Linie trägt, ohne an Glätte zu verlieren, zu dieser Illusion durch den fast kecken Rhythmus und die übermäßigen Intervalle (Nonen) bei. Doch der Sänger muß bemüht sein, Schuberts *ppp* zu beachten, denn dieser Abschnitt ist die Ruhe vor dem leidenschaftlichen »In mir, nach dem des Todes Arme langen«. Dies wird durch die Oktaventriolen im jetzt lauter werdenden Baß angekündigt.

Die letzte Seite des *Memnon,* wenn das Lied zu der glänzenden Tonart Des-dur zurückkehrt, gehört zu Schuberts wunderbarsten Schöpfungen; der Gesang – über den sanftesten Achteltriolen im Klavier – greift unmittelbar ans Herz. Wenn der Sänger das Verlangen unterdrückt, »ein stiller, bleicher Stern« zu werden, tropft die Melodie vom Himmel zur Erde und steigt wieder auf, in sehnsüchtigen Intervallen, in die der Sänger all seine Liebe und Zärtlichkeit legt. Die Phrase wird wiederholt: sie ist fast jenseits dessen, was sich ertragen läßt.

Nach diesem Höhepunkt wächst dem Nachspiel eine große Verantwortung zu. Es muß sehr sanft, aber noch mit Nachdruck und nicht zu streng im Zeitmaß vorgetragen werden.

Der Schäfer und der Reiter (Fouqué). Ein Schäfer und sein Liebchen, kosend und tändelnd unter einer Buche, werden von einem Ritter gestört, der klirrend vorüberreitet. »Sitz ab und suche Kühle ... des Mittags nahe Schwüle gebietet stille Ruh ... und Liebchen pflückt zum Kranze die schönsten Blüten dir«, ruft ihm der Schäfer zu. Der Ritter lehnt finster ab; er müsse für Ruhm und Gold kämpfen, sagt er, und habe keine Zeit für friedliches Getändel.

Spielerische Sechzehntel in der Singstimme und Vogelgetriller im Klavierpart malen eine pastorale Szene, die jäh unterbrochen wird von dem galoppierenden Rhythmus, der die Ankunft des Kriegers meldet. Dieser erscheint natürlich in Moll – wie könnte er anders! –, doch der Schäfer kommt wieder zu Wort mit seiner Einladung, diesmal in einer höheren Tonart, aber wieder in Dur. Der Ritter hat leider das letzte Wort, und wir reiten verärgert mit ihm davon. Ich wäre lieber bei dem Schäfer geblieben – oder vielmehr bei seiner schönen Chloe.

Ellens zweiter Gesang (aus Scotts *Lady of the Lake*). Die schönste Scott-Vertonung Schuberts ist *Ave Maria,* doch ist sie zu bekannt, um hier berücksichtigt zu werden. Ich wähle *Ellens zweiten Gesang*.

»Jäger, ruhe von der Jagd!« Es trägt die Vortragsbezeichnung *Etwas geschwind*, und man kann es nur mit einiger Phantasie als ein Schlummerlied bezeichnen, denn es ist paradoxerweise eine sehr lebendige Angelegenheit. Die zahlreichen Jagdhörner müssen natürlich gedämpft werden, doch ist es auch dann noch voller Lebensfreude. Sängerin und Begleiter tragen es mit Vergnügen vor (ohne zu vergessen, daß es fast durchweg *pp* gehalten ist); ihre Freude wird auch den Hörer mitreißen.

Daß sie hier gewesen! (Rückert), ist eins von Schuberts kostbarsten Kleinodien; es ist kurz und besteht aus drei vierzeiligen Strophen. »Daß der Ostwind Düfte hauchet durch die Lüfte, dadurch tut er kund, daß du hier gewesen.« Erst in der letzten Zeile der Strophe »Daß du hier gewesen« erreichen wir endgültig die Grundtonart; Schubert entschleiert das Geheimnis gemeinsam mit dem Dichter, Musik und Worte vereinen sich nach der zarten Ungewißheit.

Sanfte Dissonanzen auf dem Klavier nehmen die vereinzelten Seufzer des Sängers vorweg; beide Künstler berücksichtigen alle Pausen, und doch überwiegt das Gefühl eines durchgehenden Flusses. Das erreicht ein Sänger, wenn er trotz der Pausen die ersten sieben Takte in einem Atemzug durchhält; doch wenn er das bei diesem langsamen Tempo nicht vermag, muß er unauffällig Luft holen. Ist ein Atemzug im vierzehnten Takt nach dem Sechzehntel nötig (und entsprechend in den anderen Strophen), geschehe es ohne Hast; der Begleiter muß dann solange innehalten.

Das Lied ist die zärtliche Huldigung eines Mannes an die Geliebte. Aber auch Frauen singen es gelegentlich; es war ein Lieblingslied von Elisabeth Schumann.

Das Zügenglöcklein (Seidl). Das Sterbeglöcklein (die Oktaven in der rechten Hand) ertönt in fast jedem Takt, und trotzdem dominiert der Alt in allen Soloabschnitten des Klaviers. Die Musik wechselt zwischen Dur und Moll – ein betörendes Verfahren bei Schubert. Das Lied ist strophisch gegliedert, doch jede Strophe unterscheidet sich ein wenig von den anderen.

Es ist lohnend zu singen, und für einen Sänger, der sein Handwerk versteht, bietet es keine Schwierigkeiten. Ein kühler, lyrischer Gesang ist erforderlich; es ist wenig Trauervolles darin, denn das Totengeläut ruft keine Schwermut hervor und endet mit dem Anruf: »Aber ist's ein Müder, den verwaist die Brüder: ruf ihn, Gott, zu dir! Ist's der Frohen einer, der die Freuden reiner Lieb' und Freundschaft teilt, gönn' ihm noch die Wonnen, unter diesen Sonnen, wo er gerne weilt!«

Im Walde (Schulze). Schubert ergreift von dem Gedicht Besitz wie von Schulzes *Auf der Bruck* und treibt es rastlos voran. Es ist zwei Jahre vor *Erstarrung* komponiert und läßt diese wunderbare Schöpfung nicht nur in den ruhelosen Triolen, sondern auch in der (wenn auch nicht ganz so meisterhaften) Textbehandlung vorausahnen.

Das Vorspiel ist ganz Bewegung mit schmerzlichen Passagen im Diskant. Von einem ähnlichen Zwang getrieben wie im *Wegweiser* (*Winterreise*) kommen die Klagen des Wanderers in den verzweifelten Tonwiederholungen auf ges (»... meine Qual, will nimmer von mir scheiden«) zum Ausdruck. Er sieht nicht die blühenden Blumen, er hört nicht die Vögel singen. »Wann ruht der Wanderer einmal?«

Da sich die Musik wiederholt (viermal erscheint die Haupt- und zweimal eine Nebenmelodie), ist ein schnelles Tempo notwendig, obwohl der Komponist *Nicht zu schnell* vorschreibt. Aber es sind neun Seiten in der Edition Peters, und der Sänger sollte sie nicht verlängern.

Es lohnt sich, die Aufnahme mit Fischer-Dieskau zu hören, in der es ihm gelingt, der ruhelosen Begleitung ein *legato* zu kontrastieren. Und es ist bemerkenswert, wie er sich die Stellen, wo Schubert ein *piano* verlangt, zunutze macht – ein unverändertes *forte* wäre unerträglich.

Wiegenlied (Seidl). Dieses Lied steht, wie *Zügenglöcklein*, in As-dur. Es war eins von Elena Gerhardts Lieblingsstücken, und infolgedessen ist es auch eins von meinen geworden. Leider ist es, wie das reizende Lied *Im Grünen*, zu lang, weshalb man die dritte Strophe (»Wie des Gelockes ...«) meist wegläßt; der Komponist hätte wohl nichts dagegen gehabt.

Die einschläfernde Melodie hat zunächst eine Reihe eintaktiger Phrasen – jede bildet eine absteigende Linie – eine sanfte Hand, die zärtlich die Augenlider eines Kindes schließt; zu den Worten »Schließe sie einst so« kommen dann ausgedehntere zweitaktige Phrasen. Der Versuchung, in einer steigenden Passage ein *crescendo* zu bringen, sollte man widerstehen; selbst wo es verlangt wird, handelt es sich nur um eine winzige Nuance.

Viola (Schober). Wenn ich diesen Titel niederschreibe, glaube ich fast die Seufzer derjenigen meiner Leser zu vernehmen, die das Lied kennen (vielleicht ohne es je gehört zu haben) – sechzehn Seiten und über neunzehn Minuten! Capell klagt, es sei wie bei einer Gartenschau: keine einzelne Blume dürfe unsere Aufmerksamkeit derart beanspruchen. In der Tat gefällt sich Schubert in einigen überlangen Ausschweifungen, die selbst für seine fanatischsten Anhänger beschwerlich sind; ich werde auf die eine oder andere im nächsten Kapitel zurückkommen. *Viola* als Ganzes, kann man sagen, besteht aus drei lang ausgesponnenen Liedern, die zu einem zusammengeknetet sind; doch jeder Teil enthält in Singstimme und Klavier Stellen von großer Schönheit. Das Problem an langen Ergüssen ist, daß sie oft die Form verlieren – sie wuchern aus – und daß ein Abschnitt keine Verbindung zum anderen hat. Mit dieser Kritik wird man freilich *Viola* nicht gerecht, denn es ist in (zugegebenermaßen sehr freier) Rondo-Form geschrieben mit Beziehungen zwischen den verschiedenen Teilen: oft wandert das Motiv von einem zum anderen. Dieses Lied ist voller Erfindung und atmet Schuberts Liebe zur Natur; es fällt nirgends ab und ist ewig frisch. Wie frohgemut zum Beispiel klingt es in der zweiten Strophe: »Denn du kündest frohe Zeit!« Doch meine Lieblingsstelle ist »Rose nahet, Lilie schwanket« mit den vorausgehenden vier Takten des Klavierzwischenspiels, die von schmelzendem Liebreiz sind.

Fischer-Dieskau hat mit mir eine Aufnahme davon gemacht; doch ich erinnere mich nur an eine öffentliche Aufführung, mit einer hervorragenden englischen Künstlerin: Astra Desmond.

Der liebliche Stern (Schulze). Schubert hat neun Gedichte von Ernst Schulze vertont, von denen wohl das beliebteste *Im Frühling* ist. *Der liebliche Stern* ist eins jener Lieder, in denen man von Schuberts Naturliebe verzaubert wird.

»Der Busen so bang und schwer« – die Klage des Dichters beim Anblick der Sterne wird von Schubert nicht allzu ernst genommen; denn während er die Musik in Moll übergehen läßt, drückt er sich eher nachdenklich als melancholisch aus. Er sieht den Widerschein der Sterne im Wasser tanzen und atmet die sanfte Frühlingsluft.

In der Anweisung *Etwas langsam* finde ich das *etwas* irreführend. Das Lied steht im Zweivierteltakt, und wenn das Zeitmaß nicht wirklich langsam ist, verliert die Musik ihren geheimen Reiz. Über der Ostinatofigur in der Begleitung muß die Singstimme sehr *legato* geführt werden, der Sänger muß die sprechenden Sechzehntel so langsam und nachdrücklich aussingen, wie es ihm möglich ist, ohne den Rhythmus zu zerstören. Obwohl die Melodie unruhig scheint, verlangt sie einen sehr ruhigen und ernsten Vortrag. Bei einer solchen Gestaltung können mich die Stellen »Es zittert von Frühlingswinden« und »Manch Sternlein sah ich erblühn« zutiefst anrühren – nicht aber, wenn der Sänger einzelne Phrasen lieblos absingt oder wenn das Tempo zu schnell ist.

Bei einem gemächlichen Zeitmaß vermag der Begleiter auch wirkungsvoller die paarweisen Sechzehntel-Stakkati, die dem rhythmischen Ablauf etwas Pikantes geben, zum Ausdruck zu bringen.

Man hat das Lied als eintönig abgetan, und es kann leicht so vorgetragen werden. Aber ich habe noch in Erinnerung, wie Mark Raphael es brachte, und seitdem liebe ich es sehr.

Aus Heliopolis (Mayrhofer). Eine wilde Landschaft von Felsen und Wasserfällen, durch die ein Sturm von unvorstellbarer Gewalt weht. Das Bild ist allegorisch, und seine Moral ist, daß es Mut erfordert, die Seele von Unrat zu befreien und eine Antwort auf das Rätsel des Lebens zu finden.

Geschwind und kräftig – ein prächtiges Lied für einen Baß. In der Begleitung geben die ungestümen Sechzehntel – *unisono* in beiden Händen oder abwechselnd in jeweils einer Hand – dem schwungvollen Rhythmus einen zusätzlichen Impuls; doch der Pianist muß darauf achten, daß der dominierende Baß die Singstimme nicht »zudeckt«. »Atme du den heil'gen Äther, schling die Arme um die Welt« liegt sehr tief, und der Begleiter muß Barmherzigkeit üben.

Ein Gesang voll Kraft und unerschöpflicher Energie! Aber es gibt auch Augenblicke, wo ein *piano* vorgeschrieben ist. Es sollte ebenso wie die Pausen im Klaviervorspiel beachtet werden; eine leichte Verlängerung dieser Pausen erfüllt die Musik mit Leben.

Versunken (Goethe). Auf den ersten Blick scheint dieses Lied ebenso stürmisch wie das vorangegangene *Heliopolis*, aber in Wirklichkeit ist es heiter und spielerisch. Es geht wie der Wind, der Text ist eine von Goethes kecken »Bagatellen« und könnte statt mit »Versunken« auch mit »Hingerissen« überschrieben sein.

Seine Hand mit einem fünfzackigen Kamm vergleichend, läßt der zärtliche Bewunderer seine Finger durch die Locken des hübschen Kindes fahren und küßt ihr »Stirne, Augen, Bogen, Mund«. Ihren Mund? Dann dürfte es kein so kleines Kind mehr sein! Vielleicht ist es Madame Marianne von – aber nein, es ist nicht meine Absicht, in den Abenteuern von Johann Wolfgang von Goethe herumzuspionieren. Jedenfalls kann sich der Sänger begeistert auf das Lied stürzen, mit dem tröstlichen Gefühl, daß es mit rechten Dingen zugeht, wenn auch die Frisur des Mädchens dabei in Unordnung gerät.

Den Tenor erwarten hohe Noten, auf denen zu verweilen er Zeit hat, der Pianist hat eine erläuternde Sechzehntelfigur in der Oberstimme, die mit leichter – man könnte sagen »mit zärtlicher« – Hand zu spielen ist.

Das Mädchen (Schlegel). Diese Notenseite hätte kein anderer Komponist schreiben können.

Trotz der Beteuerungen ihres Geliebten hat das Mädchen Augenblicke der Ungewißheit (»daß er nicht so innig liebt«) und dann – Augenblicke der Gewißheit. Vielleicht kann die Nachtigall ihre Zweifel beschwichtigen.

Abermals haben wir hier den schubertschen Dur-Moll-Dur-Wechsel. Sanfte Triolen in der Singstimme sind ein Charakteristikum des Liedes. Sollen die Zweiunddreißigstel des Klaviers mit der letzten Note der gesungenen Triole zusammenfallen? Ganz gewiß; denn wenn sie danach kämen (wie sie notiert sind), würden sie die stille Meditation des Mädchens stören. Spielt man den Akkord nach den Triolen, dann entsteht eine unruhige Spannung, wie sie dem Leiden in *Wasserflut* oder der Anstrengung in *Der Atlas** gemäß ist.

Band IV

Auf der Donau (Mayrhofer). Die düsteren Aspekte des Gedichtes werden hier stärker ausgemalt, während sie in *Der liebliche Stern* fröhlich ignoriert wurden. Das Boot gleitet vorüber an Burgruinen; »trauriges Gestrüppe« ist zu sehen, wo einst Mauern und Türme ragten. Die Seele verzagt, wenn sie an den unaufhaltsamen Verfall denkt. Zuerst hat der Sänger nur Augen für die majestätischen Ruinen; unter seiner ruhigen Melodie kann man den gleichmäßigen Ruderschlag spüren; doch bald wird er von dem geistergleichen Rauschen der Tannenwälder gestört. (Dem Tremolo des Klaviers gesellen sich bald Synkopen und finstere Baßtriller zu.) Dreimal singt er »Untergang« mit heimlicher Furcht; und darunter sinkt die Begleitung chromatisch tief und tiefer.

Das Lied beginnt in Es-dur und endet in fis-moll.

Wie Ulfru fischt (Mayrhofer). Mit den Liedern *Die Forelle*, wo der Angler seinen Fisch fängt, und *Fischerweise,* wo der Fischer zu schlau ist, um sich von dem listigen Mädchen angeln zu lassen, kann sich *Ulfru* nicht messen. Aber es ist ein hübsches, stürmisches Lied in Moll, in dem der Angler seiner Enttäuschung Ausdruck gibt, daß die Angelrute zwar sich biegt und zittert, aber keinen Fang macht. Diese Erbitterung wird vom Klavier am Ende jeder Strophe bekräftigt – jedoch mit mehr guter als übler Laune. Das Lied verdient die Aufmerksamkeit eines Baritons.

Selige Welt. Ursprünglich ist dieses Lied für eine Baßstimme komponiert (wie *Ulfru*); es erinnert an *Heliopolis II*.

* *Schuberts Liederzyklen*

»Ich treibe auf des Lebens Meer, ich sitz' gemut in meinem Kahn ... eine selige Insel sucht der Wahn ... du lande gläubig überall an, wo Wasser sich an Erde bricht.«

Der Pianist möge sich, wenn er mit der Stimme *unisono* spielt, in der Lautstärke zurückhalten; er kann nach Herzenslust drauflosdonnern, wenn sein Partner pausiert.

Der Alpenjäger (Schiller). Dieses Lied wird von den meisten Musikwissenschaftlern kurzerhand wegen seiner Struktur und der spröden Form des Gedichtes verdammt. Es hat drei Strophen, in denen die Mutter ihren Sohn bittet, das Lämmlein zu hüten und die Blümlein zu warten, und vier weitere Strophen, in denen der Knabe, nunmehr ein Jäger, die »zitternde Gazelle« in den felsigen Bergen verfolgt. Die beiden Teile sind verschiedene Welten und eigentlich zwei verschiedene Lieder, die musikalisch nichts miteinander zu tun haben, und das ist es, worüber sich die Gelehrten grämen. Aber, ach, das Ärgernis wird noch größer, denn plötzlich erscheint aus einer Felsenspalte eine Geistergestalt, »der Bergsalte«, um das Opfer zu schützen. »Mußt du Tod und Jammer senden ... bis herauf zu mir?« ruft er, und das Lied endet mit einer Seite wenig bemerkenswerter Musik.

So sehr ich mit dem »gequälten Tier« und seinem »stummen Blick« sympathisiere, ich wäre gut ohne den Besuch aus dem Geisterreich ausgekommen. Er ruiniert das Lied.

Warum also nehme ich den *Alpenjäger* in meine kleine Anthologie auf? Weil ich hingerissen bin von der Melodie der Mutter (das ist kein zu starker Ausdruck). Sie hat so sehr viel von dem, was ich bei Schubert liebe, eine demütig flehende Melodie voller schmelzender Melismen und beredte Triolen, die sozusagen an die Zweierrhythmen des Klaviers appellieren. Die Begleitung stützt vollklingend das anmutige Filigran der Singstimme.

Das »Mutter, Mutter, laß mich gehen!« des Knaben kommt mit bestürzender Plötzlichkeit und ist – nicht unlogisch – mehr als doppelt so schnell wie das Flehen der Mutter.

In dieser Form im Zweivierteltakt werden die ersten drei Strophen vorgetragen – dann erklingt meine geliebte C-dur-Melodie nicht mehr.

Angesichts der folgenden vier Strophen, die von der Jagd auf des Berges Höhen handeln, springen wir mit Windeseile plötzlich nach As-dur. Zwischen den Strophen darf das Tempo nicht nachlassen – aber so schön und ermunternd dieser Teil ist, es ist eine andere Komposition.

Man wird uns verzeihen, wenn wir nicht bei der letzten Seite verweilen. Es war Hermann Prey, bei dem ich die Schönheit dieses Liedes erkannte, und seine Stimme ist wie geschaffen für die unvergeßliche Melodie und kraftvolle Männlichkeit des Jägers.

An die untergehende Sonne (Kosegarten). Die Verse von Kosegarten dienten dem Komponisten überwiegend in seinen Entwicklungsjahren als Vorlagen; erst 1816 finden wir ein Lied aus dieser Quelle, das wirklich bemerkenswert ist, und dann kam dieses besonders schöne, das letzte nach Kosegarten.

Es ist ein Gruß an die sinkende Sonne. Wenn ich es als »ereignislos« bezeichne, will ich damit sagen, daß sein gleichmäßiger Verlauf nicht von überraschenden Modulationen oder Stimmungswechseln unterbrochen wird. Die Hauptmelodie erscheint dreimal – der Rondo-Form entsprechend durch zwei Episoden getrennt –, stets ruhig und lyrisch und von echt schubertscher Prägung. »Immer tiefer, immer leiser, immer ernster, feierlicher ...« – man kann sich nach der metrischen Struktur dieses Textes vorstellen, wie unser Komponist darauf eingeht. Es ist ein »Sängerlied«, und ich höre Janet Bakers reine und klare Stimme singen: »Die Nachtigall flötet dir Schlummergesang.«

Der Schmetterling (Schlegel). Der Schmetterling nascht von den Blüten, er schwebt und flattert, wohin ihn seine Laune trägt. Ein kurzes Leben, und ein glückliches – und das gilt ebenso für das Lied.

Nach der Einleitung hoch im Diskant – so flüchtig und spielerisch – steigt das Klavier beim Eintritt der Singstimme in eine sonorere Lage hinab. Und da der Sänger so leicht wie möglich singen möchte, trägt der Begleiter Sorge, daß seine Quinten und Oktaven im Baß auch federleicht sind; zuviel Haltepedal läßt sie ungebührlich dröhnen. Vom Vorspiel abgesehen, sieht der Klavierpart gar nicht schmetterlingshaft aus; es ist Sache des Pianisten, für das richtige Bild zu sorgen.

Der Wanderer (Schlegel). Dieses eindrucksvolle Lied – nicht zu verwechseln mit der berühmten Komposition nach dem Text von Schmidt von Lübeck »Ich komme vom Gebirge her« – ist zu vergeistigt und gedankenvoll, um mit dem anderen an Beliebtheit wetteifern zu können, aber es verdient nicht, vernachlässigt zu werden.

»Wie deutlich des Mondes Licht zu mir spricht, mich beseelend zur Reise: Folge treu dem alten Gleise, wähle keine Heimat nicht. Ew'ge Plage bringen sonst die schweren Tage...« Die kühle und leichte Melodie beschwört in der Tat den hoch oben schwebenden Mond. Als wolle es den Mondbetrachter ermahnen, mit einem Fuß auf der Erde zu bleiben, bewegt sich das Klavier *unisono* mit der Singstimme.

An die Laute (Rochlitz). Dieses Lied ist eine kleine Perle. Man wird vielleicht an Don Giovannis Ständchen *Deh, vieni alla finestra, o mio tesoro* erinnert, weil Mozart und Schubert D-dur als Tonart wählten und einen ähnlich federnden Rhythmus verwandten. Daß in beiden Fällen ein Zupfinstrument »verwendet« wird, ist kaum ein Zufall, denn der Ständchenbringer hat keine andere Möglichkeit, sich zu begleiten. Beide Komponisten erreichen ihre köstlichen Wirkungen mit sparsamen Mitteln, wenn sie auch bei Schubert rustikaler sind – und zwar mit Recht, denn seinem Seladon mangelt die Kühnheit und höfische Geschmeidigkeit des zügellosen Edelmannes.

Eine Eigentümlichkeit des Liedes verdient Erwähnung: der Text richtet sich nicht an die Geliebte, sondern, wie der Titel besagt, an die Laute. »Leiser, leiser, kleine Laute...« Um Geheimhaltung geht es vor allem in diesem Lied; die Nachbarn sollen nicht wissen, wer sich hier nächtens zu singen erkühnt.

Ja, es ist durchgehend *pianissimo* gehalten, dennoch muß es Lebhaftigkeit ausstrahlen. Die Worte müssen mit Nachdruck, doch mit minimaler Lautstärke gesungen werden – einem Flüstern so nahe wie möglich. Der Zuhörer vernimmt die Worte, die Melodie erfaßt er gerade eben. Die Konsonanten sind klar zu hören, etwa die Zischlaute in »leiser«, »flüstre«, »Fenster«. In der letzten Gesangsphrase »Nachbarn aber, Nachbarn nicht« soll das »t« in »nicht« allen verständlich gemacht – fast hätte ich gesagt: »vorgeführt« – werden.

Ein Rat an den Sänger: *An die Laute* eignet sich nicht für Konzertsäle von den Ausmaßen der Royal Albert Hall.

Hoffnung (Schiller). In dem Lied *Der Alpenjäger* scheint die Singstimme aus dem Klaviervorspiel geboren zu sein, so innig sind Gesang und Begleitung miteinander verflochten. Auch in *Hoffnung* finde ich die dichte Struktur, die mich in so vielen Kompositionen Schuberts anrührt, obwohl die beiden Schiller-Gedichte sehr verschieden sind.

Die Melodie entfaltet sich frei und schwebend in einem schwingenden Sechsachteltakt, und die akkordische Begleitung ist durchgehend fest mit ihr verbunden, nicht durch Unisonospiel, sondern indem sie alle Wendungen der Gesangslinie unterstreicht. »Doch der Mensch hofft immer Verbesserung« ist eine schöne, ansteigende Phrase, die an Volumen zunimmt, je höher sie sich erhebt. Gleichzeitig sinkt der Baß in der Begleitung stufenweise ab. Das Ziel wird gemeinsam erreicht: der Sänger ist auf seinem klingenden Gipfel angelangt, der Pianist in seiner sonoren Baßtiefe; diese Phrase erstreckt sich über sieben Takte, und der Höhepunkt ist kraftvoll und überzeugend. Bei dem strophischen Aufbau des Liedes kann man die üppige Phrase dreimal hören; am schönsten paßt sie zu den Worten der letzten Strophe: »Und was die innere Stimme spricht, das täuscht die hoffende Seele nicht.«

An die Nachtigall (Claudius). Der Gesang der Nachtigall ist hier nur kurz, doch mit diesen wenigen Takten kann eine Sopranistin unsere Herzen rühren, wenn sie einen Ton von transparenter Klarheit und Reinheit hervorzubringen vermag. »Er liegt und schläft an meinem Herzen«, sagt das Mädchen träumerisch – und sogleich beginnt im Klavier die Nachtigall süß zu flöten. »Nachtigall, ach, Nachtigall, ach!« singt das Mädchen mit flehendem Schmelz (jetzt Moll); und »sing mir den Amor nicht wach« erzittert in verhaltener Leidenschaft, doch ohne den mädchenhaft sinnierenden Ton zu verlieren.

Hoffentlich befolgt der Begleiter das reizvolle *pizzicato* im letzten Takt des Vorspiels im Baß und im ersten Takt des Nachspiels im Diskant.

Die vier Weltalter (Schiller). Richard Capells Vermutung, daß Schubert ein wenig von der Aura Schillers betäubt war, gründet sich auf die nicht durchweg erfolgreichen Versuche des Komponisten, die Langstrecken-Balladen *Der Taucher* oder *Die Bürgschaft* zu vertonen.

Hier nun wird in zwölf Strophen die Geschichte der Menschheit umrissen, vom Goldenen Zeitalter der sorglosen Hirten bis zum Minnesang. Schubert war so vernünftig, nicht das ganze Gedicht durchzukomponieren, sondern er hat die Strophenform gewählt, die es dem Sänger ermöglicht, einige Strophen auszuwählen; denn so erfrischend die Musik ist, sie kann nicht ein dutzendmal wiederholt werden. Fischer-Dieskau zum Beispiel singt nur die erste, sechste, siebente und achte Strophe. In einer dergestalt gedrängten Weltgeschichte fühlen wir, daß uns hienieden nur ein kurzes Leben zuteil wird, aber jedenfalls ist es so ganz vergnüglich.

Abendröte (Schlegel). Schubert hat viele Grüße an die sinkende Sonne geschrieben; es sind großenteils Miniaturen, bis auf *An die untergehende Sonne* nach Kosegarten und *Abendröte* nach Schlegel, und dieses ist bei weitem das schönere der beiden Lieder.

Wie wenn der Glanz der sinkenden Sonne von einer Wolke verschleiert ist, so bewegt sich der erste Takt des Klaviervorspiels tief im Baß, aber der Triller (Triller spielen im ganzen Lied eine wichtige Rolle) läßt hoffen, daß der Schatten vorübergeht und der Himmel klar wird, und im Diskant leuchtet eine Passage von heiterer Ruhe wie ein Sonnenstrahl.

Schon die ersten sieben Takte sind von großer Schönheit; doch ist dies nur die Einleitung, denn die Singstimme gibt der Szene noch mehr Zauber: »Tiefer sinket schon die Sonne, und es atmet alles Ruhe« wird zu einer überirdischen Melodie in hoher Lage gesungen, in deutlichem Kontrast zur Begleitung. Bei »Tages Arbeit ist vollendet« kann die Begleitung dem Sänger helfen, seinen Ton etwas abzudunkeln, indem sie den Eindruck mühevoller Arbeit gibt (aber immer noch *pp* und *legato*); das ist wichtig, denn die nächste Phrase ist leicht und luftig (»und die Kinder scherzen munter«), wobei die Triller zum erstenmal heiter im Diskant der Begleitung erklingen. (Meine Hinweise »den Ton abdunkeln« und »leicht und luftig« sind gefährlich, wenn man sie zu wörtlich nimmt – alle diese Unterschiede in Schattierung und Farbe müssen ganz subtil gemacht werden; keinesfalls darf man mit dickem Pinsel auftragen.)

Allerdings geht es weniger zart zu bei den Worten »Berge, himmelan geschwungen«, wo die Triller wiederum im Klavierbaß erscheinen. Aber so wie Schubert die Worte »und der große Silberstrom« untermalt (der Begleiter unterstützt ihn und versucht, seine Baßtriller *pp* zu bringen – das ist sehr schwer, denn es heißt *legato*, und dazu braucht er das Haltepedal), schwebt der Sänger mit seinen prachtvoll schwingenden Phrasen hoch darüber.

Die Betrachtung der Vögel, Menschen, Berge, gewundenen Bäche (»Alles scheint dem Dichter redend«) wird zu einer Dankeshymne und ist der emotionale Höhepunkt des Liedes.

Der Sänger, dem Stimme und Sensibilität gegeben ist, um solcher Musik gerecht zu werden, wird sein ganzes Herz in diese Musik legen, denn er hat in der Tat Grund, dankbar zu sein.

Am See (Bruchmann). In dieser kleinen Barkarole verwendet Schubert ein zweistrophiges Gedicht und macht aus dem etwas fragmentarischen Stückchen ein Lied. Die erste Strophe umfaßt nur neun Takte, doch das ist keineswegs die Hälfte, denn ohne daß wir irgendeine Manipulation merken, geht die zweite Strophe über zwanzig Takte.

Die *legato*-Linie des Sängers bewegt sich gelassen über einer sanften *arpeggio*-Begleitung, vorausgesetzt, er vermeidet die lästige Gewohnheit, den ersten Schlag jedes Taktes zu betonen.

Man darf nicht merken, wenn er atmet; »Sonnenschein« und »Sterne« (achter und neunter Takt) gehören zusammen und sollen nicht getrennt werden; der Atemzug kann nach »Sterne« erfolgen. Auch »Himmelspforten« und »Sterne« in der zweiten Strophe sind verbunden; diese Worte bilden das Mittelstück eines fortlaufenden Gedankenganges: »Fallen aus des Himmels Pforten Sterne, ach so viele Sterne ...« »Viele« wird wiederholt, mit einer kleinen Pause dazwischen, aber der Sänger darf in diesen Pausen nicht Atem holen, um den Gedanken nicht zu unterbrechen.

Dem Unendlichen (Klopstock). In diesem mächtigen Tedeum teilt Schubert wie in *Die Allmacht* dem Klavier die Rolle der großen Orgel zu, mit majestätisch dröhnenden Akkorden und einem 32-Fuß-Prinzipal. Es hat ein eindrucksvolles Vorspiel zu einem Rezitativ, das bei Schubert einmalig ist: »Wie erhebt sich das Herz, wenn es dich,

Unendlicher, denkt.« Und wie ein Hornsignal führt das »Allein du rufst mich aus meiner Nacht« aus dem Dunkel zum Licht und kulminiert in einem begeisterten Ausbruch: »Herrlicher, den kein Jubel genug besingt!«

Der Sänger gehorcht in diesem dramatischen Abschnitt keinem strengen Taktschlag; er antwortet auf den Impuls der Worte und der Musik und läßt den Höhepunkt auf »Jubel« ertönen wie in einer Kathedrale.

»Weht, Bäume des Lebens, in's Harfengetön!« ist (um einen Terminus der Oper zu benutzen) die Arie; sie hat eine schwungvolle Melodie, die vom tiefen b zum hohen ges geht; und der Pianist, obwohl er eifrig mit hundert Harfen und einem machtvollen Baß spielt, hört aufmerksam hin, wenn der Gesang aus der höheren Lage herabsinkt. »Harfen, ihr tönt« ist eine Phrase, die ein ständiges Anschwellen des Tones verlangt, entsprechend dem Anstieg der Linie; aber der Sänger beginge einen Irrtum, wenn er »lispelt« zu wörtlich nähme; er sollte an keiner Stelle unter ein *mezzo forte* gehen.

Dem *fortissimo* am Schluß: »Gott! Gott! Gott ist es« (jedesmal höher und lauter) folgt ein überraschendes Schweigen einer Viertelpause; diese Pause soll ein wenig verlängert werden, so daß das anschließende »den« quasi explodiert. Die beiden Partner treffen auf das Wörtchen »den« – der Sänger auf den Konsonanten, der Begleiter auf seinen Oktavbaß – wie mit einem Donnerschlag.

Es wäre ein Jammer, wenn das Nachspiel nach diesem Überschwang Ernüchterung brächte; der Pianist darf es nur allmählich abklingen lassen, ohne daß die Leidenschaft nachläßt.

Vom Mitleiden Mariä (Schlegel). In einigen seiner religiösen Kompositionen *(Litanei, Die Allmacht, Dem Unendlichen)* erreicht Schubert erhabene Höhen, aber dies ist das einzige Lied, das die Kreuzigung oder vielmehr Marias Nachtwache auf Golgatha zum Thema hat.

Es ist durchweg dreistimmig, es endet in Kummer und Erschöpfung. Der Komponist sieht nur die nackte Wirklichkeit und tut nichts, sie zu mildern.

Wenn ich in Paris bin, gehe ich manchmal in ein Kloster, um die Nonnen bei ihrem Gottesdienst singen zu hören. Die gleichsam körperlosen Stimmen, fromm, doch ohne Farbe, sind seltsam anrührend, und es zieht mich immer wieder dorthin. Vielleicht könnte in diesem Lied die Sängerin eine Andeutung davon geben, um den Eindruck von Entrückung zu vermitteln.

Die dritte Strophe kann weggelassen werden.

Der entsühnte Orest (Mayrhofer). Man könnte das Lied als eine Fortsetzung des *Orest auf Tauris* bezeichnen; aber es kann für sich gesungen werden und ist weitaus bemerkenswerter.

Dankbarkeit den Göttern gegenüber für die ihm gewährte Gnade erfüllt den König von Mykene, als das sanfte heimatliche Meer seine Füße umspielt. Von Sünde und Blutschuld gereinigt, bittet er Diana, zu seinen Ahnen zurückkehren zu dürfen.

In den ersten beiden Strophen rollen in der Begleitung leise die Wellen, und die Worte werden (zuerst) feierlich an sie gerichtet. (Schuberts *Sehr langsam* ist verbindlich: die Sechzehntel – Welle auf Welle – täuschen das Auge, sie müssen ganz langsam gespielt werden.)

»Und auf der Liebe Wellen schwebt dahin mein leichter Kahn« ist weniger feierlich und kann sehr sanft gebracht werden, über einer Begleitung, in der sich die eindrucksvollen Wellen zu einem lieblichen Rieseln abgeschwächt haben.

Jede Bewegung hört auf beim Erscheinen der Diana – »O Retterin, erhöre du mein Flehn« soll so frei gesungen werden, wie es zwischen den feierlichen Akkorden des Klaviers möglich ist. (»Erhöre du mein Flehn« – »wurde« – »zu meinen« sind Stellen, wo der Pianist einfach wartet, um seinem Partner so viel Zeit zu lassen, wie er braucht.)

Freiwilliges Versinken (Mayrhofer). »Wohin, o Helios, wohin?« Dieser Frage an die untergehende Sonne gehen zwei kühne Einleitungstakte voraus, die gedämpft wiederholt werden, wenn die Singstimme mit ihrem Anruf einsetzt. »In kühlen Fluten will ich den Flammenleib versenken ...«

Bei dem vorigen Lied sagte ich, daß der Sänger sich bemühen soll, seinem Vortrag einige Freiheit zu geben, ohne die rhythmische Gestalt der Musik zu beeinträchtigen; er wird finden, daß das hier, wo die Bewegung langsam und majestätisch ist, leichter erreicht werden kann.

Das gilt besonders bei »Ich nehme nicht, ich pflege nur zu geben« und danach. Diese Stellen grenzen ans Rezitativische. Wir sind uns der Bewegung kaum bewußt und spüren die Abendkühle und das Nahen der Nacht in den zitternden Zweiunddreißigsteln, die man in den ersten zwei Phrasen des Gesangs und dann in der Wiederholung durch die Begleitung hört.

»Wenn ich auf die Berge meine Krone lege« sind großartige Momente, mit weiten Nonenstürzen auf »Krone« und »lege«.

Dieses Lied ist einzig in Schuberts Liedschaffen; jedenfalls hat er vorher nichts Ähnliches komponiert. Capell meint, es habe etwas von dem neun Jahre später geschriebenen *Doppelgänger*.

Abendstern (Mayrhofer). »Was weilst du so einsam am Himmel, o schöner Stern ... warum entfernt das funkelnde Gewimmel der Brüder sich von deinem Bild?«

»Ich bin der Liebe treuer Stern ...«

»So solltest du zu ihnen gehn. Bist du der Liebe, zaudre nicht ...«

»Ich säe, schaue keinen Keim und bleibe trauernd still daheim.«

Unleugbar scheint der Abendstern in glanzvoller Einsamkeit; doch die Erklärung, daß sich der Stern nicht seinen Brüdern gesellen will, weil er der Stern der Liebe ist, scheint etwas abstrus. Aber Schuberts Musik verklärt die vage Aussage des Dichters.

Ein süßes kleines Lied. Die Fragen erscheinen in Moll, die Antworten des Sterns – nur schwach vernehmbar – in Dur.

Schon allein beim Anblick der Noten hört man Janet Bakers melodische Stimme.

Der Winterabend (Leitner). Der Sänger erzählt, wie er an einem Fenster seines Zimmers sitzt, nachdem die Geräusche des Werktages verstummt sind. Nur der Mond scheint zu ihm ins Gemach, und er denkt mit einem stillen Seufzer an schöne, verschwundene Zeiten.

Das ganze Lied verlangt vom Sänger einen flexiblen und geschmeidigen Vortrag, der dem Charakter der schmelzenden Hauptmelodie entspricht. In den häufigen Sechzehntelfiguren und Doppelschlägen wird das fließende Tempo sacht zurückgehalten, ohne daß der glatte Fluß darunter leidet – er soll vielmehr dadurch unterstützt werden. Der Pianist imitiert in der Einleitung und in den Zwischenspielen die Singstimme und versucht diese Aufgabe ebenso anmutig zu erfüllen wie der Sänger.

In der Edition Peters sind es sechs Seiten; geben wir ruhig zu, daß die mittleren (Seite drei und vier) nicht sehr inspiriert wirken, doch die übrigen sind reiner Schubert und so entzükkend, daß sie den schwachen Mittelteil herausreißen. »Denk an sie, an das Glück der Minne, seufze still und sinne«, wiederholt Schubert gottlob wieder und wieder mit wachsender süßer Sehnsucht. »Und sinne und sinne ...« ist ein Murmeln wie in Parenthese. Das ist das Geheimnis seines zarten, rührenden Charmes – ein *obligato* zu des Klaviers Lied ohne Worte.

Auflösung (Mayrhofer). »Verbirg dich Sonne ... verstummet, Töne! Frühlings-Schöne, flüchte dich und laß mich allein! Quillen doch aus allen Falten meiner Seele liebliche Gewalten, die mich umschlingen, himmlisch singen.

Geh' unter, Welt, und störe nimmer (und) nimmer die süßen, ätherischen Chöre.«

Der Zustand morbider Ekstase, von der das Gedicht kündet, ist nicht Schuberts Sache, dessen Herz immer von den Wundern des Frühlings erfüllt war. Noch in der *Taubenpost*, den letzten Noten, die er zu Papier brachte, geht es um die Jugend, die nach Liebe und Leben verlangt. So spiegelt die Musik Schuberts nicht Mayrhofers Todeswunsch; der genialste aller irdischen Sänger übersetzt ihn in eine Ekstase eigener Art, in der er Freude und Dankbarkeit dafür, daß er lebt, ausdrückt.

Es ist ein prachtvolles Stück für den Sänger, doch es stellt auch große Anforderungen an ihn, denn die vokale Linie steigt und fällt in riesigen Bögen; und es ist unvermeidlich, lauter zu werden, wenn es in die Höhe geht. »Denn die Gluten der Wonne versengen mein Gebein« ist eine gewaltige Phrase über fünf Takte, die in einem Atemzug gesungen werden muß. Man sollte jedoch jede Gelegenheit wahrnehmen, den Ton zu dämpfen, wenn es sinnvoll erscheint; zum Beispiel gleich am Anfang der Anruf »Verbirg dich, Sonne« *piano* über dem *pianissimo* der Begleitung. »Die süßen ätherischen Chöre« verlangen klingende hohe g und a. Der Schluß »Geh unter, Welt ...« in tiefer Lage zu einer Tremolobegleitung, mit der linken Hand tief im Baß und der rechten Hand (für Schubert) ungewöhnlich hoch im Diskant, bewirkt einen unirdischen Ausklang dieses Meisterwerkes.

Selbst dem gewissenhaftesten Künstler unterlaufen in einigen Melismen (und zwar besonders bei größerer Lautstärke) h-Anlaute, die hier nichts zu suchen haben; der wachsame Pianist muß seinen Partner darauf aufmerksam machen.

Band VI

Die Einsiedelei (Salis-Seewis). »Es rieselt klar und wehend ein Quell im Eichenwald ... Mir dienet zur Kapelle ein Gröttchen, duftig frisch ...«

Die stetig dahinplätschernden Triolen der Klavierbegleitung sind hier am bestechendsten. Das Tempo ist ohne Hast, *moderato,* und man achte darauf, den glatten Verlauf beizubehalten, ohne auf den Eindruck des fröhlich sprudelnden Quellwassers zu verzichten. Obwohl sich Schubert bei dem Gesangspart nicht übermäßig verausgabt hat, muß man verstehen, was der Sänger sagt. Die Begleitung ist stets ein Rieseln, kein Fließen.

Man kann die zweite Strophe weglassen, und das Lied gewinnt, wenn man zwischen der ersten und dritten Strophe die Einleitung als Zwischenspiel wiederholt.

Die Götter Griechenlands (Schiller). Dies ist ein Auszug aus einem sehr langen und kunstvollen Gedicht zu Ehren der antiken Götter, das erfüllt ist von einer hoffnungslosen, verzehrenden Sehnsucht nach dem Goldenen Zeitalter.

Der Pianist tut gut, sich der *legato*-Linie der Singstimme anzupassen; denn seine meist akkordische Begleitung könnte klappernd wirken, wenn sie nicht völlig mit der Singstimme zusammengeht. Nur in der Mitte des Liedes, dem Moll-Teil, wird dem Klavierpart ein Eigenleben zuteil, wenn die Oberstimme (gegen ein harfenartiges Zupfen im Baß, ohne Pedal gespielt) eine flötenähnliche Gegenmelodie hat. Ich habe das Lied eingehender in dem Kapitel über Janet Baker besprochen.

Zum Punsche (Mayrhofer). »Woget brausend, Harmonien, kehre wieder alte Zeit; punschgefüllter Becher wandert in des Kreises Heiterkeit! Mich ergreifen schon die Wellen, bin der Erde weit entrückt ... Was das Leben aufgebürdet, liegt am Ufer, nebelschwer! Steure fort, ein rascher Schwimmer in das hohe Friedensmeer.«

Das Lied muß mit rustikalem Behagen gesungen werden. Schubert ist hier etwas Ähnliches gelungen wie Peter Brueghel auf seinen Darstellungen flämischer Bauernhochzeiten. Wir lassen nicht einen Spitzenburgunder mit Kennermiene auf der Zunge zergehen, sondern gießen Punsch aus vollen Bechern hinunter.

Der Gesang ist durchweg *forte*; der Sänger versucht, seinen beneidenswerten Durst während der Klavierzwischenspiele zu löschen, und nur hier dämpft die Begleitung den Ton. Es endet abrupt – ohne *rallentando* –, der Schlußakkord ist der leere Becher, den der Trinker auf den Tisch haut.

Die Vögel (Schlegel). »Wie lieblich, wie fröhlich zu schweben, zu singen, von glänzender Höhe zur Erde zu blicken. Die Menschen sind töricht, sie können nicht fliegen ... Der Jäger will töten, dem Früchte wir picken, wir müssen ihn höhnen und Beute gewinnen.«

Dieses Lied ist vorzüglich geeignet für einen hellen Sopran; einem tiefen Alt oder gar einem Baß würde man die luftige Höhe nicht glauben. Zwitschernde Sechzehntel überwiegen; sie klingen klar und rein wie Vogeltöne. Der letzte Ton der Stelle »Zu zwitschern, zu singen ...« wird ausgehalten und kann durch ein frohlockendes kleines *crescendo* unterstützt werden. Schwerer wirkt der Abschnitt »Die Menschen sind töricht, sie können nicht fliegen« (stampfende Quinten im Begleitbaß), und der hohe Ton bei »fliegen« ist kurz und kraftlos. In der Parallelphrase wird vielleicht eine Betonung des gis auf »Himmel« die Überlegenheit (»... wir flattern gen Himmel«) unterstreichen. »Früchte wir picken« und »Beute gewinnen« sind Stellen, denen die Sängerin mehr Schwung geben kann, wenn sie die ersten Silben von »Früchte« und »Beute« so lange aushält, wie sie es wagt (und die zweiten Silben entsprechend verkürzt). Das gibt dem Rhythmus eine zusätzliche Würze.

»Doppelgriffe« (um einen Ausdruck der Streicher zu gebrauchen) gibt's hier und da in der Begleitung, und sie erfordern Übung, denn sie müssen glatt und ganz leicht klingen.

Die Blumensprache (Plattner). »Es deuten die Blumen des Herzens Gefühle, sie sprechen manch besinnliches Wort; sie neigen sich traulich am schwankenden Stiele, als zöge die Liebe sie fort ...«

Dieses *billet doux* muß sozusagen im Handumdrehen hingeworfen worden sein; es ist ein Beispiel jener instinktiven Kunst, die Alfred Brendel im Sinn hatte, als er sagte, »Schubert konnte im Schlaf komponieren«; denn es ist ganz schlicht und ungekünstelt.

Das Lied hat A-B-A-Form. Jede Strophe ist ein Sechszeiler, den Schubert in drei Abschnitte unterteilte, zwei von sieben und einen von vierzehn Takten Länge; wenn dieser letzte Abschnitt in einem Atemzug gesungen werden kann, ist es um so besser. Die Singstimme biegt und wiegt sich so anmutig wie die Blumen, während die sanft fließenden Triolen in der Begleitung den Zauber des Bildes verstärken.

Das Lied wird selten öffentlich gesungen (ich kenne es nur aus Fischer-Dieskaus Schubert-Aufnahme). Aber es ist typischer Schubert und sollte eigentlich eine Sängerin zum Vortrag reizen.

Band VII

An mein Klavier (Schubart). Wer Schubert liebt, wird auch des Dichters Christian Friedrich Daniel Schubart dankbar gedenken, denn er schrieb den Text der berühmten *Forelle*.

»Sanftes Klavier, sanftes Klavier, welche Entzückungen schaffest du mir! Bin ich allein, bin ich allein, hauch' ich dir meine Empfindungen ein ... silberner Klang, silberner Klang ...«

Man hat wohl mit Recht darauf hingewiesen, daß das Klavier, welches der Dichter meint, nicht ein Klavier war, wie wir es heute kennen, sondern ein Clavichord, das sanfteste aller Tasteninstrumente. Die Begleitung sollte deshalb wirklich zurückhaltend sein. Nur im Zwischenspiel kann sich der Pianist »aussingen«, doch immer diskret und zart, wenn er auch froh ist, einen modernen Flügel unter den Händen zu haben.

Ruhepunkte in der Singstimme bedeuten nicht unbedingt, daß der Sänger hier jedesmal Atem holen soll; natürlich müssen sie beachtet werden, aber wenn es ohne Atemholen geht, kann der Eindruck durchgehender Kontinuität und Glätte erzielt werden.

Bei unserer Aufnahme haben wir das Nachspiel als Einleitung gespielt und die vierte Strophe weggelassen.

An den Frühling (Schiller). Der junge Frühlingsgott mit seinem Blumenkörbchen wird von dem Liebhaber freudig begrüßt und um neue Blumen für sein Mädchen gebeten.

Der Gesang muß, frisch und ungekünstelt, so *legato* wie möglich über dem *pizzicato* der Begleitung erklingen. Die Wiederholung des letzten Verses jedes Vierzeilers ist besonders reizvoll, vor allem im Takt vor dem Zwischenspiel (»Entgegen dir zu gehn« und »Und du? – du gibst es mir«), wenn der Sänger das fröhliche, tänzerische Motiv des Klaviersolos übernimmt.

Von den drei Strophen des Liedes singt Fischer-Dieskau nur die ersten beiden.

An die Entfernte (Goethe). Goethes zu Herzen gehende Verse haben auch den Komponisten tief bewegt. Bald leidenschaftlich, bald von einem unendlichen Sehnen gelähmt, tragen sie uns auf einer Woge der Qual, die Schubert schlicht und direkt zum Ausdruck bringt.

»So hab ich wirklich dich verloren? ... Dich rufen alle meine Lieder: o komm, Geliebte, mir zurück!«

Die absteigende Gesangslinie mit der drängenden Frage des Liebenden nimmt uns sofort gefangen, nachdem schon das Klaviervorspiel mit dem warnenden Ton es und den verminderten Septimen unsere Befürchtungen geweckt hat. Die ersten Worte des Sängers »So hab ich« bilden den Auftakt zu »wirklich«, dem entscheidenden Wort; deshalb darf das hohe g auf »so« nicht betont werden.

Die gequälten Fragen bis hin zu dem flehentlichen Anruf »o komm, Geliebte, mir zurück!« durchlaufen mehrere Tonarten, Verzweiflung und Tonhöhe nehmen zu. Das Nachspiel entspricht der Einleitung, mit zwei weiteren Takten für die Schlußkadenz, und ein dissonantes es zeigt das Erlöschen der Hoffnung.

Nachtviolen (Mayrhofer). Wenn sich Schubert Blumen zum Thema nahm, behandelte er sie mit fast weiblicher Zartheit, die seine Liebe zu ihnen widerspiegelt. Man denke etwa an den *Frühlingstraum (Die Winterreise)* oder an die Worte des Müllerburschen »Die Blümlein am Ufer, die blauen, die nickten und blickten ihr nach« in *Tränenregen (Die schöne Müllerin)*. Ein anderes Beispiel ist *Viola*, wo ihn seine Begeisterung zu einigen Längen verführte (für einige Schubert-Anhänger ungerechtfertigte Längen, nicht aber für mich). Alle diese Lieder legen beredtes Zeugnis davon ab, daß die Schönheit einer kleinen wildwachsenden Blume in diesem Arkadier eine verwandte Saite anschlug.

Der Wunsch des Dichters von *Nachtviolen*, sich in dem »samtnen Blau« zu versenken, genügte Schubert, uns zwei Seiten milden Glanzes zu schenken. Ja, unverändert mild, immer *legato*, hängt die Stimme wie eine Blüte an dem schlanken Stiel. Die höchste Note der Singstimme ist a, und zwar auf dem unbedeutenden »dem« von »in dem samtnen Blau«, deshalb darf man sie keinesfalls betonen, und dies gilt analog für die muntere zweite Strophe.

Die dritte beginnt wie eine Wiederholung der ersten, entwickelt sich jedoch in einem Duett mit dem Klavier zu einer Variation von einzigartigem Zauber. Bisher bewegte sich die Begleitung nur im Diskant, Hand in Hand mit der Singstimme; doch bei den Worten »und nun blüht in stummen Nächten fort die heilige Verbindung« trennen sich die beiden, denn das Klavier macht eine langsame Abwärtsbewegung über fünf Takte in den Baß, ein liebevoll widerstrebender Abschied, den die linke Hand in zögernden Synkopen andeutet. Die Singstimme verbleibt in ihrer luftigen Höhe, wobei sie den Eindruck einer Improvisation erweckt. Dies sind unsagbar köstliche Augenblicke, und jedesmal, wenn ich das Lied höre, erwarte ich sie mit Erregung.

Mäßig begeistert

Eigentlich wollte ich dieses Kapitel »Haßgesang« nennen, analog zu dem Titel des vorigen; aber eine solche Übertreibung, nur um eines wirkungsvollen Kontrastes willen, schien mir angesichts meiner Verehrung für Franz Schubert denn doch nicht angebracht.

Es gibt in der Tat sehr wenig Musik, die ich nicht mag; doch kein Künstler kann ständig so viel Naivität aufbringen, jede Art von Musik, die er vorzutragen hat, mit der gleichen Hingabe zu lieben.

Schumanns *Frauenliebe und -leben* zum Beispiel ist ein zarter, empfindsamer Liederzyklus; und die Tatsache, daß mir ein Lied daraus mißfällt, ist kein hinreichender Grund für mich, die Sängerin zu bitten, es wegzulassen.

Es kommt gelegentlich vor, daß ein Maler einen Porträtauftrag annimmt und dann feststellt, daß sein Modell ihm nicht zusagt, doch hat das noch lange nicht zur Folge, daß das Bild mißlingt. Sir William Orpens Porträt von John McCormack ist eins seiner besten Werke, obwohl Maler und Modell sich mit jeder Sitzung weniger ausstehen konnten. Der Musiker gleicht dem Maler insofern, als er sich nicht für jedes Musikstück, das ihm unter die Hände kommt, glühend begeistern kann; desto mehr versucht er, denn es ist ja sein Beruf, sich hineinzuversenken, und er sagt sich, daß es vielleicht an ihm liegt, nicht am Komponisten. So geht es mir, wenn ich Schuberts *Sei mir gegrüßt* begleite. Das Gedicht von Rückert beginnt vielversprechend mit »O du Entrißne mir und meinem Kusse, sei mir gegrüßt, sei mir geküßt!« Aber der Liebhaber sendet seine Grüße und Küsse mit ermüdendem Stumpfsinn ungefähr zwanzigmal während des Liedes; immer wenn sich die Musik hoffnungsvoll zu einem neuen harmonischen oder emotionalen Höhepunkt emporgearbeitet hat – oder sogar zu einer frischen Modulation –, fällt sie (betrüblicherweise, wie ich finde) in das gleichförmige Schema der Grüße und Küsse auf der Tonika zurück. Ich möchte mich weder als *enfant terrible* geben noch macht es mir Spaß, ein Lied herabzusetzen, das ein Lieblingsstück vieler Schubert-Freunde ist (Richard Capell nennt es sogar ein Meisterwerk) und das vom Komponisten selber offenbar so geschätzt wurde, daß er das Thema in einem Variationssatz für Violine und Klavier *(Fantasie op. 159)* verwandte. Nein, das Unverständnis muß bei mir liegen, und ich bekenne mich nur dazu, weil ich hoffe, daß man es mir nicht anmerkt, wenn ich es spiele. Meine berufliche Integrität mag mir dabei zu Hilfe gekommen sein und verhütet haben, daß meine verehrten Partner, Fischer-Dieskau und andere, meines Mangels an Begeisterung gewahr wurden. Ich habe es ihnen nie verraten; das wäre mir taktlos und gedankenlos vorgekommen.

Es gibt aber auch Schubert-Lieder, die – mit Recht – verwünscht werden, weil sie übermäßig lang sind. Er konnte zum Beispiel Schiller nicht in Ruhe lassen und hat in seiner Jugend Berge von Notenpapier mit Balladen vollgeschrieben, die manchmal als Opern für Singstimme und Klavier bezeichnet wurden – *Der Taucher* etwa und *Die Bürgschaft,* die überhaupt kein Ende zu finden scheinen. (Ersterer geht über dreiundzwanzig Minuten und vierundzwanzig Seiten.) Es sind schöne Stellen darin, doch sie entschädigen nicht für die langen Durststrecken, und man bedauert, daß Schubert Zeit daran verschwendet hat. Die Geschichte vom *Taucher* ist kindisch, doch Sänger wie Begleiter – und das ist der Pferdefuß – müssen das Stück eifrig üben und proben, denn es ist technisch keineswegs etwas für Kinder. Das erinnert mich an Vladimir Horowitz, der einmal Artur Schnabel fragte, warum er die Sonate von Liszt nicht spielte (Schnabel mochte Liszt nicht) und zur Antwort erhielt: »Weil ich sie üben müßte.«

Schillers »Libretto« erzählt von einem mittelalterlichen König, der, von seinem Hofstaat umgeben, am Meer sitzt und einen goldenen Becher von der hohen Klippe hinunter in die Tiefe wirft, wo es »wallet und siedet und brauset und zischt«, und ihn demjenigen, der ihn wiederbringt, als Geschenk verspricht. Die Ritter verhalten sich (begreiflicherweise) zurückhaltend, doch ein Edelknecht, »sanft und keck«, tritt hervor; er taucht in den grausen Abgrund und holt unter dem Jubel der Menge den glänzenden Preis hervor. Als er wieder zu Atem gekommen ist, erzählt der unerschrockene Jüngling von den Haien, Salamandern, Drachen und anderen Ungetümen, die ihn zu verschlingen drohten. Vielleicht hätte er dies nicht tun sollen, denn er erweckt damit nur die königliche Neugier – und dieser liebenswürdige Monarch schleudert den Becher ein zweites Mal in den fürchterlichen Strudel und verspricht dem Jüngling die Hand seiner Tochter, wenn er ihn wieder herbeischafft. Der Hof ist entsetzt, die Tochter beschwört den Alten: »Laßt, Vater, genug sein das grausame Spiel«; doch vergebens. Der Knappe »stürzt hinunter auf Leben und Sterben« und ward nicht mehr gesehen.

Eine deutsche Freundin erzählte mir von einer Kurzfassung der Ballade, die an ihrer Schule kursierte, als sie den *Taucher* durchnahmen: »Gluck, gluck – weg war er!«

Merkwürdigerweise finde ich das Lied nicht so ermüdend zu spielen wie *Sei mir gegrüßt*; denn die vielen Tempowechsel und schnellen Passagen geben, ohne besonders schwierig zu sein, dem Pianisten reichlich zu tun. Und der junge Schubert gefällt sich in kühnen chromatischen Sechzehntelfiguren und gurgelnden Bässen in der Begleitung, um des Sängers Erzählung zu untermalen.

Soll man dem Urteil des Komponisten vertrauen, soweit es seine eigenen Werke betrifft, wo jede Gans ein Schwan, jedes Bauernmädchen eine Königin ist? Diese Frage stellt sich bei Schuberts *Einsamkeit* (ich meine die Vertonung nach Mayrhofer von 1818, nicht das Lied in der *Winterreise*). In jeder der sechs Strophen gibt es wunderbare Musik, aber das Ganze hat sechs verschiedene Stile, und alle Szenen, wenn ich die Strophen so nennen kann, sind durch Rezitative verbunden. Wenn ich Fischer-Dieskaus Vortrag auf unserer Platte höre, bin ich hingerissen; doch muß ich Capell recht geben, wenn er das Lied als »unbrauchbar« bezeichnet. Das Gedicht erzählt von einem Jüngling, der sich zum mönchischen Leben hingezogen fühlt, aber auch zur »Welt« mit ihren sinnlichen Vergnügungen, bis er schließlich (o lieber Schubert!) im Walde mit dem rieselnden Bächlein und dem Ruf des Kukkucks Frieden findet.

Schubert machte Ferien, als er seinen Wiener Freunden begeistert schrieb: »*Einsamkeit* ist das Beste, das ich bis jetzt gemacht habe.« Ich glaube, der Satz müßte ergänzt werden »bis jetzt, in diesen Ferientagen«, denn ich bin sicher, daß er das gemeint hat.

Doch »unbrauchbar« für den Vortrag oder nicht, der Musikstudent täte gut daran, sich mit *Einsamkeit* zu beschäftigen, denn es enthält viel, was durch und durch Schubert ist.

Meine Abneigung gegen *Die Liebe hat gelogen* und *Du liebst mich nicht* ist ganz unvernünftig, aber nichtsdestoweniger unüberwindlich. Ich kann mir keinen Komponisten vorstellen, der mit diesen Gedichten besser zurecht käme als Schubert; die Musik ist tiefempfunden, doch finde ich beide Gedichte rührselig. Die Erinnerung an eine hochverehrte Sängerin – es ist lange her –, die verzweifelt die Hände rang, als sie *»Du liebst mich nicht«* sang, hat mir das Lied verleidet, und ich kann es nicht hören, ohne daß jenes überspannte Bild vor mir erscheint.

Meine Aversionen sind frei von Vorurteilen und verteilen sich unparteiisch über alle großen Meister. Ich kann zum Beispiel das schwerfällige Geklapper von *O liebliche Wangen* nicht ertragen – Brahms muß an einen Bauerntanz gedacht haben, als er das Lied schrieb. *Botschaft* (»Wehe Lüftchen, lind und lieblich um die Wange der Geliebten«) sieht auf dem Papier wie ein Kavallerie-Angriff aus und erfordert das ganze Geschick des Pianisten, damit es sich nicht auch so anhört; denn die Begleitung ist dick und liegt im volltönendsten Bereich des Klaviers. Die Komposition wäre ein bewundernswerter Satz für Violine und Klavier, aber sie paßt schlecht zu dem sanften Säuseln des Gedichtes.

Ich liebe Brahms – nahezu sein ganzes Werk und die meisten seiner Lieder –, aber vielleicht war es der Zug an ihm, den ich in diesen beiden Liedern aufgezeigt habe, der Benjamin Britten abstieß.

Auch Hugo Wolf hat seine Schwächen, wenn auch nicht so viele; doch was Richard Strauss betrifft, so ist meine Ansicht, daß man alle Lieder, in denen er grob komödiantisch wird, wegwerfen kann.

Wenn ich mir über ein oder zwei Schubert-Lieder eine Kritik erlaube, so drücke ich nur eine persönliche Meinung aus; doch ich bin empört, wenn er einem solchen Angriff ausgesetzt wird, wie ihn sich Sir Hubert Parry in seiner *Art of Music* geleistet hat:

»Schubert fällt unter den großen Komponisten durch seinen Mangel an musikalischer Ausbildung auf ... Er hatte kein Talent zur Selbstkritik und nur ein schwaches Gefühl für abstrakte Form, Gleichgewicht und Ordnung.«

Schuberts Formgebung ist fast durchweg von vollkommener Ausgeglichenheit; sein geistiges oder abstraktes Begriffsvermögen ist unbestreitbar so hoch entwickelt, wie es je bei einem Komponisten der Fall gewesen (und reicht bestimmt über die Urteilskraft von Parry hinaus); seine Einfachheit würde ebenfalls dem Bannfluch von Sir Hubert verfallen, von dessen Liedern ein paar ganz akzeptabel sind, wenn auch etwas gesucht und immer ohne den göttlichen Funken. Mangel an Selbstkritik? Vielleicht hätte Schubert, wenn es ihm nicht stets am Allernotwendigsten gefehlt hätte, die Veröffentlichung einiger seiner Frühwerke unterbunden

– eine Entschuldigung, die nicht für den mittelmäßigen Komponisten gilt, der sich anmaßt, über den Meister zu richten.

»Das größte Vergnügen der Mittelmäßigkeit«, sagt Hans Keller, »ist das Genie, wenn es fehlgeht.«

Am Feierabend

In prähistorischen Tagen hatte die *Times* einen vierten Leitartikel, der jedermann viel Vergnügen bereitete und lange eine der beliebtesten Spalten der Zeitungen war, so daß die Direktion beschloß, ihn abzuschaffen. Darin kam jedes interessante Thema zur Sprache, vorausgesetzt, der Artikel war originell und elegant geschrieben. Die Mitarbeiter waren damals alle anonym; einer, der wiederholt einen Beitrag lieferte, war Bernard Darwin, der auch unvergleichlich über Golf schreiben konnte. Seine Tochter Nicola sagte mir: »Sie können meinen Vater leicht identifizieren, weil er Dickens so oft zitiert.« Doch sein Stil war ohnehin unschwer zu erkennen, denn er war ein Essayist von hohen Graden, mit einer Anmut, einem feinen Humor und einer warmen Menschlichkeit, die bezaubern konnten. In einem Artikel schrieb er über Kreuzworträtsel. Ich glaube nicht, daß er selber diesem sonderbaren Zeitvertreib verfallen war; aber er erzählte eine Anekdote oder Erinnerung darüber, an die ich oft denken muß. Offenbar war sein Tutor in Cambridge ein Meister im Lösen der Kreuzworträtsel in der *Times*, die als besonders schwierig bekannt sind. (Ich bewältige sie nur sehr selten und nur mit Hilfe von Nachschlagewerken.) Dieses Genie indessen – so Darwin – löste dieses Rätsel jeden Morgen mühelos, während sein Frühstück gemacht wurde.

Der ungeduldige Leser wird vielleicht fragen, warum in diesem Buch von Kreuzworträtseln die Rede ist. Er wird es sogleich erfahren.

Als wir in London wohnten, hatten meine Frau und ich die Gewohnheit, uns nach dem Lunch – wenn wir nichts Wichtigeres zu tun hatten – an das Kreuzworträtsel der *Times* zu machen. Enid hat manchmal Geistesblitze, die man gehört haben muß, um sie zu glauben; doch auch wenn ihre Konzentration nachläßt und ihre Augen von den hypnotischen schwarzen und weißen Karos abirren, hat es noch sein Gutes, denn sie blieben eines denkwürdigen Tages an der danebenliegenden Anzeigenspalte haften, in der ein Haus in Buckinghamshire angeboten wurde. Wir fuhren am nächsten Tag hin und fanden nach vielen Schwierigkeiten eine Waldhütte in einem beklagenswerten Zustand, von einer Wildnis von Disteln und Nesseln umgeben. Wenn man aus der Haustür trat, versank man im Schlamm; doch wenn wir dem altersschwachen Gebäude entschlossen den Rücken kehrten, hatten wir über das Gestrüpp und einige verzagte Bohnenstangen hinweg eine Aussicht, die uns sofort gefangennahm und uns auch nach zehn Jahren täglicher Gewohnheit nicht losläßt. Es war Liebe auf den ersten Blick. Der Maler Graham Sutherland meinte einmal, es sei schwierig zu erklären, warum man einen bestimmten Ort liebt; es ist, als solle man einen Reispudding beschreiben. Um es also so einfach wie möglich zu sagen: es war eine Komposition der mannigfaltigsten Grüntöne: Wiesengrün und das verschiedenartige Grün von Linden, Buchen und Eichen, dahinter die sanften Kurven einer Hügellandschaft. Am Horizont war ein abfallendes Feld, das noch immer, wie wir später erfuhren, *Stages* (Poststation) genannt wurde, weil früher dort die Postkutsche nach Oxford vorbeikam. Kein Ziegelstein, kein Schornstein störte die Szenerie; es war der reine Frieden; kein Ton war zu hören außer dem leisen Rauschen der Bäume, keine Bewegung zu sehen, abgesehen von den Kühen, die gemächlich *(molto lento)* über die Weide trotteten. »Hier könnte ich leben«, sagte ich zu Enid. Das genügte, und ehe ich mich's recht versah, hatte sie alles mit dem Makler abgesprochen und eine Verabredung mit dem Architekten getroffen.

Das Haus ist ungefähr zweihundert Jahre alt; es ist, wie viele Häuser in dieser Gegend, aus Flintstein gebaut. Sein erster Bewohner soll ein Straßenräuber names Shrimpton gewesen sein, der sein Gewerbe auf der vier Meilen entfernten Landstraße, die von London nach Oxford führt, ausübte. Ein idealer Unterschlupf für Mr. Shrimpton und seine Beute – und nun für mich. Jeder Arbeiter ist seines Lohnes wert.

Es wäre recht milde ausgedrückt, wenn ich schriebe, das Haus mußte renoviert werden – es benötigte nicht nur ein »face lifting«, sondern eine durchgreifende Operation. Was die Wildnis betraf, so mußte Rasen angelegt werden, wo vorher Nesseln und wilde Brombeerbüsche ihr Unwesen trieben. »Es wird eine Menge im Garten zu tun sein«, sagte Enid genüßlich – für sie ist das alles ganz gut und schön, sie hat »grüne Finger«. Aber ich mußte unwillkürlich an einen Freund denken, der eines Tages, wie ein Landstreicher angezogen, seine Hecken stutzte und von einer älteren Dame, die mit einem Chauffeur angefahren kam, gefragt wurde, was er für die Stunde nähme. Er sagte: »Gnädige Frau, ich habe hier ein besonderes Arrangement getroffen. Wissen Sie – ich schlafe mit der Dame des Hauses.« Ich darf ähnliche Vorrechte in Anspruch nehmen, das gebe ich zu, doch ich könnte mich nicht so schnell in einen vollkommenen Gärtner verwandeln.

Bevor das Haus fertig war, mußten wir nach Japan, und wir kehrten zurück, gespannt, was für Fortschritte inzwischen erzielt worden waren. Als wir eintraten, sahen wir, daß man eine wuchtige und anmaßende Treppe eingebaut hatte, die in ein Herrenhaus gepaßt hätte, doch nicht in diese bescheidene Umgebung. Wir ließen sie wieder abreißen und durch eine leichte und luftige Treppe ersetzen.

Im Jahre 1965 hatten wir uns zu entscheiden, ob wir Beechwood Cottage, wie wir unser neues Heim tauften, zu unserem Sommersitz machten und Hamilton Terrace – das über Gina Bachauer, Elisabeth Schumann und Kathleen Ferrier auf uns gekommen war – zu unserem Hauptquartier;

oder – verlockende Alternative – uns hier als würdige Nachfolger des ehrenwerten Shrimpton niederlassen sollten und in London nur ein kleines Apartment haben wollten. Konzerte zu geben und Proben abzuhalten mit allem Drum und Dran ist unmöglich, wenn man auf dem Lande lebt, wie ich fast fünfundzwanzig Jahre zuvor erfahren hatte, als wir in Box Hill in Surrey wohnten.

Brockham Warren in Box Hill werden wir immer mit der Erinnerung an Kathleen Ferrier verbinden, denn sie liebte es und wurde der wundervollen Aussicht nie müde – doch wenn ich es mit Beechwood Cottage vergleiche, weiß ich, welchem ich den Vorzug gebe. Jenes war eindrucksvoll und ziemlich streng; aber dieses ist reizend, freundlich und warm.

Allmählich wurde mir klar, daß ich an einem Punkt meines Lebens angelangt war, wo ich mit Konzerten und Konzertreisen Schluß machen konnte. Fünfzig Jahre waren eine ganz schöne Spanne anstrengender Berufsarbeit, und ich wünschte mir nun ein leichteres oder zumindest ein anderes Leben. Ich hatte nicht den Ehrgeiz, mich zum Märtyrer zu machen und etwa auf dem Podium mitten in einem Lied mein Leben auszuhauchen. Wie peinlich müßte es für den armen Sänger sein, beispielsweise »Der Tod, das ist die kühle Nacht« unbegleitet fortzusetzen – fraglos ein sensationeller Abschied und nicht ohne Größe; aber ich hätte nichts davon, denn ich würde ja am nächsten Morgen nicht die Schlagzeilen in den Zeitungen lesen können.

Abtreten und Wegzug von London waren also das Gebot der Stunde. Und wir fanden auch eine kleine Wohnung in St. John's Wood, ganz nahe bei »Lords«, von wo wir bequem Konzerte, Theater und Freunde besuchen konnten, wenn wir in der Stadt waren. Doch im Verlauf von zwölf Monaten verbrachten wir nur drei Nächte dort, denn es schien uns angenehmer, aufs Land zurückzufahren, auch wenn es noch so spät war. Beechwood Cottage ist bequem zu erreichen, und wir verzichteten zum ersten Mal, seit ich zwanzig war, auf eine Londoner Adresse.

Die meisten unserer Freunde und besonders die, welche uns besucht haben, beglückwünschten uns zu dem Entschluß, in der ländlichen Stille und der reinen Luft der Chiltern Hills zu wohnen. Nur wenige können uns nicht verstehen und erklären, es sei ganz unmöglich, so weit weg vom Piccadilly Circus zu wohnen. Solomon, dessen Ausruf bei seinem ersten Besuch »Mir gefällt's hier!« ich noch im Ohr habe, meinte, nach zwei Jahren würde es uns wieder magnetisch nach London ziehen, so wie wir seinerzeit Box Hill verlassen hatten. Die Konzertagentin Emmie Tillett, mit der ich fast sechzig Jahre zusammengearbeitet habe (aber sie sieht nur halb so alt aus), wollte wissen, was wir den ganzen Tag täten. Wir hatten sie kurz zuvor gefragt, wie sie es anstelle, so gut auszusehen, und zur Antwort erhalten: »Durch schwere Arbeit« – mit einem Blick, als sollten wir uns schämen.

Was machen wir also den ganzen Tag? Der geduldige Leser, der mich bis dahin begleitet hat, weiß, daß mein Leben in der letzten Dekade auch nach meinem offiziellen »Abschied« nicht ohne Beschäftigung war. Seitdem wir in Buckinghamshire wohnen, habe ich außerdem zwei Bücher geschrieben. Und ein Buch schreiben, wie unfähig der Autor auch sein mag, ist eine Ganztagsarbeit. Ich muß gestehen, daß die Tage, an denen es keine Störungen gibt oder wir nicht nach London fahren müssen Festtage sind – allzu kurze. Da wird im Garten gearbeitet, gelesen und Musik gehört. Dann haben wir unsere Spaziergänge, ein Thema mit Variationen von Diabelli-Ausmaßen, und wohin wir auch gehen, werden wir mit freundlichen Worten von den Landarbeitern begrüßt, und sogar die Kühe kennen uns jetzt und rennen nicht mehr weg.

Als uns Dietrich Fischer-Dieskau zum ersten Mal in Beechwood Cottage besuchte, rief er aus, nachdem er die Landschaft bewundert hatte: »Du bist ein König!« und ich bin gewohnt, sein Urteil anstandslos zu akzeptieren. Mein Königreich umfaßt zwei Morgen, und ich habe keine weiteren territorialen Ansprüche.

So sind wir also Landbewohner geworden und genießen einen Seelenfrieden, den wir beide viele Jahre nicht gekannt haben. Es wäre nicht jedermanns Sache, besonders wäre es nichts für junge Menschen, die hinaus müssen »ins feindliche Leben und wirken und streben«, und zu abgelegen für Leute, die bei jeder Gelegenheit gesehen werden wollen. Doch für mich ist dieses Leben von einer wundervollen Harmonie. Und es ist nur möglich geworden durch einen überirdischen Segen, für den ich immer, immer dankbar sein werde – durch einen idealen Lebenskameraden.

Bildnachweis

Zwischen Seiten 80 und 81:

Gerald Moore, Victoria de los Angeles, Elisabeth Schwarzkopf und Dietrich Fischer-Dieskau (Abschiedskonzert): © EMI Ltd.

Dame Janet Baker: Photo Zoë Dominic.

Meisterkurs in Stockholm (1963): Torolf Engstrom.

Dietrich Fischer-Dieskau, Enrique Magriña, Elisabeth Schwarzkopf, Gerald Moore und Victoria de los Angeles (Playback des Katzenduetts): Geoffrey Parsons.

Suvi Raj Grubb, Dame Janet Baker und Gerald Moore (Aufnahme der Geburtstagsplatte): Reg Wilson, © EMI Ltd.

Zwischen Seiten 176 und 177:

Jacqueline du Pré und Gerald Moore bei der Aufnahme der Geburtstagsplatte: Reg Wilson, © EMI Ltd.

Gerald Moore und Daniel Barenboim (Aufnahme der Geburtstagsplatte): Reg Wilson, © EMI Ltd.

Probe mit Dietrich Fischer-Dieskau: Siegfried Lauterwasser.

Gerald Moore, Régine Crespin, Yehudi Menuhin und Mstislaw Rostropowitsch (Paris 1974): J. J. Ceccarini.

Berichtigungen

Ashkenazy statt Ashkenasy (S. 50), Brock statt Brooks (S. 77), Löschhorn statt Loeschhorn (S. 34), Rawsthorne, Alan statt Rawthorne, Alain (S. 86), Shirley-Quirk statt Shirley-Quick (S. 62), Tetrazzini, Luisa statt T., Luise (S. 73).